日本近世期における楽律研究

『律呂新書』を中心として

榧木 亨【著】

東方書店

序にかえて

一

榧木亨氏の本書『日本近世期における楽律研究―『律呂新書』を中心として―』は、儒教、とりわけ朱子学の音律論が江戸時代の日本にどのように受容され、また変容したのかを、南宋・蔡元定『律呂新書』をめぐって詳細に跡づけることにより考察した研究である。

よく知られるように、中国では早くから音楽が発達した。紀元前三世紀後半、戦国時代末に著わされた『呂氏春秋』に「古楽」と題する篇があり、朱襄氏や葛天氏といった古帝王の時代にすでに五弦の瑟が制作され八闋という楽曲が作られたこと、さらに黄帝時代には楽官が音律である十二律を定めたことなどが詳しく記されている。これらはもちろん伝説にすぎないが、しかし同篇の最後に「楽の由来する所の者は尚《ひさ》しく、独《ひと》り一世の造る所に非ざるなり」と、ただ一代で音楽が作られたのではなく、長い時間をかけて蓄積、作成されていったといっているのは正しい事実であろう。夏殷周王朝、すなわち中国古代文明の当初から音楽が盛んに演奏され、社会的にも大きな意義を持っていたこと、またそれが後世、さまざまなかたちで受け継がれていったことは疑いをいれない。

ひとことで音楽といっても、その内容は楽器、演奏、楽理、楽論の四つからなっている（吉川良和『中国音楽と芸能』三頁、創文社、二〇〇三年）。楽器、および楽器使用の技術とその演奏、さらに音律やメロディーを構成する音律論、そして音楽とは何かを意味づける音楽論である。これらはいずれも中国古代に生まれ、その後の中国音楽文化の重要な要素となってきたものであるが――これらは、現在でも変わらない音楽というものの共通要素といえる――、本書との関連でとりわけ重要なのはあとの二つ、すなわち楽理と楽論であろう。ここでまず、それらについて簡単に述べておきたい。

楽理、すなわち音律やメロディーに関する音律論についていえば、自然界の無数雑多な音の中から音高を数によって定め、しかも音高の間に一定の比率があることを見出したのは大きな発見であり、いわゆる三分損益法によって十二の音律が導き出された。この十二律の算定方法をまとまったかたちで説く最も古い文献が前にも触れた『呂氏春秋』の音律篇であるが、一九七八年、湖北省随県の曾侯乙の墓から出土した六十四個の見事な青銅製編鐘には、すべて音高を示す銘文が刻まれており、十二律が『呂氏春秋』よりももっと早く、戦国時代初期すなわち紀元前五世紀末にはすでに成立していたことを我々にまざまざと示してくれた。この墓からは、他に編磬や鼓、瑟、笙、排簫など大量の楽器も出土し、内外を驚嘆させたものである。この曾侯乙という人物は曾という小国の君主にすぎないが、地方の小諸侯にしてこれだけの規模の楽器を整備できたということは、当時戦国の七雄といわれた大諸侯、さらには周王朝の楽器や音楽がいかに壮大なものだったか、想像するにあまりある。が、いずれにしても、このように音律の研究というものがきわめて古くから存在したこと、それを基礎に発展がなされていったことをまず念頭に置く必要があろう。

一方、音楽の意味を論じる楽論もこれまた古い歴史をもつが、とりわけ儒家と関係が深いことが注意される。儀礼と結びついて「礼楽」という言葉で語られるからである。

そもそも、周王朝の基礎を作ったとされる周公は「礼を制し楽を作る」（『礼記』明堂位篇）とされ、「礼楽」の制作者として位置づけられる。なぜ「礼」（儀礼）と「楽」（音楽）が一つにまとめられるのかといえば、これらが人間に秩序をもたらす規範たりうるからである。『荀子』楽論篇や『礼記』楽記篇が説くように、礼が人間の欲望を調節するのに対し、楽は人間の感情を調節する。そのことによって人間のあり方が暴走せず中正さを得、秩序がもたらされると考えるのである。そのことはたとえば、楽記篇に、

先王の礼楽を制するや、以て口腹耳目の欲を極めんとするに非ざるなり。将《まさ》に以て民に好悪《こうお》を平らかにして人道の正しきに反《かえ》るを教えんとするなり。

といい、

礼は民心を節し、楽は民声を和す。政以て之（礼楽）を行ない、刑以て之を防ぐ。……楽至れば則ち怨み無く、礼至れば則ち争わず。揖譲《ゆうじょう》して天下を治むとは、礼楽の謂《いい》なり。

ということから知られる。儒教において天下を治める方法はひとことで「礼楽刑政」といわれるが、「刑」（刑罰）や「政」（政務）は結局、「礼楽」を有効ならしめるための手段とされるのである。

このような礼楽の位置づけは儒教の基本理念であり、儒教により「礼楽」は文化の代名詞にもなった。そのことは多くの言説が示しているとおりで、『史記』孔子世家に、孔子（前五五二―四七九）について、

孔子は詩書礼楽を以て教う。弟子蓋し三千、身、六芸に通ずる者七十有二人。

と、孔子が弟子に教えた内容を「詩書礼楽」と要約していることからもわかる。孔子が礼楽を重視し、また周王朝の礼楽の復興を願っていたことは『論語』に載せる孔子の語のはしばしからも確認される。そして、このような礼楽の位置づけは、後世の儒教を強く規定することになった。

そのことは、はるか後の朱子学においても同様であり、たとえば、孔子が匡《きょう》の地で生命の危機にさらされたとき、孔子は「文王既《すで》に没するも、文は茲《ここ》に在らずや」「天の未《いま》だ斯《こ》の文を喪《ほろ》ぼさざるや、匡人《きょうひと》、其れ予《われ》を如何《いかん》せん」（『論語』子罕篇）と嘆じたことがある。周の文王以来伝えられてきた「文」がみずからに備わっている以上、天は自分を生かしておくはずだという信念の表明であるが、ここにいう「文」について朱熹（一一三〇―一二〇〇）の注は「道の顕なる者、之を文と謂う。蓋《けだ》し礼楽制度の謂なり」と説明している。つまり朱熹によれば、孔子に伝えられた偉大な「斯文」とは、他ならぬ礼楽制度であり、それは「道の顕なる者」だというのである。真理である「道」をはっきりとしたかたちで具現化したものが礼楽というわけである。

典籍としては、『儀礼』『周礼』『礼記』の三礼文献がまとめられたのに対し、音楽に関してはこれらに相当するまとまった経典は伝わっていないが、音楽をめぐる議論はずっと続けられた。そして、楽記篇の「以て口腹耳目の欲を極めるに非ざるなり」の語が示しているように、伝統中国において音楽は個人の楽しむ娯楽というより、しばしば政治と秩序のための規範的手段としてとらえられてきたが、それは、このような儒教の音楽論によるところが大きいのである。

なお、中国において音律の法則は暦法や度量衡（長さ、体積、重さ）という物理量を決める基準にもなっていた。

いいかえれば、ほかならぬ音律がこの世界の普遍的諸法則の基本となっていたことも中国における音楽論の一つの特徴となっている。

二

前置きが長くなったが、以上は『律呂新書』の位置づけをより明確にするために、私なりに整理してみたものである。『律呂新書』がもっぱら論じたのは、以上に述べた音楽の四要素のうちの三つ目、すなわち楽理の領域である。『律呂新書』の著者、蔡元定は朱熹の友人であり、朱熹が最も信頼した学者であって、この書の撰述も朱熹の思想と密接な関係がある。いや、むしろ朱子学にもとづく楽律論を朱熹になり代わって新たに探究、整理したものといったほうが事実に近いであろう。

そもそも、古代儒教への復帰を目指した朱熹にとって、孔子や孟子の思想への回帰は当然のこととして、儀礼においても古礼の復元とその精神に立ち帰ることが目指されたのはよく知られている。古代の儀礼文献を整理、集成した浩瀚な『儀礼経伝通解』の編纂はそのための一環であった。そして、そのことは音楽についても同様であって、朱熹は『律呂新書』の序文で、「古楽」が滅んでから久しく、現在は不幸にして混乱をきわめている状況だが、蔡元定の努力によって正しい音律がとり戻せるはずだという。そして、さらに曲調のリズムを整え、これを楽器に載せることで楽書を作り、その仕事を完成させたならば、それはまさに「千古の一快」にほかならない、とその研究に大いに期待している。

諸分野に驚嘆すべき多くの著作を残した朱熹も、さすがに音楽については専門的な著述を書くことができず、『儀国ばかりか朝鮮、日本でも熱心に読まれ、影響をもたらすことになるのである。

三

さて、いうまでもないことだが、日本の近世期は中国文化の影響をかつてなく強く受けた時代であった。長崎を通じて漢籍が大量に輸入され、漢籍の復刻版（和刻本）や講説がおびただしく出版されて読者の欲求を満たしたことは周知のところである。思想的に見ても、儒教が本格的に受容され、士農工商の広い階層にわたって普及したのがこの時代であって、林羅山、伊藤仁斎、中江藤樹、中村惕斎、貝原益軒、荻生徂徠、新井白石ら多くの儒教思想家が活躍した。

ただし、これまでの日本近世儒教の研究は、哲学思想や政治論、修養論などに偏向し、儒教の重要な側面である礼楽に関する研究は少なく、とりわけ儒教の音楽論に関してはごくわずかなことしかわかっていないという状況のようである。榧木氏のこの書は、そのような従来の研究の空白を埋める研究といえよう。

この書は、日本近世における『律呂新書』研究およびそれにかかわる音律論・音楽論がどのように展開したのかにつき、重要な知見を含んでいる。主な意義としては以下の三点があげられるように思われる。

第一に、新たな研究領域を開拓した点が評価される。そもそも『律呂新書』の日本における受容と変容の様相がどのようなものであったかについては、これまでほとんど論じられていない。しかし本書では、『律呂新書』研究の端緒を開いた中村惕斎（一六二九―一七〇二）をはじめ、林鵞峰、斎藤信斎、蟹養斎、内堀英長らの著作を、刊本・写本を含めて広く調査・発掘するとともに、その特色を論じ、日本の『律呂新書』研究につき網羅的に検討を行なっている。このことにより日本近世期における中国楽律研究史の重要な潮流が初めて解明されることになったといえるのではあるまいか。

第二に、これに関連して、新たな事実の究明ということがあげられる。たとえば、林家で『性理大全』に加点する作業を通して『律呂新書』が注目されるようになったこと、林鵞峰の著とされる『律呂新書諺解』が実は弟子の小嶋道慶によるものであること、中村惕斎が『律呂新書』の内容を実証的に再検証するとともに、日本において実践可能な楽律論を追究していたこと、斎藤信斎と蟹養斎が惕斎の研究を発展させたことなどは、従来知られていなかった新しい知見となっている。

第三に、東アジアの音律論の文化交渉的研究に関して一つの里程標になりうる点があげられる。『律呂新書』の東アジアにおける展開に関しては、これまで中国および朝鮮については一定の研究蓄積がある。今後、そうした中国・朝鮮における『律呂新書』研究とあわせて検討することにより、東アジア近世期における楽律論のいっそうの解明が期待できるであろう。そしてそのことは朱子学、ひいては儒教における音楽、あるいは礼楽とは何であったのかにつき重要な手掛かりを提供することになるのではないかと思われる。

このように、多くのすぐれた成果を含む本書であるが、ただ、徂徠学派や富永仲基らの音律研究と比較した場合どのような特色をもつのか、また楽器の研究はどのようであったのか、あるいは江戸後期になると明清楽の演奏が流行するが、ここに取り上げられた事象はそれとどのように関連するのかなどについても著者の見解を聞いてみたいところである。もっとも、それらは本書でなされた研究をふまえて初めてなしうることであり、学界共通の今後の課題というべきかもしれない。

著者の椢木氏は関西大学大学院・東アジア文化研究科において研鑽を重ねてきた。本書はその関西大学における博士学位取得論文（文化交渉学、二〇一六年三月）に訂正、加筆したものである。在学中、日本学術振興会特別研究員（DC1）として精力的に研究を行ない、三年間ですぐれた博士論文を書き上げられた。また幸いにも関西大学校友会の出版補助を得て、こうして書物として出版することとなったのである。指導教授として本書の出版を慶ぶとともに、いくらか解説を加えたこの小文をもって序文に代えさせていただく次第である。

関西大学大学院・東アジア文化研究科　　吾妻　重二

二〇一七年一月

目次

序に代えて（吾妻重二）　i
凡例　xiv
序論……1
一、本書の視座……1
二、日本近世期における儒礼の実践と楽研究……5
三、本書の構成……9
第一章　蔡元定『律呂新書』―成立と展開―……13
第一節　『律呂新書』の成立と展開……13
一、蔡元定について……13
二、『律呂新書』について……16
三、『律呂新書』の成立過程と展開過程……18
四、朱熹の関与……20
第二節　三分損益十八律……26
一、三分損益法―拡大と修正―……29
（一）三分損益法の拡大／（二）三分損益法の修正
二、諸理論に対する蔡元定の評価……33
三、三分損益十八律……37

第三節　雅楽理論書としての『律呂新書』……46
一、黄鐘半声の否定……47
二、起調畢曲……52
第四節　律管製作……53
一、声気の元……53
二、候気術……57
小結……60
第二章　林家における『律呂新書』研究―林鵞峰『律呂新書諺解』を中心として―……71
第一節　林鵞峰について……71
第二節　『性理大全』の訓読……73
第三節　林家における楽の実践と狛高庸……80
一、実務的側面……81
二、実践的側面……86
第四節　『律呂新書諺解』について……87
一、「黄鐘第一」……89
二、雅楽理論……93
小結……96
第三章　中村惕斎の『律呂新書』研究―日本における『律呂新書』研究の開祖―……103
第一節　中村惕斎と『律呂新書』……103
一、中村惕斎について……104
二、中村惕斎の『律呂新書』研究……106

（一）前期／（二）後期
第二節　『修正律呂新書』……113
一、『修正律呂新書』について……113
二、『修正律呂新書』の底本……116
三、刊行状況……119
四、『修正律呂新書』における「修正」……122
第三節　『筆記律呂新書説』……127
一、『筆記律呂新書説』について……127
二、諸本の検討……129
三、『律呂新書』との相違点……134
（一）黄鐘半律／（二）「筭之不盡」／（三）候気術
四、度量衡……145
第四節　楽の実践……149
一、日本雅楽について……149
二、楽人との交流……152
（一）小倉実起／（二）安倍季尚
小結……158
第四章　斎藤信斎の『律呂新書』研究―中村惕斎『律呂新書』研究の継承と『楽律要覧』―……167
第一節　斎藤信斎について……167
第二節　『楽律要覧』について……170
第三節　中村惕斎との比較……174
一、人声……175

二、度量衡……176
三、嬰音……178
四、先王の楽と世俗の楽……184
小結……188
第五章　蟹養斎による楽研究—『道学資講』所収の資料を中心として—……191
第一節　蟹養斎について……191
第二節　『道学資講』と中村惕斎の『律呂新書』研究の受容……194
第三節　『楽学指要』……198
一、楽学の意義……200
二、楽の正邪……204
三、日本における古楽の復興……206
第四節　『日本楽説』……208
第五節　『制律捷法』……212
一、求材……214
二、求黄律……216
第六節　『読律呂新書記』……220
一、楽律研究および『律呂新書』……223
二、候気術……227
第七節　尾張における『律呂新書』研究……229
一、中村習斎『読律呂新書記』……229
二、養蘭堂主人『律呂新書筆記』……233
小結……234

第六章　内堀英長の『律呂新書』研究―『律呂新書』研究の象数学的展開― 241
第一節　内堀英長について 241
第二節　著作について 242
一、『律呂新書私考』 243
二、『律呂新書解』 245
第三節　内堀英長の『律呂新書』研究 247
一、河十洛九 249
二、『律呂新書』への疑問 251
(一)「人声」と「数の自然」／(二) 律呂本原「変声第七」の「少高於宮」について／(三) 律呂本原「候気第十」の候気術について／(四) 律呂本原「十二律之実第四」の管長について
三、日本的特徴 259
小結 260
結論 267
あとがき 275
参考文献 279
初出一覧 288
掲載画像所蔵先一覧 290
索引 296

凡　例

一、本書では、吾妻重二『宋代思想の研究―儒教・道教・仏教をめぐる考察―』（関西大学出版部、二〇〇九年）が明内府刊本と推定する（一四三頁・注四）、孔子文化大全編輯部編輯『孔子文化大全　性理大全（二）』所収の『性理大全』巻二十一・二十二『律呂新書』（山東友誼書社、一九八九年）を使用する。それ以外に引用する文献の典拠は、すべて注に示したとおりである。また、本書において使用する一部の資料については、所蔵元が公開するデジタル資料を使用した。

二、参考文献からの引用については、原則として原文の表記に従ったが、句読点や合略文字、さらには一部の漢字については表記を改めた。

三、字体は原則として常用漢字を使用する（書名・章名を含む）が、引用文については原文の表記に従った。

四、本書では所蔵状況の確認のために、大学共同利用機関法人人間文化機構国文学研究資料館が提供する「日本古典籍総合目録データベース」（http://base1.nijl.ac.jp/~tkoten/）を使用した。なお、本書に記載した情報は、二〇一六年九月一日現在のものである。

序論

朱子学を代表する楽律書であり、また、東アジア近世期において最も正統な楽律書として知られていたのは蔡元定『律呂新書』（一一八七年）である。本書では、この『律呂新書』の日本における展開過程を分析することにより、日本近世期における中国音楽研究、とりわけ楽律研究の一端を解明するとともに、儒教の礼楽、とりわけ「楽」の領域における影響力が思想界に止まらず、広く文芸・社会全般にまで波及していたことを明らかにするものである。

一、本書の視座

まず、本書において前提となる楽律論について少し説明しておきたい。儒教では古代より「樂者天地之和也。禮者天地之序也」[1]（樂は天地の和なり。禮は天地の序なり）として、楽は天地に調和を与え、礼は天地に秩序を与えるものと考えられており、この「礼楽」を通して社会に秩序と調和がもたらされるとされてきた。このうち、礼については『周礼』『儀礼』『礼記』の三礼と称される文献があり、これらを中心として礼の実践および研究が行なわれてきたが、楽については『礼記』の一篇として「楽記」があるものの、三礼に相当するような文献は見られず、かつて存在していたとされる『楽経』についても、漢代に五経博士が設置された時には、すでに散逸していたことが知られている。しかし、儒教ではこの『楽経』に代わり、「経学としての楽」として重視されてきたものがあった[2]。それが、本書において検討する楽律論である。

堀池信夫氏は、儒教思想における楽律研究について、儒教において真理とされる聖人の言説が「真に普遍的真理であるかとの客観的証明を常に模索し続けていた」[3]結果であるという。儒教では、一般的に聖人の言説を真理とするが、この言説が「真に普遍的な真理」[4]であるのかについては、常に言説以外の方法による客観的弁証法が模索されてきた。楽律論もその一つであり、「候気術」による気の観測や、「天の自然」を可視化する数理論により、「天の自然」にもとづく正しい楽律を求めるための理論化が歴代の儒者たちにより試みられてきたのである。

　中国における楽律の起源は、黄帝の命を受けて楽官である伶倫が、鳳凰の鳴き声に合わせて十二律を制定したことにあると伝えられている。[5]つまり、太古の伝説的時代においては、楽律の制定は優れた音感を有する人物の聴覚に依拠して行なわれていたようである。しかし、中国における楽律史の理論的支柱となり、歴代諸儒たちが検討を重ねたのは、楽律に数の概念を取り入れた三分損益法である。この三分損益法の登場により、十二律の相生方法が数により理論化されるとともに、十二律の循環性が明示されることで、同じく十二を一単位として循環する十二月と結びつき、秦漢時代を通して、次第に律暦融合の流れが醸成されていった。中国では、古代より「協時月正日、同律度量衡」[6]（時月を協え、日を正しくし、律度量衡を同じくす）として楽律と暦法・度量衡は一致するものと考えられており、とりわけ楽律と度量衡については「律所以立均出度也。古之神瞽考中聲而量之以制、度律均鍾。百官軌儀、紀之以三、平之以六、成于十二。天之道也」[7]（律は均を立て度を出だす所以なり。古の神瞽は中聲を考えてこれを量りて以て制し、律を度り鍾を均しくす。百官軌儀とし、之を紀すに三を以てし、之を平らかにするに六を以てし、十二に成る。天の道なり）として、楽律は度量衡の根源になるとともに、天の道とも一致するものと考えられてきた。[8]そのため、楽律論は以後、単に楽音の音高を規定する理論としてだけではなく、暦法・度量衡、さらには宇宙生成論とも密接に連携しつつ、統一的な体系を志向する学問として発展していくこととなる。

　さて、『国語』周語下においてすでに示されているように、中国では天地自然に合わせて楽律を制定し、そこで得られた律管、とりわけ黄鐘律管が度量衡の基準になるとされてきた。つまり、度量衡は正しい楽律を制定することにより生じる副次的なものであった。そのため、度量衡を統一して国家運営の安定を図ろうとする為政者たちは、その根本となる楽律研究にも強い関心を示していたのである。だが、そうであるがゆえに、楽律を改定し、新たな楽律を制定すること自体がみずからの権威を象徴する手段となってしまい、ついには何の根拠もなく恣意的に楽律の改定を行なう者まで現われるようになった。また、時代の経過とともに古《いにし》えの楽律を得ることが困難になってくると、度量衡から楽律を求めるという逆転現象も見られるようになる。しかし、度量衡に依拠した楽律の制定は、頻繁に度量衡の改定が実施される中国においては混乱を招くこととなり、その混乱は宋代に至ると頂点を迎える。そこで、このような状況を打開するため楽律と度量衡の関係を正し、混迷をきわめていた宋代の楽律論に新たな道筋をつけるべく著わされたのが『律呂新書』であった。

『律呂新書』は、朱熹（一一三〇―一二〇〇）の友人であり弟子でもある蔡元定（一一三五―一一九八）によって著わされた楽律書である。同書では、楽律の根源を「声気の元」とする楽律論を確立することにより、楽律と度量衡を古代の関係性に戻すとともに、変律を導入した三分損益十八律を使用することにより旋宮を可能とするなど、楽学と律学の両面において大きく理論を発展させた。その後、『律呂新書』は朱子学関連の重要著作を収載した『性理大全』（一四一五年）に収録されたことにより、朱子学を代表する楽律書としての立場を確立し、以降、中国における正統な楽律論として尊重されていくこととなる。もっとも、残念ながら中国では『律呂新書』が著わされた南宋時代を含め、同書が実際の音楽理論として採用され、演奏に影響を与えることはなかった。その一方で、『性理大全』に収録された『律呂新書』は、『性理大全』の東アジアへの伝播に伴い、中国のみならず、朝鮮・日本など東アジア各地でも研究されることとなり、朝鮮では世宗朝において実施された雅楽改革における理論書として採用されるなど、実際の音楽理論としても一定の機能を果したことが知られている。(9)

日本における『律呂新書』研究の開始は、各地で儒学が盛んに受容され、朱子学研究が本格化し始めた近世期のことであるが、この時期の日本において影響力が大きかったのは、藤原惺窩（一五六一―一六一九）・林羅山（一五八三―一六五七）・山崎闇斎（一六一九―一六八二）らに代表される朱子学派、伊藤仁斎（一六二七―一七〇五）・伊藤東涯（一六七〇―一七三六）らに代表される古学派、荻生徂徠（一六六六―一七二八）・太宰春台（一六八〇―一七四七）・服部南郭（一六八三―一七五九）らに代表される徂徠学派（古文辞学派・蘐園学派）、さらに、中江藤樹（一六〇八―一六四八）・熊沢蕃山（一六一九―一六九一）らに代表される陽明学派などである。これらの思想家たちを対象とする研究は、主に日本漢学および日本思想史の分野において行なわれてきたが、その主たる関心は各思想家の経典解釈であり、これまではその思想的特徴を理論的側面から究明することが中心となってきた。しかし、近年、儒教の実践的側面、すなわち「礼楽」に代表される儒教儀礼についても関心が高まってきており、それらの研究成果からは、日本近世期の儒者たちが儒教を単なる学問としてだけではなく、儀礼等を行なうことにより儒者としてのアイデンティティを確立しようとしていたことが明らかにされつつある。[10]

その中でも、礼楽について強い関心を有していた荻生徂徠については、小島康敬氏[11]・陳貞竹氏[12]・山寺美紀子氏[13]などが、徂徠学派における礼楽観のみならず、楽律論をはじめとする楽の実践的研究についても明らかにしている。また、大阪の町人学者である富永仲基（一七一五―一七四六）の楽律研究についても、横田庄一郎・印藤和寛両氏の研究[14]がある。このように、日本近世期の儒者たちによる楽律研究については、徐々に明らかにされつつあるが[15]、東アジア近世期の思想界において絶大な影響力を有していた朱子学派における楽律研究および楽の実践については、これまでほとんど注目されてこなかった。しかし、近年、山寺三知氏[16]・遠藤徹氏[17]らにより京都の朱子学者である中村惕斎（一六二九―一七〇二）の『律呂新書』研究が徐々に解明されつつある。筆者もこの分野について考察を加えている一人である。

日本では当初、『律呂新書』研究は『性理大全』に体現されている朱子学という学問・思想体系を理解する一環として行なわれていた。しかし、中村惕斎の登場により、同書の研究は理論の理解を目的とするものから、その理論を基礎として実践に反映させようとするものとなり、儒教における政治的・文化的な基盤である「礼楽」の楽を日本において行なうことを目的とするものへと次第に変化していった。また、『律呂新書』および惕斎の『律呂新書』研究の影響力について検討すると、同時期における楽律関連の著作には、『律呂新書』および惕斎の『律呂新書』研究からの引用がしばしば見られることから、賛否のいかんは別として、日本近世期に楽律研究を志していた学者たちの間では『律呂新書』が必読文献として認識されており、さらに、中村惕斎の研究も広く参照されていたことがわかる。つまり、日本近世期における楽律研究の中心には、朱子学を代表する楽律書である『律呂新書』があり、同書を研究する中村惕斎をはじめとする朱子学者たちがいたのである。しかしながら、中村惕斎の『律呂新書』研究を含め、日本近世期における『律呂新書』研究の展開過程およびその様相に関する研究は、なお緒に就いたばかりであり、その全貌はいまだ明らかではない。

本書が『律呂新書』を取り上げるのは、日本近世期における楽律研究の一端を明らかにし、ひいては儒教の礼楽が日本においてどのようにとらえられていたのかを解明したいと考えるからである。

二、日本近世期における儒礼の実践と楽研究

日本近世期の儒教については、これまで各思想家たちの経典解釈を中心として儒教の理論的側面に関する研究が蓄積される一方、儀礼をはじめとする実践的側面については、まったく受容されなかったか、あるいは限定的な受容であったとの認識が一般的であり、ほとんど注目されることがなかった。[18]しかし、近年の吾妻重二氏、田世民氏、松川雅信氏などの研究により、日本においても『家礼』を中心として儒教式儀礼が受容・実践されており、さらに

従来考えられていたような林家や水戸藩などの限られた人々だけではなく、さまざまな立場の儒者たちが可能な範囲で儀礼を実践しようとしていたことが明らかにされている。もちろん、同時期の中国や朝鮮と比較すると、日本のそれは国家規模での取り組みではないため見劣りはするが、むしろ、国家が先導せずとも個人的に儀礼を実践しようとするのは、真の儒者たらんとする日本の儒者たちの気概を感じさせるものであり、儒者としてのアイデンティティを確立しようとしていた意識の表われと見ることもできよう。このような観点に立つ時、日本近世期における儀礼の実践と研究からは、従来指摘されてきた学問をし、教育を行なう儒者という姿以外にも、儀礼を行ない儒者として生きようとする新たな儒者像が浮かび上がってくる。そして、その新たな視点に立つことで、我々は日本近世期における儒教の位置づけについて、より実態に即して理解することが可能となり、ひいては日本近世期において儒教とは何だったのかという問題についても再考を促しうるのではないだろうか。

さて、日本近世期の儒者たちによる楽研究については、儀礼研究以上に注目されることが少なく、思想史でも音楽史でもあまり論じられてこなかった。上述した徂徠学派における楽研究については徐々に研究成果が蓄積されつつあるが、それでもなお、楽の実践や楽律論のように音楽学や数学などの専門的知識が求められる部分については、十分に研究されているとは言い難い。だが、このような楽研究の不振という問題は現代の研究者だけが直面している問題ではなく、近世期の儒者たちにとっても、文献の講読に際して儒教以外の知識が求められ、さらに、儒者が重視する雅楽の実践についても、楽人たちの協力無くしては携わることすらかなわない楽の研究は、容易ならざるものであった。

ここで、儒者が楽を語るということについて考えてみたい。近世期の中国や朝鮮では、儒者が認める雅楽が存在していたのに対して、日本には儒者が理想とするような雅楽は伝わっていなかった。また、中国や朝鮮では儒者が官僚となり、楽に関しても自身の見解や理念を制度として表明することができたのに対して、日本の場合、そもそも、雅楽の演奏を担う楽人たちには「堂上《とうしょう》」と「地下《じげ》」で程度の差はあるが官位が与えられていたため、楽の領域に儒者が、とりわけ惕斎のような市井の儒者が参与することはきわめて困難であった。そのため、日本において雅楽を興すためには、楽の思想的な価値について語るだけでは不十分であり、現行の日本雅楽と儒者が理想とする雅楽との差異を明らかにし、その上で日本雅楽をいかに改革するのかという実践面をも視野に入れた理論を提言していくことが求められた。それと同時に、儒者たちが語る楽に理解を示す楽人を探し出し、日本雅楽に関する知識と技術を習得することにも努めなければならなかったのである。

ところで、音楽史の分野では「戦国時代の衰微した朝廷の儀式は、信長・秀吉によって一応復活の緒についたが、江戸幕府は一層それを助け、儀式音楽として雅楽は復興することになった。……しかし、雅楽の華やかなりし平安時代にくらべれば、雅楽は何といっても委縮し枯渇していた」[19]とされ、江戸時代の雅楽は音楽的には高い評価を得てはいない。確かに、貴族たちの庇護のもと、芸術性を追求する音楽として展開していた平安時代の雅楽と比較すると、江戸時代の雅楽は全体的に暗く、そのリズムも間延びしており、音楽的魅力は大幅に減退しているといえるだろう。この江戸時代の雅楽について、雅楽に造詣の深い人物として知られる松平定信（一七五九―一八二九）は、楽人との日本雅楽に関する問答集である『俗楽問答』の中で、次のように評している。

今の樂は俗樂にて侍れば、尊ぶべきことなれば、俗調とても今の俗調にたぐひすべきにあらず。實に人心を和し善心をおこし侍る功少からず。然るにその樂の本意にくらく侍れば、樂てふものはうちあがりし人の好むものにて、俗輩はきらふものと心得る輩多く侍るぞなげかしき。さなむいふ心から、尊くしなさんとして、節奏なくただに引きのばし吹きなし、かこ大皷まひまでも拍子にあふを野とし、箏なんども左手用ゐるにてこそ合ふめれ。今はそれもはぶきて、いかにもおもしろからぬを、高古と心得、俗輩は只眠を生じ侍る。[20]

引用が長くなったが、定信によると、日本の楽（雅楽）は中国を基準として考えると俗楽に属するが、当時日本に存在していた俗楽とは異なって人心を和し、善心を興す功があるという。しかし、このような雅楽の本意を理解しない人々は、雅楽というものは高貴な人物が好むもので、俗人は嫌うものだとの認識にもとづき、ひたすらに雅楽を尊いものにしようとしているとして、これを批判する。そして、このような誤った認識が広まった結果、雅楽はリズムが無くだらだらと間延びしたものとなり、演奏自体が面白くなくなってしまった。だが、さらに問題なのは、人々がその面白くないことを高貴で古風なことだと考え、俗人はただ眠気を催すだけ、というものになってしまっていることだという。ここでは、誰が雅楽を面白くないものにしてしまったのかについて明言されていないが、諸般の事情を考え合わせると、儒教の礼楽思想がその原因となったのではないかと考えられる[21]。

華やかさを誇っていた雅楽が失われた最大の原因は、応仁元年（一四六七）から京都を中心として戦火が交えられた応仁の乱である。これにより京都の町は壊滅的な打撃を被ることとなるが、その地に生活していた楽人たちもまた甚大な被害を受け、平安時代以来の雅楽は存亡の危機にさらされた。そのため、残された楽人たちは雅楽の再興を図るべく、新たな庇護者を獲得しなければならなかった。このような状況の中、近世期になって現われたのが、儀礼音楽としての雅楽の役割に目をつけた徳川幕府であった。武内恵美子氏は、当時の儒者たちによる礼楽思想に関する議論の高まりと、幕府の法会における雅楽の役割の変遷を関連づけ、幕府の法会において雅楽が重視されることとなった背景には、礼楽思想の影響があったことを指摘している[22]。つまり、制度面からみると雅楽について意見をすることが難しい儒者たちが、実際には当時の儀礼音楽としての雅楽について、隠然たる影響力を有していたのである。これより、前掲の『俗楽問答』において雅楽を面白くないものにした背景には、儒教の礼楽思想の影響があったと考えられるのである。そして、このことは当時の楽人たちの中にも、その真意が那辺にあるのかは別として、儒者の楽研究に耳を傾けるような楽人がいたということの証左であるといえる。

しかしながら、吉川英史氏も「この時代の雅楽に関する資料が不足している」というように、江戸時代前・中期の楽人たちに関する資料はきわめて少なく、彼らの活動の足跡を追うことは難しい。当然、儒者との交流についても、楽人の側の資料から検討することは困難である。そこで、本書では儒者の文献に見られる楽人との交流に関する記述にも注意をはらい、儒者による楽研究を支えた楽人の存在や、その交流の様相について分析し、言説としての楽のみならず、実践をも視野に入れた楽の研究を行なっていた儒者たちの試みを明らかにしたい。

三、本書の構成

本書では、全体を六章に分けて考察を加える。

第一章では、本書の主たる研究対象である蔡元定『律呂新書』をめぐって、その成立から『性理大全』に収録されるまでの過程について考察する。また、中国の伝統的な楽律の算出方法である三分損益法の変遷について概括した上で、『律呂新書』が提示した三分損益十八律の特徴を示したい。

第二章では、林羅山のあとを継ぎ林家の二代目当主となった林鵞峰の著作とされる『律呂新書諺解』、そして『国史館日録』や『鵞峰先生林学士文集』などの資料をもとに、鵞峰とその弟子たちによる『律呂新書』研究の様相について論じ、林家における『律呂新書』研究がいかなる意義を有していたのかについて考察したい。

第三章では、日本における『律呂新書』研究の基礎を構築した中村惕斎を取り上げ、その著作である『修正律呂新書』および『筆記律書新書説』の分析を中心として、惕斎の『律呂新書』研究の特徴やその意義について明らかにしたい。また、儒者である惕斎がいかにして日本雅楽に関する知識や技術を習得したのかについて知るため、惕斎と楽人たちとの交流の分析を通して、愓斎と古楽復興との関係について論じたい。

第四章では、中村愓斎の『律呂新書』研究がいかに継承されていったのかを明らかにするため、門人の斎藤信斎による『律呂新書』研究に着目し、信斎の著作である『楽律要覧』と愓斎の『筆記律呂新書説』との比較を通して、両者間における研究の継承と異同を整理するとともに、信斎の楽律研究の特徴についても考察する。

第五章では、斎藤信斎を介して愓斎の『律呂新書』研究を受容した蟹養斎の楽研究について検討する。とりわけ、崎門学派の叢書である『道学資講』に『筆記律呂新書説』および『楽律要覧』が収録された点に着目し、愓斎らの著作に前後して収録されている蟹養斎・中村習斎・養蘭堂主人の楽ならびに楽律関連の著作を網羅的に分析することにより、愓斎の『律呂新書』研究が京都から尾張へと展開していった経緯を明らかにしたい。

第六章では、日本において『律呂新書』にもとづく象数学的研究を模索した小浜藩の儒者、内堀英長について、その著作である『律呂新書解』を中心として考察を行なう。『律呂新書』を象数学的な観点から研究する傾向は、中国でも明代以降、比較的多く確認できるが、日本では英長以前には確認できない。そこで、本章では内堀英長の『律呂新書』研究に着目し、その特徴について検討したい。

以上のように、本書では楽律学と思想史の観点を中心として、まずは資料の発掘とその意味、そして各人・各著作に見られる特徴を示すことにより、日本近世期における『律呂新書』研究の様相とその意義、および楽律論の展開について明らかにしたい。これは、日本近世期の儒教や音楽、学芸の解明にもつながる作業の一つとなろう。


【注】
(1)『礼記正義』楽記（北京大学出版社、二〇〇〇年）一二七〇頁。
(2) 経学における楽の位置づけについては、児玉憲明「経学における「楽」の位置」(『人文科学研究』第一〇六巻、新潟大学人文学部、二〇〇一年）を参照。

（3）堀池信夫「中国音律学の展開と儒教」（『中国—社会と文化—』第六号、東大中国学会、一九九一年）一一五頁。

（4）同前、一一五頁。

（5）「昔黄帝令伶倫作爲律。伶倫自大夏之西、乃之阮隃之陰、取竹於嶰谿之谷、以生空竅厚鈞者、斷兩節間、其長三寸九分、而吹之以爲黄鍾之宮、吹曰舍少。次制十二筒、以之阮隃之下、聽鳳皇之鳴、以別十二律」（『呂氏春秋集釈』上（中華書局、二〇〇九年）一二〇—一二二頁）。

（6）『尚書正義』舜典（北京大学出版社、二〇〇〇年）七一頁。

（7）『国語　附校刊札記』周語下（中華書局、一九八五年）四五頁。

（8）堀池信夫「中国音律学の展開と儒教」、一一五頁。

（9）정윤희（チョン・ユニ）「世宗朝『律呂新書』의 受容問題 考察」（『韓国音楽学論集』第三輯、韓国音楽史学会、一九九九年）、同「朝鮮前期『律呂新書』의 受容問題 考察」（『韓国音楽史学報』第二三輯、韓国音楽史学会、一九九九年）を参照。

（10）日本近世期における儒教儀礼については、吾妻重二「江戸時代における儒教儀礼研究—書誌を中心に—」（『アジア文化交流研究』第二号、関西大学アジア文化研究センター、二〇〇七年）、同『家礼文献集成　日本篇』一—六（関西大学出版部、二〇一〇—二〇一六年）、田世民『近世日本における儒礼受容の研究』（ぺりかん社、二〇一二年）、松川雅信「蟹養斎における儒礼論—「家礼」の葬祭儀礼をめぐって—」（『日本思想史学』第四七号、日本思想史学会、二〇一五年）などを参照。

（11）小島康敬「荻生徂徠一門の音楽嗜好とその礼楽観」（小島康敬編『「礼楽」文化—東アジアの教養』、ぺりかん社、二〇一三年）。

（12）陳貞竹『荻生徂徠の詩書礼楽論—その理論の成立と実践をめぐって—』（広島大学総合科学研究科博士論文、二〇一一年）。

（13）山寺美紀子「荻生徂徠の楽律研究—主に『楽律考』『楽制篇』『琴学大意抄』をめぐって—」（『東洋音楽研究』第八〇号、東洋音楽学会、二〇一五年）。

（14）横田庄一郎・印藤和寛『富永仲基の「楽律考」—儒教と音楽について—』（朔北社、二〇〇六年）。

（15）ただし、日本近世期における楽律研究は儒者のみならず、和算家や国学者、さらには楽人などさまざまな人々が参加する一大学問として発展していたものと考えられる。とりわけ、日本において平均律を提唱した和算家の中根元圭『律原発揮』については、田辺尚雄「中根璋氏の本邦楽律論に就いて」（『東洋学芸雑誌』第三四七号、興学会、一九一〇年）、遠藤徹「中根元主著『律原発揮』の音律論に関する覚え書き」（『東京学芸大学紀要（芸術・スポーツ科学系）』第六六集、東京学芸大学、二〇一四年）などにおいて、その重要性が指摘されている。

(16) 山寺三知「校点『筆記律呂新書説』（附訓読）（二）」（『國學院大學北海道短期大学部紀要』第三〇巻、國學院大學北海道短期大学部、二〇一三年）。

(17) 遠藤徹「中村惕斎と近世日本の楽律学をめぐる試論」（『国立歴史民俗博物館研究報告』第一八三集、国立歴史民俗博物館、二〇一四年）。

(18) これについては、尾藤正英『日本文化の歴史』（岩波書店、二〇〇〇年）二一五頁などを参照。

(19) 吉川英史『日本音楽の歴史』（創元社、一九六五年）一九〇―一九一頁。

(20) 松平定信『俗楽問答』（江間政発編『楽翁公遺書』中巻所収、八尾書店、一八九三年）二三一―二四頁。

(21) もちろん儒教、とりわけ朱子学の信奉者であった松平定信に、礼楽思想を否定する意図はなく、ここでも、多くの人々が雅楽の本意を理解していないことの批判に重点が置かれている。しかし、定信が批判する当時の雅楽の根底に礼楽思想が影響を与えていたことは、当時の儒者や楽人たちの言動からも明らかであろう。

(22) 竹内恵美子「紅葉山楽所をめぐる一考察―幕府の法会と礼楽思想の関連性を中心として―」（笠谷和比古編『公家と武家Ⅲ―王権と儀礼の比較文明史的考察―』所収（思文閣出版、二〇〇六年）二一二―二一七頁。

第一章　蔡元定『律呂新書』―成立と展開―

『律呂新書』は、朱熹の友人であり弟子でもある蔡元定が著わした楽律書である。同書は朱子学関連の重要著作を収載した『性理大全』に収録されることにより、朱子学を代表する楽律書としての立場を確立した。

本章では、『律呂新書』の成立から展開までの過程を明らかにするとともに、同書が提示した三分損益十八律をはじめとする諸理論、そして、同書にもとづく律管の製作方法についても検討することにより、日本近世期における楽律研究に大きな影響を与えた『律呂新書』について、理論と実践の両面から考察してみたい。

第一節　『律呂新書』の成立と展開

まず、『律呂新書』に関する基本的な事項を整理するとともに、『律呂新書』の成立から展開までの過程を明らかにする。さらに、同書の著述過程において、朱熹が数多くの助言を与えていた点に着目し、朱熹が果たした役割についても検討したい。

一、蔡元定について

蔡元定（一一三五―一一九八）、字は季通、名は元定、号は西山。建寧府建陽県麻沙鎮（現在の福建省南平市建陽区麻

沙鎮）出身の学者である。元定については、『宋元学案』巻四九「晦翁学案下」の「晦翁門人」の筆頭に「文節蔡西山先生元定」[1]として立伝されており、また、巻六二「西山蔡氏学案」の全祖望（一七〇五―一七五五）による「西山蔡氏学案序録」でも「西山蔡文節公、領袖朱門。然其律呂象數之學、蓋得之其家庭之傳」[2]（西山蔡文節公、朱門の領袖なり。然れども其の律呂象數の學、蓋し之を其の家庭の傳に得）と評するなど、朱熹（一一三〇―一二〇〇）の門人の中でも重要な位置を占めていたことがわかるが、とりわけ家学である律呂・象数の学については、朱熹に対して重要な示唆を数多く与えていたことが知られている。[3]ここでは、蔡元定の生涯および学問の形成過程について概括することにより、元定が家学である律呂・象数の学と道学とを融合し、朱熹の門人の中で頭角を現わしていった過程について検討を試みる。

蔡元定の生涯を概括すると、二人の「師」がその学問形成過程において、大きな影響を与えていたことがわかる。一人は、幼少期より元定の教育に心血を注いできた父・蔡発であり、もう一人は、父の死後、元定が師として仰いだ朱熹である。

蔡発（一〇八九―一一五二）、字は神与、名は発、号は首陽居士のちに牧堂老人。易・天文・地理などに広く通じた学者である。[4]『蔡氏九儒書』巻一「蔡発」によると、蔡発は生まれつき聡明であった息子のために、元定が一〇歳になると張載『西銘』を皮切りとして、程頤・程顥『二程語録』、邵雍『皇極経世書』、張載『正蒙』など道学の伝統を一通り教授したとされている。[5]その後も、親子はともに学問を探求していたが、紹興二二年（一一五二）六月に発が死去すると、元定は父の遺志を受けて、一時、建陽県崇泰里（現在の福建省南平市建陽区営口鎮）にある西山で読書し、後に新たな師を求めて朱熹の門下に入った。[6]

このように、新たな師を求めて朱熹を訪ねた蔡元定であったが、実際に元定と接した朱熹は「此吾老友也、不當在弟子列」[7]（此れ吾が老友なり、當に弟子の列に在るべからず）として、生涯にわたり友人として接した。[8]朱熹が蔡元定を高く評価していたことは、朱熹の代表的な著作である『四書章句集註』『周易本義』『詩集伝』『資治通鑑綱目』の参訂を蔡元定が朱熹とともに行なっていたこと、『易学啓蒙』が元定の起稿にもとづくものであることからも明らかである。[9]また、『宋元学案』巻六二「西山蔡氏学案」には、朱熹のもとを訪ねて来る人々が、まず元定による面接を受けていたことが記されており、[10]ここからも、朱熹が元定を重用していた様子がうかがえる。さらに、学問上のみならず、私生活の面においても、朱熹は母である祝氏の墓所の選定を風水に通じる元定に委ねており、公私両面にわたり親しく接していたようである。しかし、この朱熹との関係が原因となり、元定は後に慶元偽学の禁と称される政治抗争に巻き込まれることになる。

慶元二年（一一九六）正月四日、右諫議大夫である劉徳秀（一一三五—一二〇七）は、元宰相の留正（一一二九—一二〇六）が「偽学の党」を任用したことを弾劾する。これが契機となり道学は偽学とされ、本格的な道学排斥が始まる。そして、同年一二月、監察御史である沈継祖（生没年不詳）により弾劾された朱熹は、同月二六日に秘閣修撰を廃黜され、提挙南京鴻慶宮の祠官も罷免された。[11]この時、朱熹を弾劾した沈継祖は、朱熹が犯した罪を挙げ連ねているが、その中の一つに、孝宗の陵墓を巡る議論において従来の慣例を無視し、蔡元定の提案を採用したことを挙げている。[12]その結果、朱熹には廃黜・罷免、蔡元定には道州への配流が言い渡された。慶元三年（一一九七）正月、この知らせを受けた元定は家族に別れも告げず、三男の蔡沈（一一六七—一二三〇）、門人の邱崇（生没年不詳）・劉砥（一一五四—一一九九）を帯同して道州へと出発した。[13]

さて、『宋史』儒林四「蔡元定伝」には、配流先である舂陵（現在の湖南省永州市道県）に到着した後の元定の様子が記されている。それによると、舂陵に到着した元定のもとには、その名声を聞きつけて数多くの人々が謦咳に接しようと詰めかけていたようであるが、元定の立場を心配する人々は、講学を求める人々を遠ざけるべきであると助言したとされている。しかし、元定は「彼以學來、何忍拒之。若有禍患、亦非閉門塞竇所能避也」[14]（彼學を以て來たる、何ぞ之を拒むに忍びん。若し禍患有れば、亦た閉門塞竇の能く避くる所に非ざるなり）と述べ、積極的に講学を行なっていたようである。また、朱熹との交流についても、書簡を通して続けていたようである。このように、道州への配流後も、みずからの学問を探求するのみならず、学を求める人々にも精力的に講学していた元定であったが、ある日、蔡沈に「可謝客、吾欲安静、以還造化舊物[15]」（客を謝すべし、吾れ安静して、以て造化の舊物に還らんと欲す）と告げると、その三日後の慶元四年（一一九八）八月九日、六四歳にしてこの世を去った。

二、『律呂新書』について

『律呂新書』とは、蔡元定が提唱する三分損益十八律を中心として、その楽律論を展開する「律呂本原」全一三章と、その楽律論の典拠となる資料を集成した「律呂証弁」全一〇章からなる楽律書である。その構成は、次のとおりである（表1）。

一見、「律呂本原」と「律呂証弁」とでは章名や章数が一致しないため、その関係性はわかりにくいが、その内容をよく読むと、表1のように整理でき、おおむね対応していることがわかる。つまり、この章構成には、元定が「律呂本原」において提唱する楽律論は、基本的にすべて典拠があるという意味が込められているのである。

さて、『律呂新書』において示されている理論は、数値の面から見ても、また、論理的な整合性という面から見ても、従来の楽律書に勝るとも劣らない高い完成度を誇っているが、同書の楽律論が実際の楽器の調律や楽の理論としてそのまま適用できるかというと、決してそうではない[16]。その原因について、蔡元定自身は説明していないが、朱熹の「律呂新書序」を見ると、この問題について考える上で参考となる記述が見られる。

律呂本原	律呂証弁
黄鐘第一	造律第一
	律長短囲径之数第二
黄鐘之実第二	黄鐘之実第三
黄鐘生十一律第三	三分損益上下相生第四
十二律之実第四	和声第五
変律第五	
律生五声図第六	五声小大之次第六
変声第七	変宮変徴第七
八十四声図第八	六十調第八
六十調図第九	
候気第十	候気第九
審度第十一	度量権衡第十
嘉量第十二	
謹権衡第十三	

表１　「律呂本原」と「律呂証弁」の章構成

季通更欲均調節族（簇）、被之管弦、別爲樂書以究其業、而又以其餘力、發揮武侯六十四陳（陣）之圖、緒正邵氏皇極經世之歷、以大備乎一家之言（『律呂新書』「律呂新書序」、一四六六―一四六七頁）。

（季通更に節奏を均しく調え、之を管弦に被らせ、別に樂書を爲して以て其の業を究め、而して又た其の餘力を以て武侯六十四陣の圖を發揮し、邵氏皇極經世の歷を緒正して以て大いに一家の言を備えんと欲す。）

このように、蔡元定は『律呂新書』を完成させた後、同書の理論を実際の管弦に応用し、『律呂新書』とは別に「楽書」の著述を企図していた。つまり、『律呂新書』を著わした段階では、元定はその楽律論を実際の楽器や楽の演奏などに応用する方法については具体的に考えておらず、これらの問題を解決するべく、『律呂新書』とは別に「楽書」を著わそうとしていたのである。さらに、前掲の引用文では、元定が『律呂新書』や「楽書」を完成させた後に、「武侯六十四陣之圖」や邵雍（一〇一一―一〇七七）の『皇極経世書』をも視野に入れた思想体系を構築しようとしていたことも記されている。

以上のことから、『律呂新書』は蔡元定が音楽演奏を通して得た経験により考案した理論ではなく、いわゆる「蔡氏家学」と称される律呂・象数の学を支える理論の一つとして、論理的な整合性を追求した結果完成したものであると考えられる。

三、『律呂新書』の成立過程と展開過程

『律呂新書』の成立過程については、『晦庵先生朱文公文集』[17]（以下、『文集』と略称）所収の書簡を手掛かりとした児玉憲明「律呂新書研究序説―朱熹の書簡を資料に成立の経緯を概観する―」[18]および鄭俊暉『『律呂新書』編撰始末考』[19]などにおいてすでに詳細な検討が行なわれている。これら先行研究の分析結果を総合すると、『律呂新書』は乾道八年（一一七二）頃までに著述が開始され、淳熙一四年（一一八七）頃に初稿が完成した後に修訂が行なわれ、慶元四年（一一九八）頃に定稿が完成し、その後、刊行されたものと考えられる。

ところで、『律呂新書』の具体的な刊行年代については、資料が残されていないため明らかではないが、宋代の私家蔵書目録である『郡斎読書志』（袁州本）の趙希弁（生没年不詳）による「附志」に「律呂本原一巻」とあることから[20]、「附志」が著述された淳祐九年（一二四九）までには刊行されていたと考えられる。また、「律呂本原一巻」との記述からは、当初より『律呂新書』が「律呂本原」と「律呂証弁」の二巻二冊本として刊行されていたことがわかる。しかし、現在、一般的に通行する『律呂新書』は『郡斎読書志』（袁州本）にいう二巻二冊の単行本ではなく、『四庫全書』や『性理大全』等の叢書に収録されているものである。そこで、ここでは『律呂新書』が各種叢

書に収録されていった過程について整理した上で、『律呂新書』の位置づけがどのように変化していったのかについてもあわせて検討する。

『律呂新書』が広く認知され、現在まで伝承されることとなった要因の一つは、朱子学関連の著作を収載した『性理大全』（一四一五年）に同書が収録されたことによるものである。吾妻重二氏によると、『性理大全』は黄瑞節『朱子成書』（一三四一年）を底本として編纂されたものであり、「性理大全本は朱子成書本とほとんど同本である」[21]とされている。さらに、氏は『四庫全書』所収の『律呂新書』についても、「四庫全書本『律呂新書』が性理大全本であること、したがって、もともと朱子成書本であったことが判明する」[22]ことを指摘している。これより、『律呂新書』は『朱子成書』、『性理大全』、『四庫全書』へと順次転載されていったことが判明する。

また、『律呂新書』の版本について基本的な整理を行なった山寺三知氏は、『律呂新書』の版本を①『性理大全』巻二二・二三、②注釈書、③単行本の三種類に分類し、分析を行なっている。[23]このうち、宋代に刊行された『律呂新書』と直接的な関係があると考えられるのは①と③であるが、①については吾妻氏の研究により『朱子成書』から『性理大全』という過程が明らかにされているため、ここでは③について見てみたい。③に分類されているのは、中村惕斎『修正律呂新書』・『四庫全書』楽類所収本・故宮博物院（北京）収蔵清内府抄本・国立故宮博物院（台湾）収蔵『元本律呂新書』・中国芸術研究院音楽研究所収蔵旧抄本の五点であるが、中村惕斎『修正律呂新書』・『四庫全書』楽類所収本・故宮博物院（北京）収蔵清内府抄本の三点については、山寺氏により『性理大全』の系統に属することが明らかにされており、国立故宮博物院（台湾）収蔵『元本律呂新書』については、朱子成書本の覆刊であることが指摘されている。[24]一方、中国芸術研究院音楽研究所収蔵旧抄本については、山寺氏も未見として具体的な検討が行なわれていないが、兪冰編『中国芸術研究院図書館抄稿本総目提要』第一〇冊に「律呂新書　（宋）蔡元定撰　（清）羅登選箋義　民国間抄本」とあり、「杜穎陶が書写し、中国芸術研究院へ捐贈」したと記されていることから、[25]中国芸術研究院音楽研究所収蔵旧抄本は羅登選『律呂新書箋義』であると推定される。よって、中国芸術研究院音楽研究所収蔵旧抄本は②注釈書に分類されるため、③単行本に分類される諸本は、すべて①『性理大全』巻二二・二三と同系統であることが判明する。すなわち、『律呂新書』は①『性理大全』巻二二・二三の系統のテキストが連綿と継承されてきたといえる。

以上のように、『律呂新書』は『朱子成書』『性理大全』に収録されたことにより、朱子学を代表する楽律書としての立場を確立するとともに、当初は存在しなかった宋儒・元儒による注、とりわけ『朱子語類』などからの引用である朱熹注がそこに追加されたことにより、『律呂新書』が朱子学を代表する楽律書であるとのイメージが一層強化され、朱子学における楽律書といえば『律呂新書』という評価が定まったのである。また、単行本である二巻本『律呂新書』が失われ、『性理大全』所収の『律呂新書』が同書の基本テキストとして流布したことも、『律呂新書』と朱子学の関連性を一層強化することになったと考えられる。

四、朱熹の関与

前述のとおり、『律呂新書』は蔡元定と朱熹が協力して完成させた著作であるが、同書については「蔡元定と朱熹の共著」とするのか、「蔡元定の単著」とするのかについて異なる見解が見られる。以下、二つの説の典拠を示す。

蔡元定と朱熹の共著とする説

・『宋史』巻一三一「楽志六」

熹與元定蓋深講於其學者、而研覃眞積、述爲成書。元定先究律呂本原、分其篇目、又從而證辨之。[26]

・『四庫全書総目提要』巻三八「経部三八・楽類・律呂新書二巻」
宋蔡元定撰……蓋是書實朱蔡師弟子相與共成之者。[27]

蔡元定の単著とする説
・『宋史』巻八一「律暦志一四」
淳熙間、建安布衣蔡元定著律呂新書、朱熹稱其超然遠覽、奮其獨見、爬梳剔抉、參互考尋、推原本根、比次條理、管括機要、闡究精微。[28]
・朱熹「律呂新書序」
吾友建陽蔡君元定季通、當此之時、乃獨心好其說而力求之。旁搜遠取、巨細不捐、積之累年、乃若冥契。著書兩卷凡若干言、予嘗得而讀之、愛其明白而淵深、縝密而通暢、不爲牽合傅會之談、而横斜曲直、如珠之不出於盤。[29]

このように、『宋史』巻一三一「楽志六」および『四庫全書総目提要』では「蔡元定と朱熹の共著」とされているのに対して、『宋史』巻八一「律暦志一四」および朱熹「律呂新書序」では「蔡元定の単著」とされている。しかし、朱熹も「律呂新書序」で述べているように、『律呂新書』は明らかに「蔡元定の単著」である。これについては先行研究においてもすでに指摘されており、現在では『律呂新書』そのものは蔡元定その人の著作としなければならない[30]」という見解や、『四庫全書総目提要』の説は「朱熹を賛美し過ぎており、正しくは、師弟間においては、季通（引用者注：元定）が主導的な役割を果たしていた[31]」という見解が一般的であり、筆者もそれに賛成である。

では、朱熹は『律呂新書』の成書過程において、どのような役割を果たしていたのであろうか。これについては、先行研究でもすでに『文集』所収の書簡（「答蔡季通書」）を中心として検討が行なわれているが[32]、筆者は先行研究において指摘されていることに加えて、『律呂新書』の初稿が成立したと考えられる淳熙一四年（一一八七）頃を境として、朱熹の役割が変化したと考える。淳熙一四年以前の書簡では、朱熹が蔡元定に『後漢書』『通典』等に見られる楽律論を解説している記述や、後に『律呂新書』となる元定の楽律論について共に検討している記述が多く確認できることから、この段階で朱熹が果たした役割は、主として知識の提供と理論の検討が中心であったといえる[33]。一方、淳熙一四年以後の書簡では、すでに初稿が完成していたと考えられる『律呂新書』について、朱熹が修正点を提案することが中心となっている。つまり、『律呂新書』の成書過程における朱熹の役割は、淳熙一四年を境として、「知識の提供と理論の検討」から「内容の修正」へと変化していったといえる。

ここで、『律呂新書』の著述において朱熹が果たした役割をより具体的に検討するため、朱熹が蔡元定に提案した「内容の修正」が、どの程度反映されたのか見てみたい。重要なのは、『文集』所収の書簡の中の「内容の修正」に関する記述が見られる次の五通の書簡である[34]。

①「続集」巻二・五五書

古樂之說、尤荷意勤、及今見之、殊勝蜀公方之響也。但諸說中頗有未甚解處、及新書內論古錢處、前後頗有相牴牾者、又不見今是以聲定律、爲與此尺合之意耳。此皆俟相見面論[35]。

②「正集」巻四四・八書

……律說少有礙處、便不可筆之於書、此意甚善。不惟此一事而已、它事亦何莫不然也。但員徑亦須更子細、如引漢志、由此之義起十二律之周徑、恐未免有牽強處也。嘉量積黍數之前、合定方深圜徑之數以相參驗。證辨首章可早脩定、寄來商量。此處無頭、難下語也。[36]

③「續集」卷二・七〇書

律圖想甚可觀、然其聲須細考之、令有定論乃佳。切在虛心平氣、不可有毫髮偏滯之私也。[37]

④「正集」卷四四・九書

律書中有欲改更、別紙奉呈、不審如此是否……

(イ)本原第一章圍徑之說、殊不分明、此是最大節目、不可草草。(ロ)候氣章恐合移在第四、五間、蓋律之分寸既定、便當埋管候氣、以驗其應否。至於播之五聲、二變而爲六十調者、乃其餘耳。況審度、嘉量、謹權、尤不當在候氣之前也。(ハ)但候氣章已有黃鍾之變半分數、而前章未有明文、恐合於正律、分寸章後別立一章、具載六變律及正半、變半聲律之長短分寸、乃爲完備耳。

(ニ)審度章云云、「生於黃鍾之長」下、當改云「以子穀秬黍中者九十枚度之、一爲一分凡黍實於管中、則十三枚而滿一重、積九十重則千二百枚而滿其龠矣。故此九十枚之數、與下章千二百枚之數、其實一也。十分爲寸」云云。

(ホ)嘉量章龠、合、升、斗、斛、皆當實計廣狹分寸。

(ヘ)證辨第一章、「今欲求聲氣之中」下、當改云「而莫適爲準則、莫若且多截竹以擬黃鍾之管、或極其短、或極其長。長短之內、每差一分而爲一管、皆即以其長權爲九寸而度其圍徑、如黃鍾之法焉。如是、則更迭以吹」云云。

(ト)司馬貞九分爲寸之說、本原既不載、恐合於證辨中立爲一條、以證前篇之說。

諸尺是非、後來考得如何。已改定、幸幷錄示。[38]

⑤「續集」卷三・「答蔡伯靜」一五書

律書證辨中論周徑處、自「十一其長之分」至「二釐八毫者是也」、此一節未曉、恐有誤字或重複處、幸更考之。[39]

さて、この問題について検討するためには、初稿（一一八七年）と定稿（一一九八年頃）とを比較すればよいわけであるが、残念ながらこれらはどちらも残されていない。そのため、ここでは現行本の『律呂新書』にもとづき、朱熹の提案が反映されたのかについて検討する。[40]

①「続集」巻二・五五書については、児玉氏が指摘するように「古銭」に関する指摘であることから、律呂証弁「度量権衡第十」に関する記述であると考えられる。しかし、「朱熹の言う「前後あい矛盾する」がなにを指すのか、はっきりしない[41]」ため、朱熹の指摘が採用されたのか否かについてはわからない。なお、朱熹がここで具体的な修正方法を示していない理由としては、同書簡の最後に「此皆俟相見面論」（此れ皆な相い見面するを俟ちて論ぜん）とあることから、朱熹自身も蔡元定と後に対面して話し合うことを想定していたためと考えられる。

②「正集」巻四四・八書についても、児玉氏が律呂証弁「律長短囲径之数第二」の蔡元定注に「此之義起十二律之周徑[42]」が引用されているため、この部分に関する記述であると指摘しているが[43]、ここでも具体的な修正方法が示されていないため、朱熹の提案が採用されたのかについては不明である。同様に、⑤「続集」巻三・「答蔡伯静」一五書も律呂証弁「律長短囲径之数第二」に見られる「按、漢志以黄鐘林鐘太簇三律之長自相乗……十一其長之分以爲廣、故空圍九分、積八百一十分。其數與此相合。長九寸積八百一十分、則其周徑可以數起矣。即胡安定所謂徑三分四釐六毫圍十分二釐八毫者是也[44]」に関する記述と考えられるが、具体的な修正方法が示されていないため、朱熹の提案が採用されたのかについてはやはり不明である。また、③「続集」巻二・七〇書については、『律呂新書』のどの部分に関する指摘なのかが判然としない。

しかし、④「正集」巻四四・九書に見られる提案は、前掲の書簡と比較するとかなり具体的である。ここで朱熹が提案している修正点は、（イ）「囲径の説」を明確にすること、（ロ）候気章の位置を変更すること、（ハ）「正律」と「分寸」を論じる章の後に「六変律」に関する章を設けること、（ニ）審度章（律呂本原「審度第十一」）の内容修正、（ホ）嘉量章（律呂本原「嘉量第十二」）の内容修正、（ヘ）律呂証弁「造律第一」の内容修正、（ト）律呂証弁「律長短囲径第二」の内容修正の七点である。以下、詳しく見てみよう。

（イ）「囲径の説」についてであるが、朱熹は「囲径の説」を「此是最大節目、不可草草」（此は是れ最大の節目にして、草草にすべからず）と述べとりわけ重視しているが、具体的な修正案は示されていない。ただし、朱熹の提案にもとづき蔡元定が囲径の説明を、より詳細なものにした可能性はある。

（ロ）候気章の位置の変更については、「候氣章恐合移在第四、五間」（候氣章は恐らく合に第四、五の間に移すべし）として、第四章と第五章の間に候気章を移すことを提案しているが、この提案は現行本では採用されていない。しかし、「況審度、嘉量、謹權、尤不當在候氣之前也」（況や「審度」「嘉量」「謹權」は、尤も當に候氣の前に在るべからざるなり）として、度量衡に関する三章（審度・嘉量・謹権）の前に候気章を配置するべきだとの提案については、現行本でも「候気第十」「審度第十一」「嘉量第十二」「謹権第十三」となっていることから、採用されていることがわかる。

（ハ）「正律」と「分寸」を論じる章の後に「六変律」に関する章を設けることについては、「黄鍾生十一律第三」「十二律之実第四」の後に、「変律第五」が設けられていることから、朱熹の提案が採用されたものと考えられる。

（ニ）審度章の内容修正については、現行本では「生於黄鍾之長。以子穀秬黍中者九十枚度之、一爲一分凡黍實於管中、則十三黍三分黍之一而滿一分。積九十分、則千有二百黍矣。故此九十黍之數、與下章千二百黍之數其實一也。十分爲寸[45]」として、傍線を附した部分以外はおおむね一致していることから、朱熹の提案が一部採用されたものと考えられる。

（ホ）嘉量章の内容修正については、「龠、合、升、斗、斛、皆當實計廣狹分寸」（龠、合、升、斗、斛は、皆な當に廣狭・分寸を實計すべし）として、各計量器の形状を実際に測定すべきだと述べているが、現行本では採用されていない。

（へ）律呂証弁「造律第一」の内容修正については、「今欲求聲氣之中而莫適爲準、則莫若且多截竹、以擬黄鐘之管。或極其短、或極其長。長短之内毎差一分、以爲一管。皆即以其長、權爲九寸、而度其圍徑、如黄鐘之法焉。如是而更迭以吹[46]」として、傍線を附した部分以外はおおむね一致していることから、朱熹の提案が採用されたようである。

（ト）律呂証弁「律長短囲径第二」については、児玉氏が『史記』律書の「黄鍾長八寸七分一」等の数値に関して司馬貞『史記索隠』は、本文を「黄鍾長八寸十分一」と改めた[47]ことに関する記述であると指摘しており、現行本にも「及司馬貞索隱、始以舊本作七分一爲誤。其誤亦未久也[48]」（司馬貞『索隠』に及びて、始めて舊本の七分一に作るを以て誤りと爲す。其の誤り亦た未だ久しからざるなり）との記述が見られることから、「朱熹の示唆に従って加えられた一節であろうか[49]」として、朱熹の指摘が何らかの影響を与えた可能性を指摘している。筆者もこの見解に従う。

以上のことから、朱熹の提案はすべてが採用されているわけではないものの、採用されている提案も一定程度あることがわかる。つまり、『律呂新書』の著述にあたり、朱熹の提案を採用するかどうかの選択や『律呂新書』の構成を決定する権限は、蔡元定に委ねられていたといえよう。このように見ても、『律呂新書』はやはり蔡元定の単著と考えるのが適当であり、朱熹はあくまでも助言を与える立場にあったと考えられる。

第二節　三分損益十八律

三分損益法とは、中国において古くから使用されてきた楽律の算出方法である[50]。文献資料から確認できる中国古代における律管の製作方法としては、黄帝の命を受けた伶倫が、崑崙山の北にある谷間で採取した竹の両端を切って、三寸九分の黄鐘律管を制作し、さらに、鳳凰の鳴き声をもとに十二律を制定したという逸話があるが[51]、その中では三分損益法については言及されていない。三分損益法について述べた最も早い記述は、『管子』地員[52]および『呂氏春秋』音律[53]であり、そこでは五音（『管子』）、十二律（『呂氏春秋』）を求める方法として使用されている。中国では遅くとも、春秋・戦国時代にはすでに三分損益法が使用されていたのである。このように、中国では古くから使用されてきた三分損益法であるが、この理論には「往而不返」（往きて返らず）という根本的に解決できない問題が含まれていた。

三分損益法とは、ある律管の長さを三分の一減らすことにより五度上の音を得る三分損一と、三分の一増やすことにより四度下の音を得る三分益一を繰り返すことによって、順次、楽律を算出する方法である。

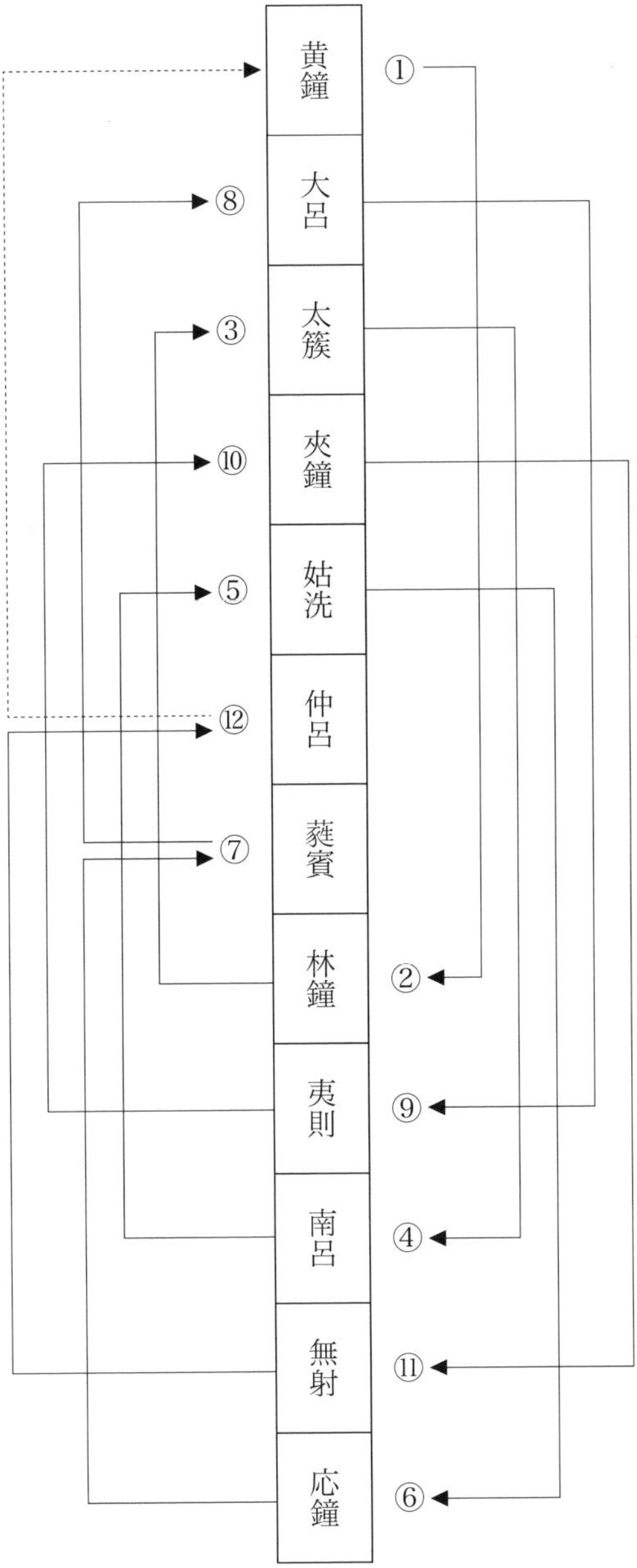

注目すべき点は、起点である黄鐘から三分損一と三分益一を繰り返し、十二番目に算出される仲呂である。前図を見ても明らかなように、仲呂の次に算出されるのは起点である黄鐘のはずであるが、実際に計算すると（計算1）、仲呂から算出される黄鐘（以下、起点であるもとの黄鐘と区別するため、仲呂から算出される黄鐘を再生黄鐘と称す）は、起点である黄鐘よりもわずかに高い音となる。[54] つまり、三分損益法により算出した十二律は、もとに戻らない（往而不返）のである。そして、このことは古代より十二律と十二月が対応すると考え、さらには『礼記』礼運の「五聲、六律、十二管、還相爲宮也[55]」（五聲、六律、十二管、還りて相い宮と爲るなり）にもとづき、十二律はそれぞれ宮声になる（旋宮）と考える儒教においては大きな問題となった。そこで、歴代の学者たちは循環する十二律の体系を確立すべく研究を行ない、ついに明代になり朱載堉が「新法密率」を提唱することによって解決されることになる。しかし、それ以前にも中国では「往きて返らず」の問題に対処すべく、さまざまな方法が試みられてきた。それらの解決方法を大別すると、三分損益法を拡大して「往きて返らず」により生じる誤差の縮小を試みる方法と、「往きて返らず」により生じる誤差を各律に均等配分することにより解決を試みる方法の二つに分けられる。

本節では、『律呂新書』以前に見られた「往きて返らず」に対する解決方法として、前者については京房・銭楽之、後者については何承天・王朴を取り上げることにより、『律呂新書』が提唱した三分損益十八律の楽律史上における位置づけを示すとともに、京房の楽律論をはじめとする諸理論に対する蔡元定の評価についてもあわせて考察してみたい。

黄鐘を9寸として計算すると

↓

$$9\times\frac{2^{19}}{3^{12}}=8.87886331\cdots$$

➡再生黄鐘は黄鐘よりも短くなる

計算１　再生黄鐘の計算方法

一、三分損益法―拡大と修正―

ここでは、歴代の儒者たちが「往きて返らず」に対処すべく考案した方法について、三分損益法の拡大と修正という二つの観点から整理しておきたい。

（一）三分損益法の拡大

三分損益という方法の拡大を志向する動きは、前漢の京房（前七七―前三七）にその端緒を見る。[56] 京房の楽律史上における功績の一つは、三分損益法により一三番目に算出される「再生黄鐘」を「執始」として計算を継続することにより、六十律まで算出したことである。しかし、京房が提唱した六十律については、楊蔭瀏氏が「彼がこのように（引用者注：六十律を）算出した目的は、音楽のためではなく、このような所謂「音律」によって、彼の占卜を粉飾するという迷信行為のためである」[57] と評するように、一般的には占卜的要素が濃厚な楽律論として理解されている。これは、京房が師である焦延寿（生没年不詳）から易学を学び、災異の占卜に長じていたこと、また、各律に一日から八日を配当することにより占卜の益に供したことが原因であると考えられる。これ以外にも、王光祈氏が「（引用者注：三分損益を）五三回すると色育が得られ、本当の黄鐘との差は〇・〇一七八一となり、普通の人の聴覚をもってすると、黄鐘と同じだと認識する程の差になる。……しかし、京房は整数にするため、五十四律以外にも、謙待、未知、白呂、南授、分鳥、南事の六律を加えて、六十律ちょうどにした」[58] と指摘しているように、仮に六十律が黄鐘と再生黄鐘の差の縮小を目的とするのであれば、計算上は五四番目の色育を算出した段階でその目的は達成され、それ以降の六律を算出する必要はなくなる。このような点も、京房の六十律が批判される原因の一つである。[59]

一方、繆天瑞氏が「京房の律制には科学的価値がある。……このように複雑な律制を応用することは非常に困難であるが、律学研究の用には供することができる」[60]と述べ、堀池信夫氏も「彼の独自な点はその呪術の技法を徹底的に精密に展開したことであった。そしてその精密さが準や律管を作製する機械工学的技術に結晶し、我々の眼から見て自然科学的とも評価しうる成果が形成されたのであった」[61]と評するように、三分損益法が循環しないことを前提として、さらなる精密化の道を突き進んだ点は、楽律研究における新境地を開拓したものとして評価することができよう。実際、準という瑟に似た十三弦の弦楽器を製作し、黄鐘の長さを九寸ではなく九尺としたことにより、微細な数値まで求められるようにするなど、京房は理論面のみならず技術面においても革新的な試みを実施している。[62]

このように、京房の六十律には、音楽の実践を考慮することなく、占卜の道具として使用しようとしたとの批判は見られるものの、三分損益法が循環しないことを認識し、六十律まで拡大したことは『律呂新書』にも通じる発想であり、さらに、より精密な数値を求めるべく準を製作し、楽律研究に技術的革新をもたらした点については、楽律史の観点から見ても、積極的に評価することができるだろう。

さて、京房が六十律を提唱したことにより、三分損益法は十二律という枠組みを越えて拡大を始めることとなり、南朝・宋（劉宋）の律暦家である銭楽之（生没年不詳）に至ると、ついに三百六十律にまで到達した。しかし、その目的はあくまでも一日一律の体系を構築することにより、円滑に占卜を実施するためであったとされている。[63]

以上のように、京房の六十律に端を発する三分損益法を拡大する動きは、京房から銭楽之へと展開し、その後、蔡元定『律呂新書』へと継承されていくのである。

（二）三分損益法の修正

三分損益法における「往きて返らず」の問題に対するもう一つの対処法は、三分損益法により算出された各律の長さを修正することである。その代表的な例として挙げられるのが、三分損益法の修正を試みた例として注目される、南朝宋（劉宋）の律学家・天文学家である何承天（三七〇―四四七）の新律である。[64] この新律については、何承天が編纂に関係していた『宋書』律暦志にその数値が記されている。[65]

	舊律度	新律度	舊律分	新律分新律小分母三十
黄鍾	九寸	九寸	十七萬七千一百四十七	十七萬七千百四十七
林鍾	六寸	六寸一氂	十一萬八千九十八	十一萬八千二百九十六二十五
太簇	八寸	八寸二氂	十五萬七千四百六十四	十五萬七千八百六十一十四
南呂	五寸三分三氂少強	五寸三分六氂少強	十萬四千九百七十六	十萬五千五百七十二三
姑洗	七寸一分一氂強	七寸一分五氂強	十三萬九千九百六十八	十四萬七百六十二二十八
應鍾	四寸七分四氂強	四寸七分九氂強	九萬三千三百一十二	九萬四千三百五十七
蕤賓	六寸三分二氂強	六寸三分八氂強	十二萬四千四百一十六	十二萬五千六百八六
大呂	八寸四分二氂大強	八寸四分九氂大強	十六萬五千八百八十八	十六萬七千二百七十八三十一
夷則	五寸六分・氂大強	五寸七分弱	十一萬五百九十二	十一萬二千百八十一二十

夾鍾	七寸四分九釐少強	七寸五分八釐少弱	十四萬七千四百五十六	十四萬九千二百四十四九
無射	四寸九分九釐半弱	五寸九釐半	九萬八千三百四	一萬二百九十三十四
仲呂	六寸六分六釐弱	六寸七分七釐	十三萬一千七十二	十三萬三千二百五十七二十五
黄鍾	八寸八分八釐弱	九寸	十七萬四千七百六十二 三分之二、不足二千三百八十四、三分之一	十七萬七千百四十七

何承天の新律の特徴は、黄鍾と再生黄鍾の差を各律に均等配分するというものであるが、その具体的な方法は、黄鍾から再生黄鍾を引き、その差を黄鍾以外の十二律[66]に均等配分するものである。次に示すのは、二番目に算出される林鐘と、一三番目に算出される再生黄鍾の計算方法である[67]（計算2）。これより、何承天の新律では、黄鍾と再生黄鍾の差を均等配分することにより、「往きて返らず」を解消して循環する楽律体系の構築を目指していたことがわかる。[68]

さて、中国では何承天以外にも、三分損益法を修正することにより「往きて返らず」に対処しようとする動きがあった。それは、五代・後周の王朴（不詳―九五九）が提唱した新律である。王朴の新律の特徴は、これまで一般的であった仲呂から黄鍾が再生されるとの考えを捨て、黄鍾（九尺）の半分を清黄鍾（四尺五寸）とし、黄鍾から清黄鍾までの間の楽律を調整することにより「往きて返らず」を解決しようとしたことである。王朴の新律については、『旧五代史』楽志に各律の数値が示されており、十三弦の律準を使用して十二律の相生を行なっていたと記されているが、具体的な計算方法については示されていない。しかし、黄鍾九尺から始まる十二律の相生順序を見る限りでは、黄鍾から林鐘、林鐘から太簇へと展開していることから、[69]やはり三分損益法を基礎として各律に修正を行なっていたものと考えられる。

$$黄鐘\ (3^{11}=177{,}147)-再生黄鐘\left(3^{11}\times\frac{2^{19}}{3^{12}}=174{,}762\tfrac{2}{3}\right)=2{,}384\tfrac{1}{3}$$

$$黄鐘：3^{11}=177{,}147$$

$$林鐘：3^{11}\times\frac{2}{3}+2{,}384\tfrac{1}{3}\times\frac{1}{12}=118{,}296\tfrac{25}{36}$$

$$\vdots$$

$$仲呂：3^{11}\times\left(\frac{2}{3}\right)^{5}\times\left(\frac{4}{3}\right)^{6}+2{,}384\tfrac{1}{3}\times\frac{11}{12}=133{,}257\tfrac{23}{36}$$

$$再生黄鐘：3^{11}\times\left(\frac{2}{3}\right)^{5}\times\left(\frac{4}{3}\right)^{7}+2{,}384\tfrac{1}{3}\times\frac{12}{12}=174{,}762\tfrac{2}{3}+2{,}384\tfrac{1}{3}=177{,}147$$

計算２　何承天の新律

以上のように、中国における三分損益法の展開過程からは、「往きて返らず」に対処すべく、三分損益法の拡大と修正を繰り返すことにより、より優れた理論へと発展していったことがわかる。

二、諸理論に対する蔡元定の評価

前述のように、三分損益法における「往きて返らず」の問題を解決するために歴代の学者たちが提示した方法は、主に三分損益法の拡大と修正の二つに大別されるが、蔡元定『律呂新書』も三分損益法を理論的な基盤としている点においては、これらの理論の延長線上、とりわけ三分損益法の拡大と方向性を同じくするものといえる。そこで、ここでは蔡元定が歴代の楽律論について論評している『律呂新書』律呂証弁「和声第五」にもとづき、蔡元定の諸理論に関する評価について見てみたい(70)。

『律呂新書』は、三分損益法を十八律まで拡大した楽律論を採用していることから、基本的には京房の六十律と同じ系統に属する理論であるといえるが、京房に対する蔡元定の評価は決して高いものではない。『律呂新書』律呂証弁「和声第五」では、六十律の生成順序を紹介した後で、次のように述べている。

按、世之論律者、皆以十二律爲循環相生、不知三分損益之數往而不返。仲呂再生黄鐘、止得八寸七分有奇、不成黄鐘正聲。京房覺其如此、故仲呂再生別名執始、轉生四十八律。其三分損益不盡之筭、或棄或增（『律呂新書』、一五四六―一五四七頁）。

（按ずるに、世の律を論ずる者、皆な十二律を以て循環して相生すと爲し、三分損益の數往きて返らざるを知らず。仲呂再び黄鐘を生ずるに、止《た》だ八寸七分有奇を得て、黄鐘の正聲を成さず。京房其の此の如きを覺え、故に仲呂再び生ずるを別に執始と名づけ、轉じて四十八律を生ず。其の三分損益不盡の筭、或いは棄て或いは增す。）

このように、蔡元定は京房が「往きて返らず」の問題、すなわち循環する楽律体系を構築しえないことを認識することにより、三分損益法で一三番目に算出される再生黄鐘を執始とし、六十律まで計算を継続した点については一定の評価を与えている。しかし、蔡元定にとって、京房の六十律は十分なものではなかった。

夫仲呂上生不成黄鐘。京房之見則是矣。至於轉生四十八律、則是不知變律之數止於六者出於自然、不可復加。雖強加之、而亦無所用也。況律學微妙、其生數立法正在毫釐秒忽之間。今乃以不盡之筭不容損益、遂或棄之或增之、則其畸贏贅虧之積、亦不得爲此律矣（『律呂新書』、一五四七頁）。

（夫れ仲呂上生して黄鐘を成さず。京房の見は則ち是なり。轉じて四十八律を生ずるに至れば、則ち是れ變律の數六に止まる者の自然に出でて、復た加うべからざるを知らず。強いて之を加うと雖も、亦た用いる所無きなり。況や律學の微妙、其の數を生じ法を立つること正に毫釐秒忽の間に在り。今乃ち不盡の筭の容《まさ》に損益すべからざるを以て、遂に或は之を棄て或は之を増せば、則ち其の畸贏贅虧の積、亦た此が律と爲るを得ず。）

つまり、「往きて返らず」の問題を解決するためには、京房のように四十八律もの楽律を追加する必要は無く、六律だけを追加すれば十分であるというのが蔡元定の主張である。そのため、京房が不必要な楽律を加え、さらには、本来、毫厘秒忽という精緻な単位まで慎重に求めなければならない楽律論において、京房がその数値をみだりに切り上げ・切り捨てることにより操作を行なっている点を批判している。そして、京房がこのような楽律論を提唱することとなった原因を、次のように述べている。

意者房之所傳、出于焦氏。焦氏卦氣之學、亦去四而爲六十。故其推律亦必求合卦氣之數、不知數之自然、在律者不可增、而於卦者不可減也（『律呂新書』、一五四八頁）。
（意《おも》うに房の傳う所、焦氏に出ず。焦氏卦氣の學、亦た四を去りて六十と爲す。故に其の律を推すに亦た必ず卦氣の數に合わんことを求めて、數の自然、律に在る者増すべからずして、卦に於ける者減ずべからざるを知らざるなり。）

このように、京房が六十律にまで三分損益法を拡大した原因は、師である焦延寿の易学の影響を受け、「数の自然」を知らずに易学との一致を目指したためであるという。そのため、「在律者不可增、而於卦者不可減也」（律に在る者増すべからずして、卦に於ける者減ずべからざるを知らざるなり）として、楽律や卦をいたずらに増減していることを批判するのである。

一方、三分損益法の修正を行なった何承天の新律については、京房の六十律よりもさらに厳しい評価を下している。

何承天、劉焯、[71]譏房之病、蓋得其一二。然承天與焯、皆欲増林鐘已下十一律之分、使至仲呂反生黄鐘、還得十七萬七千一百四十七之數。如此、則是惟黄鐘一律成律、他十一律皆不應三分損益之數。其失又甚於房矣（『律呂新書』、一五四八頁）。

（何承天、劉焯、房の病を譏るに、蓋し其の一二を得。然れども承天と焯と、皆な林鐘已下十一律の分を増して、仲呂反りて黄鐘を生ずるに至りて、還た十七萬七千一百四十七の數を得せしめんと欲す。此くの如ければ、則ち是れ惟だ黄鐘一律のみ律を成し、他の十一律は皆な三分損益の數に應じず。其の失又た房より甚だし。）

このように、蔡元定は「是惟黄鐘一律成律、他十一律皆不應三分損益之數」（是れ惟だ黄鐘一律のみ律を成し、他の十一律は皆な三分損益の數に應じず）として、黄鐘以外の十一律が三分損益法により算出された楽律と一致しないことを理由として、何承天らの楽律論を批判し、「其失又甚於房矣」（其の失又た房より甚だし）として、京房よりも厳しい評価を下している。[72]

以上のことから、『律呂新書』では三分損益法を拡大した京房についても、修正した何承天についても批判を行なっているが、『律呂新書』自体が三分損益法を拡大した楽律論であるため、全体としては、京房よりも何承天の方に厳しい評価が下されているのであろう。

三、三分損益十八律

三分損益十八律（以下、十八律と略称）とは、蔡元定が「往きて返らず」に対処すべく考案した楽律論である。十八律は、正律十二律と変律六律から構成されているが、その配列は次のとおりである。

黄鐘
変黄鐘
大呂
太簇
変太簇
夾鐘
姑洗
変姑洗
仲呂
蕤賓
林鐘
変林鐘
夷則
南呂
変南呂
無射
応鐘
変応鐘

このように、従来使用されてきた正律十二律と、新たに追加した変律六律を合わせたものが十八律である。『律呂新書』における正律十二律の実数および長さについては、律呂本原「十二律之実第四」において示されている。次の表2は、その数値を整理したものである。ここには各律について実数と全律・半律の長さが示されているが、同章には実数から各律の長さを求める方法も記されている。

按、十二律之實、約以寸法、則黄鐘、林鐘、太簇得全寸。約以分法、則南呂、姑洗得全分。約以釐法、則應鐘、蕤賓得全釐。約以毫法、則大呂、夷則得全毫。約以絲法、則夾鐘、無射得全絲（『律呂新書』、一四八四—一四八九頁）。

（按ずるに、十二律の實、約するに寸法を以てすれば、則ち黄鐘、林鐘、太簇全寸を得。約するに分法を以てすれば、則ち南呂、姑洗全分を得。約するに釐法を以てすれば、則ち應鐘、蕤賓全釐を得。約するに毫法を以てすれば、則ち大呂、夷則全毫を得。約するに絲法を以てすれば、則ち夾鐘、無射全絲を得。）

律名・實数	全律	半律
子黄鐘十七萬七千一百四十七	全九寸	半　無
丑林鐘十一萬八千□□九十八	全六寸	半三寸　不用
寅太簇十五萬七千四百六十四	全八寸	半四寸
卯南呂十萬四千九百七十六	全五寸三分	半二寸六分　不用
辰姑洗十三萬九千九百六十八	全七寸一分	半三寸五分
巳應鐘九萬三千三百一十二	全四寸六分六釐	半二寸三分三釐　不用
午蕤賓十二萬四千四百一十六	全六寸二分八釐	半三寸一分四釐
未大呂十六萬五千八百八十八	全八寸三分七釐六毫	半四寸一分八釐三毫
申夷則十一萬□□五百九十二	全五寸五分五釐一毫	半二寸七分二釐五毫
酉夾鐘十四萬七千四百五十六	全七寸四分三釐七毫三絲	半三寸六分六釐三毫六絲
戌無射九萬八千三百□□四	全四寸八分八釐四毫八絲	半二寸四分四釐二毫四絲
亥仲呂十三萬一千□□七十二	全六寸五分八釐三毫四絲六忽 餘二筭	半三寸二分八釐六毫二絲二忽

表2　『律呂新書』律呂本原「十二律之実第四」の実数・全律・半律

すなわち、黄鐘・林鐘・太簇については、その実数を「寸法」で割れば全寸[73]が得られ、南呂・姑洗の実数を「分法」で割れば全分が得られ、応鐘・蕤賓を「釐法」で割れば全釐が得られ、大呂・夷則を「毫法」で割れば全毫が得られ、夾鐘・無射を「絲法」で割れば全絲が得られるという。この「寸法」以下、実数を割る際に使用する法数は、律呂本原「黄鐘之実第二」において示されている（表3）。

子一	黄鐘之律
丑三	爲絲法
寅九	爲寸數
卯二十七	爲毫法
辰八十一	爲分數
巳二百四十三	爲釐法
午七百二十九	爲釐數
未二千一百八十七	爲分法
申六千五百六十一	爲毫數
酉一萬九千六百八十三	爲寸法
戌五萬九千四十九	爲絲數
亥一十七萬七千一百四十七	黄鐘之實

表3　『律呂新書』律呂本原「黄鐘之実第二」の法数と実数

この表について簡単に説明すると、「黄鐘之実」である一七七、一四七（亥）を「寸法」である一九、六八三（酉）で割ると、「寸数」である九寸（寅）が得られ、「分法」である二、一八七（未）で割ると、「分数」である八一分（辰）が得られる。これを踏まえた上で、一例として姑洗の実数から長さを求める方法について考えてみよう。前述のとおり、姑洗を約分する際には「分法」を用いるため、姑洗の実数である一三九、九六八を「分法」の二、一八七で割ると、六四が得られる（計算3）。ここで問題となるのが、分から寸への単位の換算方法である。律呂本原「黄鐘之実第二」では、「其寸分釐毫絲之法、皆用九數。故九絲爲毫、九毫爲釐、九釐爲分、九分爲寸爲黄鐘」[74]（其の寸分釐毫絲の法、皆な九數を用う。故に九絲を毫と爲し、九毫を釐と爲し、九釐を分と爲し、九分を寸と爲し黄鐘と爲す）として「法数」には九分一寸の法（九進法）を用いるとしているが、これは三分損益法を用いて計算する際に、十分一寸の法（十進法）では四番目に算出される南呂以下の数値に余りが生じるため、その余りを防ぐ方法として考え出されたものである。これをもとに姑洗の全律である六四分を寸の単位に換算すると、姑洗の全律は七寸一分となる（計算4）。また、表2では姑洗の半律が「半三寸五分」となっているが、その求め方は計算5のとおりである。以上のことから、姑洗は「全七寸一分　半三寸五分」となるのである。

さて、ここまで正律十二律の実数および全律・半律についてその計算方法を中心として検討してきたが、十八律も三分損益法を理論的基礎とする以上、「往きて返らず」の問題を避けることはできない。このことについて、『律

$$\frac{\text{姑洗の実数}}{\text{文法}}=\text{姑洗全律}$$

$$\frac{139{,}968}{2{,}187}=64(\text{分})$$

計算3

姑洗全律64分 → 9分を1寸とする

64÷9＝7余り1

↓

7分1寸

計算4

$$\text{姑洗全律の分数}\times\frac{1}{2}=\text{姑洗半律の分数}$$

$$64\times\frac{1}{2}=32$$

9分を1寸とする → 32÷9＝3 余り5

計算5

呂新書』律呂本原「十二律之実第四」には、次のような記述が見られる。

至仲呂之實十三萬一千七十二、以三分之不盡二筭、其數不行。此律之所以止於十二也（『律呂新書』、一四八五頁）。

（仲呂の實十三萬一千七十二に至りて、三を以て之を分けて二筭を盡くさずして、其の數行なわれず。此れ律の十二に止まる所以なり。）

このように、『律呂新書』でも仲呂の実数（一三一、〇七二）を三で割ると余りが出て計算が継続できなくなることを認識し、それが為に正律は十二律で止まるとしている。[75]つまり、『律呂新書』では「往きて返らず」自体の解決を目指すのではなく、むしろ「數不行」（數行なわれず）を理由として、計算ができないために正律はそれ以上必要ないとして、発想を転換しているのである。しかし、続く「変律第五」では、この十二律だけでは音階を構成するのに不十分であるとして、新たな楽律の追加を認めている。

按、十二律各自爲宮、以生五聲二變。其黄鐘、林鐘、太簇、南呂、姑洗、應鐘六律、則能具足。至蕤賓、大呂、夷則、夾鐘、無射、仲呂六律、則取黄鐘、林鐘、太簇、南呂、姑洗、應鐘六律之聲、少下不和、故有變律（『律呂新書』、一四八七頁）。

（按ずるに、十二律各おの自ら宮と爲り、以て五聲二變を生ず。其の黄鐘、林鐘、太簇、南呂、姑洗、應鐘の六律は、則ち能く具足す。蕤賓、大呂、夷則、夾鐘、無射、仲呂の六律に至りては、則ち黄鐘、林鐘、太簇、南呂、姑洗、應鐘の六律の聲を取れども、少《や》や下《ひく》くして和せず、故に變律有り。）

ここでは、正律十二律がそれぞれ宮音となり、五声二変の音階を構成した場合、蕤賓・大呂・夷則・夾鐘・無射・仲呂の六律を宮とする音階では、その中で使用する黄鐘・林鐘・太簇・南呂・姑洗・応鐘が必要とされる音よりも少し低くなり調和しない問題が生じるという。そのため、黄鐘・林鐘・太簇・南呂・姑洗・応鐘の六律については、正律とは別に変律が必要になるというのが『律呂新書』の主張である。

では、変律はどのようにして算出するのであろうか。

然仲呂之實一十三萬一千□□七十二、以三分之不盡二筭、既不可行、當有以通之。律當變者有六。故置一而六三之、得七百二十九。以七百二十九、因仲呂之實十三萬一千□□七十二、爲九千五百五十五萬一千四百八十八、三分益一、再生黃鐘、林鐘、太簇、南呂、姑洗、應鐘六律。又以七百二十九歸之、以從十二律之數、紀其餘分以爲忽秒（『律呂新書』、一四八七―一四八八頁）。

（然れども仲呂の實一十三萬一千□□七十二、三を以て之を分けて二筭を盡くさずして、既に行なうべからざれば、當に以て之に通ずること有るべし。律當に變ずる者六有るべし。故に一を置きて六たび之を三にして、七百二十九を得。七百二十九を以て、仲呂の實十三萬一千□□七十二に因りて、九千五百五十五萬一千四百八十八を爲し、三分益一して、再び黃鐘、林鐘、太簇、南呂、姑洗、應鐘の六律を生ず。又た七百二十九を以て之を歸し、以て十二律の數に從い、其の餘分を紀して、以て忽秒と爲す。）

これによると、余りが出て計算が継続できなくなった仲呂の実数（一三一、〇七二）に、三の六乗（3^6）である七二九を乗じて得られる九、五五一、四八八にもとづき、これを起点として三分損益法により計算を継続するとある。そして、計算により得られた数と、正律の実数との単位を合わせるため、再び七二九で割るという。たとえば、変黄鐘の実数は、計算6のようにして求める。また、全律・半律についても、正律十二律と同様の方法により求めることができる（計算7）。なお、変律の実数および全律・半律の長さについては、律呂本原「変律第五」に示されている（表4）。この表4からも明らかなように、『律呂新書』で使用する変律は計六律である。では、なぜ変律が六

律名・實数	全律	半律
黄鐘十七萬四千七百六十二（小分四百八十六）	全八寸七分八釐一毫六絲二忽　不用	半四寸三分八釐五毫三絲一忽
林鐘十一萬六千五百□□八（小分三百二十四）	全五寸八分二釐四毫一絲一忽三初	半二寸八分五釐六毫五絲六初
太簇十五萬五千三百四十四（小分四百三十二）	全七寸八分二毫四絲四忽七初　不用	半三寸八分四釐五毫六絲六忽八初
南呂十□萬三千五百六十三（小分四十五）	全五寸二分三釐一毫六絲一初六秒	半二寸五分六釐七絲四忽五初三秒
姑洗十三萬八千□□八十四（小分六十）	全七寸一釐二毫二絲一初二秒　不用	半三寸四分五釐一毫一初一秒
應鐘九萬二千□□五十六（小分四十）	全四寸六分七毫四絲三忽一初四秒 餘一筭	半二寸三分三釐六絲六忽六秒彊　不用

表4　『律呂新書』律呂本原「変律第五」の実数・全律・半律

律になるのであろうか。その理由について、律呂本原「変律第五」には次のようにある。

至應鐘之實六千七百一十□萬八千八百六十四、以三分之又不盡一筭、數又不可行。此變律之所以止於六也。變律非正律、故不爲宮也（『律呂新書』、一四八八頁）。

（應鐘の實六千七百一十□萬八千八百六十四に至りて、三を以て之を分けて又た一筭を盡くさずして、數又た行なわれるべ

仲呂の実×3^6×三分益一÷3^6＝変黄鐘（再生黄鐘）

$$131{,}072\times729\times\frac{4}{3}\div729=127{,}401{,}984\div729$$

$$=174{,}762\frac{486}{729}$$

計算6

$$\frac{\text{変黄鐘の実数}}{\text{絲法}}=\text{変黄鐘全律}$$

$$\frac{174{,}762\frac{486}{729}}{3}=58{,}254\frac{2}{9}\text{(絲)}$$

9忽が1絲となることから、$\frac{2}{9}$は2忽となる。

9絲を1毫とする→58,254÷9＝6,472　余り6

9毫を1釐とする→6,472÷9＝719　余り1

9釐を1分とする→719÷9＝79　余り8

9分を1寸とする→79÷9＝8　余り7

計算7

からず。此れ變律の六に止まる所以なり。變律は正律に非ず、故に宮と爲らざるなり。）

このように、変応鐘の実数（六七、一〇八、八六四）を三で割ると余りが出て計算が継続できないため、変律は六律で止まるという。そして、以上のことにより得られた正律十二律と変律六律の計十八律をもとに、『律呂新書』では楽律論を構築していくのである。

ところで、三分損益法を拡大するという点では、京房の六十律と蔡元定の十八律は同じ系統に属するものであり、十八律において仲呂の次に算出される「変黄鐘」と六十律における「執始」は、計算方法が同じであるため、その差はわずかである（表5）。しかし、呂暢氏も指摘するように、「設計目的、数理構成、律学理念がまったくに異なることから、十八律と京房六十律は同一に論ずることはできない[76]」。

前述のとおり、蔡元定は京房の六十律について、京房が数値をみだりに切り上げ・切り捨てていることを批判しているが、その一方で、両者の数値がおおむね一致していることもまた事実である。また、全律の数値についても、六十律では十分一寸の法が使用されており、十八律では九分一寸の法が使用されているため、一見すると両者の数値は異なるように思われるが、そもそも、算出する際の根拠として使用している実数がおおむね一致していることから、実際には両者の差はごくわずかである[77]。このようなことから、十八律は京房の六十律の縮小版であると考えられがちであるが、両者の機能に注目すると、その違いは一目瞭然である。両理論における正律十二律以外の楽律が果たす役割に着目すると、六十律における「執始」は、黄鐘・大呂などと同様に「宮」となり調を構成することができるが[78]、十八律における「変黄鐘」は、「正律」である黄鐘・大呂などとは異なり「変律」であることから、「宮」となり調を構成することができない[79]。つまり、京房の六十律では、すべての律を等価として扱っているが、蔡元定の十八律では、正律十二律と変律六律の間には明確な区分が設けられており、変律はあくまでも正律を補佐するも

	京房六十律「執始」	蔡元定十八律「変黄鐘」
実数	174,762	$174,762\frac{486}{729}$
全律	8寸8分小分7大強	8寸7分8釐1毫6絲2忽

表5　京房六十律の「執始」と蔡元定十八律の「変黄鐘」の比較

のとして扱われている。そのため、蔡元定の十八律は、一見すると六十律の縮小版のように見えるが、楽律論としての働きはまったく別のものということになる。

以上のように、十八律は「往きて返らず」を利用して正律の数を十二に限定することに根拠を与えるとともに、変律六律を追加することにより、正律十二律がそれぞれ宮となり調を構成する「旋宮」を可能にした点については、従来の三分損益法にもとづく楽律論を進歩させたものとして、高く評価することができる。しかし、「往きて返らず」の問題を根本的に解決できず、儒教において理想とされる律暦の一致した循環する楽律論を構築できなかった点については、『律呂新書』が解決できなかった課題であるといえよう。

第三節　雅楽理論書としての『律呂新書』

蔡元定には『律呂新書』とともに、『燕楽原弁』と称する楽書が存在していたようである。[80]しかし、同書は現在、『宋史』楽志一七にその一部が伝えられているだけであり、その全貌を知ることはできない。

ところで、『燕楽原弁』という書名からも明らかなように、元定は楽を祭祀儀礼の際に演奏される雅楽と宴会などで演奏される燕楽とに分けて考えていたようである。[81]そして、この点に注意して『律呂新書』を見ると、同書が雅楽の楽律論について書かれたものだったと考えられ、そこには蔡元定が想定する雅楽観が示されていることがわかる。

本節では『律呂新書』に見られる「黄鐘半律の否定」と「起調畢曲」という二つの観点か

ら、雅楽理論書としての『律呂新書』について検討してみたい。

一、黄鐘半律の否定

『律呂新書』に見られる一つ目の雅楽理論は、各均[82]における宮（全律）のオクターヴ上の宮（半律）の使用を否定し、各均において使用する音を五声二変の七声に限定したことである。

『律呂新書』では、律呂本原「律生五声図第六」および「変声第七」に示されている五声二変の数にもとづき、各均において使用する七声が定められている。次の表6は、黄鐘を宮とする黄鐘均宮調における五声二変の配置である。

宮	黄鐘	81
	大呂	
商	太簇	72
	夾鐘	
角	姑洗	64
	仲呂	
変徴	蕤賓	$56\frac{8}{9}$
徴	林鐘	54
	夷則	
羽	南呂	48
	無射	
変宮	応鐘	$42\frac{6}{9}$

表6 黄鐘均宮調における五声二変の配置と数

この調において起点となるのは、宮の八一であるが、これは黄鐘の数である九を二乗したものである。そして、五声二変の数は、この八一を三分損益法により計算することで求められている。ここで問題となるのは、五声（宮・商・角・徴・羽）の数値が整数で表記できるのに対して、二変（変徴・変宮）の数値は整数だけでは表記できない、つまり余りがあるということである。この二変の計算方法について、「変声第七」には次のようにいう。

角聲之實六十有四、以三分之、不盡一筭、既不可行、當有以通之。聲之變者二、故置一而兩、三之得九、以九因角聲之實六十有四、得五百七十六。三分損益、再生變徵變宮二聲、以九歸之、以從五聲之數。存其餘數、以爲強弱。至變徵之數五百一十二、以三分之、又不盡二筭、其數又不行。此變聲所以止於二也（『律呂新書』、一四九〇―一四九一頁）。

（角聲の實六十有四、三を以て之を分くるに、一筭を盡くさずして、既に行なうべからざれば、當に以て之を通ずること有るべし。聲の變ずるもの二、故に一を置きて兩たびし、之を三にして九を得。九を以て角聲の實六十有四に因りて、五百七十六を得。三分損益して、再び變徵變宮の二聲を生ず、九を以て之を歸し、以て五聲の數に從う。其の餘數を存して、以て強弱と爲す。變徵の數五百一十二に至りて、三を以て之を分くるに、又た二筭を盡くさず、其の數又た行なわれず。此れ變聲の二に止まる所以なり。）

このように、角の六四を三分損益法により計算すると、余りが生じてしまい計算を継続することができない。しかし、音階を構成するためには二変が必要となるため、三の二乗である九を角の六四に乗じて五七六を得て、これにもとづき三分損益を行ない、変宮と変徴を得る。しかし、変徴の数である五一二を三分損益法により計算すると、再び余りが出て計算ができない。そのため、変声は二声で止まるというのが『律呂新書』の主張である。

ところで、表6を見ても明らかなように、『律呂新書』では起点となる宮（黄鐘）のオクターヴ上の宮、すなわち黄鐘半律（清黄鐘）の数値が示されていない。同様に、各律の律管の長さが示されている「十二律之実第四」を見ても、清黄鐘である黄鐘半律の数値は「無」となっている。[83] このことは、先に検討した五声二変の算出方法に照らし合わせて考えてみても同様であり、変徴・変宮以降の音は算出できない。つまり、黄鐘半律も算出できないため、『律呂新書』では、黄鐘均で使用する音を五声二変の七音に限定していることがわかる。

では、黄鐘均以外の均についてはどうなるのであろうか。そこで、例として応鐘均の場合を考えてみると、「十二律之実第四」では、応鐘には「全四寸六分六釐　半二寸三分三釐不用」[84]として、半律については「不用」との記述があるものの、全律と半律の数値が共に示されている。そのため、一見すると応鐘（宮）からオクターヴ上の清応鐘（宮）までの音階が構成できるように思われるが、実際には応鐘均を含む黄鐘均以外の均についても、使用できる音は五声二変に限定されている。これについては、「律生五声図第六」に次のようにある。


或曰、此黄鐘一均五聲之數、他律不然。曰、置本律之實、以九九因之、三分損益以爲五聲。再以本律之實約之、則宮固八十一、商亦七十二、角亦六十四、徵亦五十四、羽亦四十八矣（『律呂新書』、一四八九頁）。

（或ひと曰く、此れ黄鐘一均五聲の數にして、他律は然らず。曰く、本律の實を置きて、九九を以て之に因り、三分損益して以て五聲と爲す。再び本律の實を以て之を約すれば、則ち宮は固より八十一、商亦た七十二、角亦た六十四、徵亦た五十四、羽亦た四十八。）


このように、五声の数は黄鐘均以外の均についても、同様に適応されることが示されている。すなわち、応鐘均においても宮（八一）、商（七二）、角（六四）、徴（五四）、羽（四八）という比率は変化しないというのである。また、「律生五声図第六」では、具体的な数値が示されている。

假令應鐘九萬三千三百一十二、以八十一乗之、得七百五十五萬八千二百七十二爲宮、以九萬三千三百一十二約之、得八十一。三分宮損一、得五百□□三萬八千八百四十八爲徴、以九萬三千三百一十二約之、得五十四。三分徴益一、得六百七十一萬八千四百六十四爲商、以九萬三千三百一十二約之、得七十二。三分商損一、得四百四十七萬八千九百七十六爲羽、以九萬三千三百一十二約之、得四十八。三分羽益一、得五百九十七萬一千九百六十八爲角、以九萬三千三百一十二約之、得六十四（『律呂新書』、一四八九―一四九〇頁）。

（假令《たと》えば應鐘九萬三千三百一十二、八十一を以て之に乗じ、七百五十五萬八千二百七十二を得て宮と爲し、九萬三千三百一十二を以て之を約して、八十一を得。宮を三分して一を損じ、五百□□三萬八千八百四十八を得て徴と爲し、九萬三千三百一十二を以て之を約して、五十四を得。徴を三分して一を益し、六百七十一萬八千四百六十四を得て商と爲し、九萬三千三百一十二を以て之を約して、七十二を得。商を三分して一を損じ、四百四十七萬八千九百七十六を得て羽と爲し、九萬三千三百一十二を以て之を約し、四十八を得。羽を三分して一を益し、五百九十七萬一千九百六十八を得て角と爲し、九萬三千三百一十二を以て之を約し、六十四を得。）

これを整理すると、計算8のようになるのであるが、これを見ても明らかなように、黄鐘均以外の均においても、基本となる五声の数値は一定であることがわかる。また、五声の数値が一定であるということは、二変（変徴・変宮）の数値も一定であるということである。さらに、黄鐘均以外の五声の数にもとづき三分損益法が運用されているということは、二変についても黄鐘均と同様の計算方法が使用されるということである。これより、『律呂新書』では黄鐘均以外の均においても、「律生五声図第六」および「変声第七」において示された五声二変の数により五声二変を算出していることがわかる。

以上のことから、『律呂新書』に見られる雅楽の要件とは、宮（全律）のオクターヴ上の宮（半律）の使用を否定するとともに、各均で使用する音を五声二変の七音に限定するものであるといえる。(85)

宮	応鐘	$93{,}312\times 81=7{,}558{,}272$ $7{,}558{,}272\div 93{,}312=81$
徴	蕤賓	$7{,}558{,}272\times\frac{2}{3}=5{,}038{,}848$ $5{,}038{,}848\div 93{,}312=54$
商	大呂	$5{,}038{,}848\times\frac{4}{3}=6{,}718{,}464$ $6{,}718{,}464\div 93{,}312=72$
羽	夷則	$6{,}718{,}464\times\frac{2}{3}=4{,}478{,}976$ $4{,}478{,}976\div 93{,}312=48$
角	姑洗	$4{,}478{,}976\times\frac{4}{3}=5{,}971{,}968$ $5{,}971{,}968\div 93{,}312=64$

計算8

二、起調畢曲

『律呂新書』に見られるもう一つの雅楽理論は、起調畢曲である。『律呂新書』律呂本原「六十調図第九」には、正律十二律と五声の組み合わせにより生じる六十通りの調を表（図）にした六十調図が示されている。[86] さて、この六十調図であるが、この図は各律が五声（宮・商・角・徴・羽）それぞれに展開して組成される五調を一組として十二律分、計十二組六十調から構成されている。たとえば、黄鐘を主音とする調は、次の五つである（表7）。

	宮	商	角	変徴	徴	羽	変宮
黄鐘宮	**黄鐘正律**	太簇正律	姑洗正律	蕤賓正律	林鐘正律	南呂正律	応鐘正律
無射商	無射正律	**変黄鐘半律**	変太簇半律	変姑洗半律	仲呂半律	変林鐘半律	変南呂半律
夷則角	夷則正律	無射正律	**変黄鐘半律**	変太簇半律	夾鐘半律	仲呂半律	変林鐘半律
仲呂徴	仲呂正律	変林鐘正律	変南呂正律	変応鐘正律	**変黄鐘半律**	変太簇半律	変姑洗半律
夾鐘羽	夾鐘正律	仲呂正律	変林鐘正律	変南呂正律	無射正律	**変黄鐘半律**	変太簇半律

表7　『律呂新書』律呂本原「六十調図第九」の冒頭部分

この図について少し解説すると、「黄鐘宮」とは黄鐘均宮調のことである。黄鐘均とは黄鐘から始まる音階のことであり、宮調とはその音階の主音が宮だということである。そのため、「黄鐘宮」では宮である「黄鐘正律（全律）」が主音となる。同様に、「無射商」では無射均の商である「変黄鐘（変律黄鐘）半律」が主音となる。このようにして、六十調図では十二律が五声に展開した結果が示されている。そして、「六十調図第九」では、この黄鐘を主音とする調について「黄鐘宮至夾鐘羽、並用黄鐘起調、黄鐘畢曲[87]」（黄鐘宮より夾鐘羽に至るまでは、並びに黄鐘を用いて調を起こし、黄鐘曲を畢う）との解釈が附されている。これは、黄鐘宮から夾鐘羽までの調では、すべて黄鐘から曲が始まり（起調）、黄鐘で曲が終わる（畢曲）という意味である。[88] これより、『律呂新書』では楽曲の終始音が一致する場合、その楽曲を雅楽と考えていたことがわかる。

第四節　律管製作

楽律書とは、演奏する際に重要となる音高の決定方法について書かれたものであるため、いくら理論としての完成度が高くても、実際に使用できなければ意味をなさない。『律呂新書』でもこの点は考慮されており、十八律という理論を提示するのみならず、律管をいかにして製作するのかについても検討が行なわれている。

そこで、本節では「声気の元」および「候気術」を取り上げ、『律呂新書』に見られる律管の製作過程について見てみたい。

一、声気の元[89]

中国では『尚書』舜典に「協時月正日、同律度量衡[90]」（時月を協え、日を正しくし、律度量衡を同じくす）とあるように、古代より楽律・暦・度量衡は一致するものと考えられており、とりわけ楽律と度量衡の関係については、『漢書』律暦志に「度……本起黄鍾之長、量……本起於黄鍾之龠、権……本起於黄鍾之重[91]」（度……本は黄鍾の長に起こり、量……本は黄鍾の龠に起こり、権……本は黄鍾の重に起こる）とあるように、楽律の中でも黄鐘が度量衡を算出する根本になるとされてきた。

さて、黄鐘の長さは基本的に九寸とされているが、中国では頻繁に度量衡の改正が行なわれたため、黄鐘の音高は歴代一定というわけではなかった。これは、『律呂新書』が成立した宋代においても同様であり、北宋代に限定しても、計六回も楽律の改定が行なわれている。[92] そのため、『律呂新書』が誕生した背景には、このような頻発する楽律改定を収束させ、正しい理論にもとづく楽律論を提唱することにより黄鐘の音高を安定させるという目的もあったのである。[93]

そして、この北宋代の楽律論の中でも『律呂新書』が特に問題だと考えたのが、『漢書』律暦志に見られる、黄鐘律管の長さを秬黍（黒黍）の九〇粒分、容積を秬黍の一、二〇〇粒分とする秬黍法であった。[94] このことについて、律呂証弁「造律第一」では、次のようにいう。

若秬黍、則歳有凶豐、地有肥瘠、種有長短小大圓妥不同、尤不可恃（『律呂新書』、一五一七頁）。

（秬黍の若きは、則ち歳に凶豐有り、地に肥瘠有り、種に長短小大圓妥の不同有りて、尤も恃むべからず。）

このように、秬黍はそもそも自然の産物であるため、一粒ごとに大きさが異なり、一定の基準を得ることができないため、『律呂新書』では秬黍にもとづく律管の製作について否定的な見解を示している。さらに、律呂証弁「造律第一」では、『河南程氏遺書』から「以律管定尺、乃是以天地之氣爲準、非秬黍之比也。秬黍積數在先王時、惟此適與度量合、故可用。今時則不同」[95]（律管を以て尺を定む、乃ち是れ天地の氣を以て準と爲せば、秬黍の比に非ざるなり。秬黍の積數先王の時に在りて、惟だ此れ適に度量と合う、故に用うべし。今の時は則ち同じからず）という「謝顯道記憶平日語」の一節を引用し、[96] これを引きつつ「况古人謂子穀秬黍中者實其龠、則是先得黄鐘而後度之以黍。……約九十黍之長、中容千二百黍之實、以見周徑之廣、以生度量衡權之數而已。非律生於黍也」[97]（況や古人子穀秬黍の中なる者、其の龠に實つと謂うは、則ち是れ先ず黄鐘を得て而して後に之を度るに黍を以てす。……九十黍の長さ、中に千二百黍の實を容るるを約め、以て周徑の廣さ、以て度量衡權の數に生ずるを見るのみ。律、黍に生ずるに非ざるなり）として、秬黍法とはそもそも、黄鐘律管を定めた後にその中に秬黍を満たしたところ、たまたま一、二〇〇粒入っただけであり、秬黍を基準として律管が定められたのではないとする。つまり、秬黍法は先王の時代に偶然一致したから使用されただけであり、普遍の原理ではないというのが『律呂新書』の主張である。さらに、『律呂新書』では張載『経学理窟』から「律呂有可求之理、德性淳厚者必能知之」[98]（律呂求むべきの理有り、德性淳厚なる者必ず能く之を知る）を引用し、全体を総括して次のように述べている。

按、律呂散亡、其器不可復見。然古人所以制作之意、則猶可攷也（『律呂新書』、一五一五頁）。
（按ずるに、律呂散亡して、其の器も復た見るべからず。然れども古人制作する所以の意は、則ち猶お攷えるべし。）

つまり、正しい楽律や具体的な音を伝える楽器などがすでに失われてしまったとしても、「古人所以制作之意」（古人制作する所以の意）、すなわち古人がいかにして楽律論を制作していたのかということは検討できるとする。そこで、『律呂新書』では諸律の根源として「声気の元」という概念を提唱し、この「声気の元」を中心として楽律論の構築を試みる。律呂証弁「造律第一」には、次のようにある。

黄鐘者、陽聲之始、陽氣之動也。故其數九、分寸之數具于聲氣之元、不可得而見。及斷竹爲管、吹之而聲和、候之而氣應、而後數始形焉（『律呂新書』、一四六九頁）。

（黄鐘は、陽聲の始め、陽氣の動くなり。故に其の數九は、分寸の數聲氣の元に具わりて、得て見るべからず。竹を斷ちて管を爲し、之を吹きて聲和し、之を候いて氣應ずるに及びて、而る後に數始めて形わる。）

このように、『律呂新書』では「声気の元」を諸律の根源とし、この「声気の元」は見ることができないが、竹を切って律管を作り、実際に発する音の調和を確認し、さらに、候気術により気の反応を確認することができれば、「声気の元」と合致する黄鐘律管を得ることができるという[99]。また、数について考えてみると、黄鐘は陽声の最初の楽律であり陽声の動であることから、その数は老陽の九であるというが、この九という数が実態を持つことになるのは、黄鐘律管が確定した後であるという。つまり、黄鐘律管の長さ自体が九寸を表わす定規となり、この黄鐘律管が完成することにより、初めて「声気の元」に込められた九という数が形のあるものとして認識できるのである。なお、『律呂新書』では「百世之下、欲求百世之前之律者、其亦求之於聲氣之元、而毋必之於秬黍、則得之矣[100]」（百世の下、百世の前の律を求めんと欲する者は、其れ亦た之を聲氣の元に求めて、之を秬黍に必すること毋ければ、則ち之を得ん）と述べ、普遍の原理である「声気の元」に依拠して律管を求める方法であれば、どれだけ時間が経過していようとも、必ず正しい楽律を求めることができるとしている。

ところで、この「声気の元」という言葉は、『律呂新書』が新たに創ったものではない。これについて、律呂証弁「造律第一」には、次のような記述が見られる。

劉昭漢後志曰、伏羲作易、紀陽氣之初、以爲律法。建日冬至之聲、以黄鐘爲宮、太簇爲商、姑洗爲角、林鐘爲徵、南呂爲羽、應鐘爲變宮、蕤賓爲變徵。此聲氣之元、五音之正也（『律呂新書』、一五一三―一五一四頁）。

（劉昭の漢後志に曰く、伏羲易を作るに、陽氣の初めを紀して、以て律法と爲す。日冬至の聲を建てるに、黄鐘を以て宮と爲し、太簇を商と爲し、姑洗を角と爲し、林鐘を徴と爲し、南呂を羽と爲し、應鐘を變宮と爲し、蕤賓を變徴と爲す。此れ聲氣の元、五音の正なり。）

このように、『律呂新書』では「声気の元」の典拠を『後漢書』律暦志に求めているが、この引用には問題がある。『律呂新書』が引用している『後漢書』の内容を精査すると、「声気の元」とは黄鐘を宮、太簇を商とする黄鐘均のことであり、『律呂新書』のように黄鐘一律だけを指すものではないからである。よって、『律呂新書』に見られる「声気の元」という語は『後漢書』律暦志を起源とするものの、意味が変化している点には注意が必要である。

以上のことから、『律呂新書』では「声気の元」という絶対的な根源を提示することにより、北宋代までの度量衡から楽律を求めるという流れを断ち切り、楽律が度量衡の基準になるという古来の方針への回帰を目指していたことがわかる。

二、候気術

前述のように、『律呂新書』では「声気の元」に依拠して正しい楽律を得ることを提唱するが、その具体的な方法は「中気」と「中声」の一致、とりわけ「中気」の観測を行なう候気術であった。[101]

ここで、『律呂新書』における候気術の役割を理解するため、同書における黄鐘律管の求め方について簡単に整理しておく。律呂本原「黄鐘第一」によれば、まず竹を切断して律管を製作し、その律管を実際に吹いて人間の聴覚により調和を確認する。さらに、律管を使用して十二律と十二月の気との一致を確認する候気術を行なうことにより、正しい黄鐘律管が求められるという。[102]この候気術であるが、『律呂新書』では『漢書』律暦志と『隋書』律暦志に見られる候気術を合した方法を採用している。その方法は、三重の壁で密閉された部屋を設け、その一番内側の部屋の地中に律管を埋め、節気の到来を待つ。節気が到来すると、その節気に対応する律管が反応し、あらかじめ律管の中に詰めておいた灰が噴き出す。このようにして、律管により気の到来を観測するのが、『律呂新書』における候気術である。

さて、これら二つの方法（人間の聴覚と気の反応）のうち、人間の聴覚により調和を確認する方法（「吹之而聲和」）は、結局のところ聴取者の主観的な判断となるため、現実的にはこの方法だけに従い万人が認める正しい黄鐘律管を得ることは難しい。

一方、気の反応を確認する法（「候之而氣應」）、すなわち候気術は、実際に実施することが可能かどうかは別として、気の観測という客観的な判断基準に依拠しており、さらに、観測者には特別な能力が求められないことから、誰でも実施可能な方法であるといえる。また、候気論については『律呂新書』の理論を説明する「律呂本原」と、その典拠を示す「律呂証弁」の双方において、独立した章を設けて取り上げられていることから、ことさら重要視されていたものと考えられる。

声気の元
↓
律管製作
↓
試奏・候気術
↓
黄鐘律管の確定（九寸の確定）
↓
度量衡

最後に、一つ補足しておきたい。前述のように、朱熹は蔡元定に宛てた書簡の中で、「候氣章恐合移在第四、五間、蓋律之分寸既定、便當埋管候氣、以驗其應否。至於播之五聲、二變而爲六十調者、乃其餘耳。況審度、嘉量、謹權、尤不當在候氣之前也」[103]（候氣章は恐らく合に第四、五の間に移すべし。蓋し律の分寸すでに定まれば、便ち當に管を埋めて氣を候い、以て其の應否を驗すべし。之を五聲、二變に播め、而して六十調と爲るに至る者は、乃ち其の餘のみ。況や「審度」「嘉量」「謹權」、尤も當に候氣の前に在るべからざるなり）として、三分損益法により十二律を求めた直後に候気章を移動するよう提案している。[104]そして、その理由として、三分損益法により求めた十二律の正確性を候気術により担保してから、五声・二変や六十調などの具体的な議論を展開すべきだというのである。この指摘はまさに正鵠を得ており、現行本のように「黄鐘第一」で「中気」と「中声」を得た黄鐘律管を求め、それにもとづき十二律（「黄鐘之実第二」から「十二律之実第四」）・六十調（「変律第五」から「六十調図第九」）を求めた場合、最後の「候気第十」でこれまでに求めた十二本の律管が「中気」を観測できなければ、また「黄鐘第一」に戻りすべての工程をやり直さなければならない。しかし、朱熹の提案に従い、十二律を求めた直後に候気術を実施すれば、仮に「中気」を観測できなかったとしても、一つ前の工程に戻り黄鐘を求めればよいだけなので、現行本のようにすべてが無駄になることは無い。さらに、「中気」を観測できた場合には、それ以降の六十調へと続く工程については確信を持つことができる。

このように、実践的な観点から考えると、朱熹の提案の方が優れているように思われるため、なぜ蔡元定がこの提案を採用しなかったのか、はなはだ疑問である。

以上のように、『律呂新書』では「声気の元」を得る方法の一つとして、「中気」の観測を行なう候気術を導入することにより、北宋代まで継続されてきた秬黍法による律管の制定方法を否定し、新たに気の思想を背景とする律管の制定方法を提唱した。そして、これにより黄鐘律管から度量衡が生じるとする、古代の楽律制度の復活を試みたのである。

小結

本章では、蔡元定『律呂新書』について、その成立から展開までの過程を明らかにするとともに、同書が提示した十八律の楽律史上における意義、さらには、「声気の元」にもとづく楽律論の提唱について検討してきた。

ここで明らかになったのは、まず『律呂新書』の著述から定稿までの過程において、朱熹が多くの助言を与えていたことであるが、同書の成立において朱熹が果たした役割は、あくまでも「助言」に止まっていた。そのため、『四庫全書総目提要』などが『律呂新書』を「蔡元定と朱熹の共著」とする見解は正確ではないと思われる。

十八律については、基本的には三分損益法を拡大した理論であるため、京房の六十律と一括りにされることが多いが、実際には、最小限の楽律を追加することにより、正律十二律の「旋宮」を可能にするとともに、「六十調図」により各調において使用する音を七音に限定する雅楽観を提示するなど、独自の試みが見られる。さらに、各律の数値を見ても、従前の諸理論よりも精度の高い数値が示されていることから、十八律は三分損益法を理論的基礎とする楽律論の中では、きわめて優れた理論であるといえる。

また、『律呂新書』が二程の「天地の気」および張載の「可求の理」を受け、諸律の根源として気の思想を背景とする「声気の元」という概念を提示するとともに、この「声気の元」を獲得する方法として候気術の有用性を主張し、秬黍法および度量衡が中心であった従来の楽律論に対して、楽律が度量衡の基準になるとする中国古来の楽律論を復活させたことは、二程らの考えを具現化するとともに、秬黍法により混乱していた前代までの楽律論を総括したものとして高く評価することができるだろう。

以上のように、『律呂新書』は儒教的な気の思想を背景とする「声気の元」を楽律論に持ち込むとともに、三分損益法に最小限の改良を加えることにより「旋宮」を可能にするなど、まさに朱子学を代表する楽律書として、優れた内容をもつ著作であった。

【注】

(1)『宋元学案』(中華書局、一九八六年)一五九二頁。
(2)同前、一九七八頁。
(3)蔡元定の学問および生涯については、蔡銘沢「南宋理学家蔡元定生平考異」(『曁南学報(哲学社会科学版)』第五期、曁南大学、二〇〇六年)および方彦寿『朱熹書院門人考』(華東師範大学出版社、二〇〇〇年)四一―四四頁を参照。
(4)蔡発の主な著作としては、『天文星象』『地理総論』『地理発微』『河洛発微』などがある。
(5)『蔡氏九儒書』首巻「蔡氏諸儒言行録序」(『四庫全書存目叢書』集部第三四六冊所収、荘厳文化事業有限公司、一九九七年)五九六頁。
(6)蔡元定と朱熹が初めて対面した時期は、紹興二九年(一一五九)頃であると考えられる(蔡銘沢「南宋理学家蔡元定生平考異」、一五五頁)。
(7)『宋史』(中華書局、一九七七年)一二八七五頁。
(8)蔡元定の学識の高さは朱熹も認めるところであるが、元定は生涯を通して仕官することはなかった。しかし、中央でも元定の存在は知られていたようであり、尤袤(一一二五―一一九四)および楊万里(一一二七―一二〇六)らにより元定を推挙する動きがあったが、元定は病を理由にこれを固辞している(『宋史』儒林四「蔡元定伝」)。
(9)『易学啓蒙』については、吾妻重二『朱子学の新研究―近世士大夫の思想的地平―』(創文社、二〇〇四年)の第二部第二篇「易学の理論と世界観」(二四四―二八一頁)が詳しい。
(10)「四方來學者、必俾先從先生質正焉」(『宋元学案』、一九七九頁)。
(11)慶元偽学の禁については、『慶元党禁』(中華書局、一九八五年)を参照。また、同時期における朱熹の処遇については、衣

川強『宋代官僚社会史研究』（汲古書院、二〇〇六年）二六八―二八〇頁が詳しい。

(12) 衣川強『宋代官僚社会史研究』、二七四―二七五頁を参照。

(13) 道州への配流については、蔡銘沢「南宋理学家蔡元定生平考異」（一五七頁）を参照。

(14)『宋史』、一二八七六頁。

(15) 同前、一二八七六頁。

(16) たとえば、弦楽器と管口補正が必要な管楽器とでは、同じ九寸の長さに合わせても、実際に鳴る音は異なるが、『律呂新書』ではこの問題についてまったく言及されていない。また、黄鐘半律を否定する『律呂新書』では、一つの音階の中で使用する楽音が七声（宮・商・角・変徴・徴・羽・変宮）に限定されているため、オクターヴ上の宮（最初の宮を黄鐘とした場合の清黄鐘、つまり黄鐘半律）は使用できないのであるが、実際に演奏されている楽曲においては、オクターヴ上の清音（半律）は多用されている。しかし、この問題についても、『律呂新書』では言及されていない。

(17) 本論文では、朱傑人等編『朱子全書』（修訂本）（上海古籍出版社・安徽教育出版社、二〇一〇年）所収『晦庵先生朱文公文集』を使用する。

(18) 児玉憲明「律呂新書研究序説―朱熹の書簡を資料に成立の経緯を概観する―」（『人文科学研究』第八〇輯、新潟大学人文学部、一九九二年）。

(19) 鄭俊暉「『律呂新書』編撰始末考」（『音楽研究』第一期、人民音楽出版社、二〇一二年）。

(20)『郡斎読書志』下（台湾商務印書館、一九六八年）五六六頁。

(21) 吾妻重二「『性理大全』の成立と『朱子成書』」（『宋代思想の研究』所収、関西大学出版部、二〇〇九年）一二八頁。

(22) 同前、一二九頁。

(23) 山寺三知「『律呂新書』校点札記（之二）」（陳応時・権五聖主編『黄鐘大呂―東亜楽律学会第一―六届学術研討会論文集（二〇〇五―二〇一一）』所収、文化芸術出版社、二〇一五年）三一四―三二一頁。

(24) 同前、三一八―三一九頁。

(25) 兪冰編『中国芸術研究院図書館抄稿本総目提要』第一〇冊（国家図書館出版社、二〇一四年）三三四頁。なお、杜聯斉（一九〇八―一九六三、字は穎陶）は民国期に活躍した戯曲の研究者。

(26)『宋史』、三〇五六頁。
(27)『四庫全書総目提要』(台湾商務印書館、一九六八年)七九二頁。
(28)『宋史』、一九一二頁。
(29)『律呂新書』、一四六四頁。
(30)児玉憲明「律呂新書研究序説―朱熹の書簡を資料に成立の経緯を概観する―」、七五頁。
(31)沈冬「蔡元定十八律理論新探(上)」(『文化芸術』第一期、上海音楽学院、二〇〇三年)七七頁。
(32)沈冬「蔡元定十八律理論新探(上)」は「構成・綱領の協議検討と審査修訂」「データ(数値)・理論の実験及び検討」「思想・概念の踏襲」の三点において、朱熹の影響が見られる」(七五頁)とし、鄭俊暉『律呂新書』編撰始末考」は「章構成の調整」「内容の修正」「論証方法の改善」」(一七―一八頁)の三点において、朱熹の影響が見られるとする。
(33)『文集』「正集」巻四四・四書、「続集」巻二・一三書、一〇三書、一一九書を参照。
(34)『文集』所収の書簡の中でも『律呂新書』に関する書簡については、児玉憲明「律呂新書研究序説―朱熹の書簡を資料に成立の経緯を概観する―」がすでに詳細な分析を行なっているため、本章でもその解釈を参考にした。
(35)『文集』、四六八七頁。
(36)同前、二〇〇二頁。
(37)同前、四六九一頁。
(38)同前、二〇〇四―二〇〇五頁。
(39)同前、四七一六頁。
(40)ただし、この方法では、書簡の記述と現行本が一致する場合には、朱熹の指摘に従い修正された可能性が考えられるが、一致しない場合や、朱熹が書簡において問題点のみを指摘し、具体的な修正方法を指示していない場合には、朱熹の指摘が採用されたのか否かについて判断ができないという問題点があることを先に述べておく。
(41)児玉憲明「律呂新書研究序説―朱熹の書簡を資料に成立の経緯を概観する―」、九五頁。
(42)『律呂新書』、一五二三頁。
(43)児玉憲明「律呂新書研究序説―朱熹の書簡を資料に成立の経緯を概観する―」、九五頁。

(44)『律呂新書』、一五二三頁。
(45) 同前、一五〇九頁。
(46) 同前、一五一六―一五一七頁。
(47) 児玉憲明「律呂新書研究序説―朱熹の書簡を資料に成立の経緯を概観する―」、九六頁。
(48)『律呂新書』、一五二〇頁。
(49) 児玉憲明「律呂新書研究序説―朱熹の書簡を資料に成立の経緯を概観する―」、九七頁。
(50) 中国における楽律論の展開については、川原秀城「中国声律小史」(山田慶児編『新発見中国科学史資料の研究 論考編』所収、京都大学人文科学研究所、一九八五年)、堀池信夫「中国音律学の展開と儒教」、田中有紀『中国の音楽論と平均律―儒教における楽の思想』(風響社、二〇一四年)を参照。
(51)「昔黄帝令伶倫作爲律。伶倫自大夏之西、乃之阮隃之陰、取竹於嶰谿之谷、以生空竅厚鈞者、斷兩節間、其長三寸九分、而吹之以爲黄鍾之宮、吹曰舍少。次制十二筒、以之阮隃之下、聽鳳皇之鳴、以別十二律。其雄鳴爲六、雌鳴亦六、以比黄鍾之宮適合。黄鍾之宮皆可以生之、故曰黄鍾之宮、律呂之本。黄帝又命伶倫與榮將鑄十二鍾、以和五音、以施英韶、以仲春之月乙卯之日、日在奎始奏之、命之曰咸池」(『呂氏春秋集釈』上、一二〇―一二三頁)。
(52) 凡將起五音、凡首先主一而三之、四開以合九九、以是生黄鍾小素之首以成宮。三分而益之以一、爲百有八、爲徵。不無有、三分而去其乘、適足以是生商。有三分而復於其所、以是成羽。有三分去其乘、適足以是成角(『管子校注』下、(中華書局、二〇〇四年)一〇八〇頁)。
(53) 黄鍾生林鍾、林鍾生太蔟、太蔟生南呂、南呂生姑洗、姑洗生應鍾、應鍾生蕤賓、蕤賓生大呂、大呂生夷則、夷則生夾鍾、夾鍾生無射、無射生仲呂。三分所生、益之一分以上生。三分所生、去其一分以下生。黄鍾、大呂、太蔟、夾鍾、姑洗、仲呂、蕤賓爲上、林鍾、夷則、南呂、無射、應鍾爲下(『呂氏春秋集釈』上、一三四―一三五頁)。
(54) 黄鐘より半律(一律)高い大呂の長さが約八・四二八寸であることから、黄鐘(九寸)と再生黄鐘(約八・八七八……寸)の差(〇・一二二寸)は黄鐘と大呂の差(〇・五七二寸)よりも小さいことがわかる。ちなみに、現在、音程を表わす際に使用されているセント値に換算すると、黄鐘を0 centとして、再生黄鐘は23.46 cents、大呂は113.68 centsとなる。これについては、李玫『東西方楽律学―研究及発展歴程』(中央音楽院出版社、二〇〇七年)八三頁を参照。

(55)『礼記正義』、八〇四頁。
(56) 京房については、『漢書』京房伝が詳しく、その楽律論については『後漢書』律暦志上に見られる。
(57) 楊蔭瀏『中国古代音楽史稿』(人民音楽出版社、一九八一年) 一三一頁。
(58) 王光祈『東西楽制之研究』(『王光祈音楽論著選集』所収、人民音楽出版社、二〇〇九年) 五二一頁。初版は一九二六年に中華書局より出版されている。
(59) 六十律が有する楽律学的意義について、陳応時「為「京房六十律」申辨」は「京房が六十律を発明した目的は、理論的に音楽における周而復始 (周りて復た始る) の転調問題を解決することである」(四六二頁) と述べ、「京房は第五十四番目の色育までの各律を宮とする」(同) ため、謙待以下の六律を必要としたという。確かに、理論上は陳氏が指摘しているとおりであり、「転調問題を解決する」という方向性は、『律呂新書』にも通じるものである。しかし、京房が陳氏の指摘する考えを有していたのかについては、現存する資料からは明らかではない。陳応時氏の論稿については、陳応時『中国楽律学探微―陳応時音楽文集』(上海音楽学院出版社、二〇〇四年) を参照。
(60) 繆天瑞『律学』(第三次修訂版) (人民音楽出版社、一九九六年) 一二二頁。
(61) 堀池信夫「京房の六十律―両漢経学の展開と律暦学―」(『日本中国学会報』第六六集、日本中国学会、一九七九年) 八六頁。
(62) これについては、『後漢書』律暦志上に「竹聲不可以度調、故作準以定數。準之狀如瑟、長丈而十三弦、隱閒九尺、以應黃鍾之律九寸。中央一弦、下有畫分寸、以爲六十律清濁之節」(『後漢書』、三〇〇一頁) とある。本書では、『後漢書』(中華書局、一九六五年) を使用する。
(63) これについては、『隋書』律暦志上に「宋元嘉中、太史錢樂之、因京房南事之餘、引而伸之、更爲三百律、終於安運、長四寸四分有奇。總合舊爲三百六十律。日當一管、宮徵旋韻、各以次從」(『隋書』、八九頁) とある。本書では、『隋書』(中華書局、一九七三年) を使用する。
(64) 何承天については、『宋書』何承天伝が詳しい。また、何承天の新律については、堀池信夫「何承天の新律―音楽音響学における古代の終焉と中世の開幕―」(『筑波中国文化論叢』第一号、筑波大学、一九八一年) を参照。
(65)『宋書』律暦志に「元嘉中、東海何承天受詔纂宋書、其志十五篇」(『宋書』、二〇五頁) とあり、何承天が『宋書』律暦志の著述に関係していたことがわかる。本書では、『宋書』(中華書局、一九七四年) を使用する。

(66) 何承天の新律は「往きて返らず」を解決し、十二律が循環する楽律体系を構築することを目的とするため、大呂から再生黄鐘までの十二律にその差を均等配分する。
(67) 陳其射『中国古代楽律学概論』（浙江大学出版社、二〇一一年）三七八頁を参照。
(68)『宋書』律暦志には、新旧の律度・律分が何を意味するのかについて示されていないが、堀池信夫「何承天の新律—音楽音響学における古代の終焉と中世の開幕—」が『隋書』律暦志に示されている黄鐘など四律の律度を根拠として、「この数値はまさしくさきの『宋書』の数値と一致するのである。かくして、何承天は黄鐘に回帰する新律を発明し、その数値は『宋書』に記されているものであることが判明した」（四〇頁）とすることから、旧律度・旧律分は従来の三分損益法により算出された各律の長さと大数であり、新律度・新律分は何承天が提唱した新律であることがわかる。
(69)「以第八弦六尺、設柱爲林鍾。第三弦八尺、設柱爲太簇……第六弦六尺六寸八分、設柱爲仲呂。第十三弦四尺五寸、設柱爲黄鍾之清聲」（『旧五代史』、一九三八—一九三九頁）。本書では、『旧五代史』（中華書局、一九七六年）を使用する。
(70) この問題について、脱稿後に呂暢・陳応時「蔡元定十八律四題」（『音楽芸術』第四期、上海音楽院、二〇一四年）も筆者と同じ観点から分析を行なっていることを発見した。なお、筆者の分析結果も、呂暢氏や陳応時氏の分析結果と同じである。
(71) 劉焯が隋・仁寿四年（六〇四）に提唱した楽律論も、基本的には三分損益法を修正し、平均律を志向したものであるが、その理論は破綻している。劉焯の楽律論については、『隋書』律暦志を参照。
(72) ここでは、王朴については言及されていないが、蔡元定の意向を忖度すると、三分損益法を修正した王朴にも、何承天らと同様の評価が与えられるものと考えられる。
(73) 全寸とは、余りを出すことなく、寸数が得られるということ。全分以下も同様である。
(74)『律呂新書』、一四七六頁。
(75) ただし、黄鐘の実数を三の一一乗（3^{11}）とした段階で、一二番目に算出される仲呂で計算が行き詰まることは明らかである。
(76) 呂暢・陳応時「蔡元定十八律四題」、一七〇頁。
(77) 京房六十律「執始」の実数にもとづき、全律の数値を九分一寸の法に換算し直すと、八寸七分八釐一毫六絲となり、蔡元定十八律「変黄鐘」との差はわずか二忽である。
(78)「執始爲宮、時息商、去滅徵」（『後漢書』、三〇〇三頁）。

(79)「變律非正律、故不爲宮也」(『律呂新書』、一四八八頁)。
(80)『宋史』蔡元定伝には、元定の著作として「律呂新書、燕樂、原辨」(一二八七六頁)とあり、『宋史』楽志一七には、「蔡元定嘗爲燕樂一書」(三三四六頁)とあるが、児玉憲明「律呂新書研究序説—朱熹の書簡を資料に成立の経緯を概観する—」は、桜鈴『攻媿集』巻五三の「燕樂本源辨證序」が蔡元定の「燕樂」のために書かれた序文であるとし、「燕樂」の正式名称は「燕樂本源辨證」であるとする(一〇五頁・注一二)。
(81)宋代になると、当時の宋王朝が置かれていた状況を反映し、伝統的な儀礼において使用する漢民族の音楽を雅楽、それ以外の音楽を燕楽とする音楽観が提示された。これについては、中純子「北宋期における唐代音楽像—『新唐書』「礼楽志」を中心にして—」(『天理大学学報』第二一四巻、天理大学、二〇〇七年)を参照。
(82)「均」とは、ある音階の第一音の高さを示す語である。そのため、黄鐘から始まる音階は「黄鐘均」と称す。また、「調」とは、その音階における主音を示す語である。そのため、黄鐘から始まる音階で宮を主音とする調は「黄鐘均宮調(黄鐘宮)」となり、商を主音とする調は「黄鐘均商調(黄鐘商)」と称す。
(83)変黄鐘の半律を使用する方法も考えられるが、そもそも変律は宮になり調を組成することができないので、この方法を使用することはできない。
(84)『律呂新書』、一四八三頁。
(85)なお、中国では雅楽理論として『律呂新書』が採用されなかったことから、このような雅楽観も採用されることはなかったが、『律呂新書』にもとづく雅楽整備を実施した朝鮮王朝第四代国王の世宗朝では、『世宗実録』所収の「雅楽譜」の楽譜からも明らかなように、『律呂新書』が提唱する五声二変に限定する雅楽観に従い、朝会雅楽の楽譜の書き換えが行なわれている。これについては、남상숙(南相淑)「『律呂新書』의 60調와 6変律연구」(『韓国音楽史学報』第四〇集、韓国音楽史学会、二〇〇八年)を参照。
(86)『律呂新書』では正律十二律以外にも変律六律を使用するが、変律は正律ではないため宮音となり調を組成することができず、変声二声についても、正声ではないため主音となり調を組成することができない。よって、十八律を組み合わせて組成される調は六十調となる。
(87)『律呂新書』、一五〇二頁。

(88)黄鐘宮とは、黄鐘均宮調の略称であり、黄鐘から始まる音階のうち、宮（黄鐘）が主音となる調であるという意味である。
(89)「声気の元」については、児玉憲明「『律呂新書』研究―「声気之元」と「数」―」（『人文科学研究』第九五輯、新潟大学人文学部、一九九八年）を参照。
(90)『尚書正義』、七一頁。
(91)『漢書』（中華書局、一九六二年）九六六―九六九頁。
(92)楊蔭瀏『中国古代音楽史稿』、三八五―三九五頁。
(93)宋代の楽律論を巡る諸議論については、小島毅「宋代の楽律論」（『東洋文化研究所紀要』第一〇九冊、東京大学東洋文化研究所、一九八九年）を参照。
(94)『漢書』律暦志上、九六六―九六八頁。
(95)『律呂新書』、一五一五頁。
(96)児玉憲明「蔡元定律呂証弁詳解（一）」（『人文科学研究』第一三〇巻、新潟大学人文学部、二〇一二年）三六頁。
(97)『律呂新書』、一五一七頁。
(98)『経学理窟』（『張載集』所収、中華書局、一九七八年）二六三頁。
(99)『律呂新書』が提唱したこのような方法は、後に「蔡氏多截管候気説」として批判されることとなるが、後世において問題とされているのが黄鐘律管の候補を多数製作することと、「中気」を求める候気術の二点であることを考えると、この二つの方法が『律呂新書』の特徴であったといえる。
(100)『律呂新書』、一五一八頁。
(101)候気術については、児玉憲明「候気術に見える気の諸観念」（『人文科学研究』第八二輯、新潟大学人文学部、一九九二年）および黄一農・張志誠「中国伝統候気説的演進与衰頽」（『清華学報』新二三巻第二期、台湾・国立清華大学、一九九三年）が通史的な観点から研究を行なっており、田中有紀「朱載堉の黄鐘論「同律度量衡」―累黍の法と九進法、十進法の並存」（『中国哲学研究』第二五号、東京大学中国哲学研究会、二〇一一年）は、明代に朱載堉らが行なった候気術に対する批判について分析を行なっている。
(102)「黄鐘者、陽聲之始、陽氣之動也。故其數九。分寸之數具于聲氣之元、不可得而見。及斷竹爲管、吹之而聲和、候之而氣應、而後數始形焉」（『律呂新書』、一四六九頁）。
(103)『文集』巻四四「答蔡季通書」九書、二〇〇四頁。
(104) 現行本に照らし合わせて考えると、「十二律之実第四」と「変律第五」の間に候気術に関する章を設けるということになる。

第二章　林家における『律呂新書』研究
―林鵞峰『律呂新書諺解』を中心として―

日本では江戸時代になると、儒者・国学者・和算家などを中心として楽律学が発展することとなるが、この当時、楽律学を研究する人々の間で必読文献の一つとして盛んに読まれていたのが『律呂新書』である。同書については、後に京都の朱子学者である中村惕斎（一六二九―一七〇二）が詳細な研究を行ない、日本において展開する『律呂新書』研究の礎を築くこととなる。しかし、惕斎と同時期か、あるいはそれ以前に江戸で『律呂新書』に着目し、同書の研究に取り組んでいた人物がいる。それが、林羅山の三男であり、林家の二代目当主の林鵞峰である。

そこで、本章では林家における楽の実践および『律呂新書』研究について考察するとともに、鵞峰の著作とされる『律呂新書諺解』の分析を通して、林家における『律呂新書』研究の様相について明らかにしたい。

第一節　林鵞峰について

林鵞峰（一六一八―一六八〇）、字は子和・之道、名は恕・春勝、号は鵞峰。[1] 江戸幕府の学問を司った林家の初代当主である林羅山（一五八三―一六五七）の三男であり、後に羅山のあとを継ぎ林家の二代目当主となった。鵞峰は儒教を藤原惺窩（一五六一―一六一九）の弟子である父の羅山および那波活所（一五九五―一六四八）から学んでいるが、「思想史の観点から見れば羅山以上に新味がなく、これほど多くの文が残っているにもかかわらず紹介すべきものに乏しい」[2]と評されるように、思想家としては独創的な思索を展開することはなかった。しかし、儒教の教育および普及において果たした役割については、一定の評価を与えることができる。

たとえば、三代目の林鳳岡（一六四五―一七三二）が就任する「大学頭」という官位は、鵞峰が寛文三年（一六六三）に「弘文院学士」号を獲得し、儒者としての地位を確立したことに端を発するものである。[3]また、本章において検討する『律呂新書諺解』のように、林家には経書等の内容をわかりやすく解説した「諺解」と称する著作が幾つか残されているが、とりわけ朱子学において重要となる「四書」については、羅山が『大学諺解』および『中庸諺解』[4]を著わしたことを受け、鵞峰がそれを継承する形で『論語諺解』および『孟子諺解』を著わすことにより、「四書」すべての「諺解」を完成させるなど、儒教の普及に大きな役割を果たしている。[5]これ以外にも、鵞峰は儒教儀礼、とりわけ葬祭儀礼の実践と普及にも努めている。鵞峰には『泣血余滴』と題する著作があるが、これは明暦二年（一六五六）に『家礼』に依拠して儒式で行なわれた、母である荒川氏の葬儀に関する記録である。同書の著述目的について、吾妻重二氏は「みずからの母の葬儀の記録を出版して世に問うというのはかなり特異な行為であるが、それも「儒礼葬法」を広めるための所作であった。……ここには朱子学の儀礼を普遍的なものとして日本にも普及させたいという彼らの先鋭的な意図が込められている」[6]と述べ、鵞峰が「儒礼葬法」の普及に積極的であったことを指摘している。

さらに、鵞峰の主な業績の一つに、日本の神代から後陽成朝の慶長一六年（一六一一）までを編年体で著わした歴史書『本朝通鑑』（一六七〇年）の編纂があるが、これも「四書諺解」と同様、父である羅山のあとを継ぎ鵞峰が完成させたものである。[7]鵞峰は幼少期より和漢の歴史書に親しんでいたが、『本朝通鑑』の編纂には、より広範な知識が必要となるため、林家では多数の書物の収集・解読が行なわれた。『本朝通鑑』の編纂期間中に鵞峰がつけていた日記『国史館日録』には、この時期に鵞峰が収集・解読していた書物の書名が記録されているが、そこには

『本朝通鑑』の編纂に直接関係する史書のみならず、儒教経典や詩文集など、多種多様な漢籍の書名が記されている。こうした書物の収集と解釈を通して、鵞峰の知見がより拡大していったことは想像に難くないが、そもそも多種多様な書物を受容することができたのは、鵞峰自身が幅広い分野に興味・関心を抱いていたためである。

以上のように、鵞峰は思想家として特筆すべき独創的な思想を展開することは特になかったが、父のあとを継いで儒教の教育・普及に尽力し、儒者としての立場を確立するとともに、広範な分野に興味・関心を有する人物であった。そうであればこそ、当時の儒者たちがあまり注目することがなかった『律呂新書』にも関心を持ち、研究を行なうことができたのだといえよう。

第二節　『性理大全』の訓読

鵞峰には、幕命を受けて実施している『本朝通鑑』の編纂とともに、学者として尽力していたことがあった。それは、収集した書籍の校正を行なうテキストクリティックである。前述のように、『本朝通鑑』の編纂を行なう鵞峰のもとには日本各地から多種多様な書籍がもたらされており、鵞峰と弟子たちは日夜これらの書籍を読み、時には加点も行なっていた。

林家における書籍の筆写および加点の様相については、田中尚子氏が「国史館に集まってくる膨大な文献は、まず架蔵とすべきか否かが判断され、必要なものに関しては弟子たちによって書写・加点などがなされ、蔵書として収められていくのだが、この過程において注目すべきは、何と言っても仕事の迅速さである[8]」というように、書籍の筆写と加点は日常業務の一つとして行なわれていたようである。また、田中氏はその仕事の速さにも注目しているが、後述するように『性理大全』の各巻についても、短いものでは二日、長いものでも一六日と非常に速いスピードで作業が行なわれている。

もちろん、これらの作業の重要な目的は、あくまでも『本朝通鑑』の編纂に資するためであるが、集められてくる書籍の中には『本朝通鑑』の編纂とは直接関係のない書籍も多数含まれていた。しかし、それらの書籍についても、鵞峰たちは加点を行なっている。そして、本書の主たる検討対象である『律呂新書』も、まさしくこのような流れの中で取り上げられ、加点が行なわれていったのである。林家において『性理大全』の加点が行なわれた理由について、『鵞峰先生林学士文集』(以下、『鵞峰文集』と略称)巻九九「性理大全跋(一)」[9]には次のようにある。

解四書五經、開示其蘊奥、於宋儒備矣。其爲輔翼無切於性理大全(『鵞峰文集』下「性理大全跋(一)」、四〇一頁上)。

(四書五經を解し、其の蘊奥を開示すること、宋儒に於て備われり。其の輔翼たること『性理大全』より切なるは無し。)

ここから、林家における『性理大全』の加点は、本業である『本朝通鑑』の編纂に益するためではなく、儒者として学識をより一層深化させるために行なわれたことがわかる。この「本業とは別」という意識は、「毎月各課三夜、新加訓點、以塞修史之暇」[10](毎月各おの三夜を課し、新たに訓點を加えて、以て修史の暇を塞ぐ)として、毎月三日間、『本朝通鑑』編纂業務の時間外である夜に実施されていたことからも明らかである。また、「以塞修史之暇」(以て修史の暇を塞ぐ)として、空き時間を活用するために加点を行なっていたとは記されているものの、具体的に作業時間を指定し、組織的・計画的に加点を行なっていたことを考慮すると、この作業は単純に時間の有効活用として行なっていたのではなく、やはり儒者としての学識を深化させることを目的としていたものと考えられる。これについては、田中氏も国史館において多数の漢籍が筆写および加点されていた点に着目し、「儒学関連書が多いようだが、これは儒学者という彼の立場からすれば十分納得できるものの、史書編纂のための参考文献探しという目的からは若干のずれがあるように感じられる」[11]と述べたのち、「それらが重点的に読まれたのは、林家が教育機関としての役割も担っていたからと考えられ、……幕府による史書編纂の重大性を強く意識しつつも、学者としてはその仕事だけに拘束されるのを是とせず、学問を成長・発展させ、さらにそれを次世代へと伝えていく仕事を大切にしていたのだ」[12]と指摘している。

さらに、林家において行なわれた『性理大全』の加点には、儒者として学識をより一層深化させるという目的以外にも、正しい『性理大全』のテキストを確定するという目的もあったようである。

華本傳來已久。頃年新刊本出而流行于世、便於學者。然倭訓往往不免紕繆。余家藏朝鮮本、限句分讀甚鮮明矣（『鵞峰文集』下「性理大全跋（一）」、四〇一頁上）。

（［引用者注：『性理大全』の］華本傳來して已に久し。頃年新刊本出でて世に流行し、學者に便あり。然れども倭訓往往にして紕繆を免がれず。余の家に朝鮮本を藏す、句を限り讀みを分かつこと甚だ鮮明なり。）

このように、林家において『性理大全』の加点が行なわれた背景には、巷間に流通する誤謬にあふれた版本[13]を改め、家蔵の朝鮮本を底本として正しいテキストを確定するという目的があった[14]。

ところで、『性理大全』の加点は鵞峰が単独で行なっていたのではない。

性理大全全部七十卷、新加訓點訖。其執筆者、狛庸仲龍也（『鵞峰文集』下「性理大全跋（三）」、四〇一頁下）。

（『性理大全』全部七十卷、新たに訓點を加え訖わる。其の筆を執る者は、狛庸・仲龍なり。）

このように、この作業には鵞峰以外にも、「狛庸」こと狛高庸（一六三九―一六八六）および「仲龍」こと中村祐晴(生没年不詳)が参加しており、[15] 実際に訓点を施す作業は、この二人により行なわれていたようである。さらに、『鵞峰文集』巻九八「律呂新書跋[16]」からは、この作業の実施状況を垣間見ることができる。

頃間、史館之暇冬夜之永、口授狛庸加訓點畢（『鵞峰文集』下「律呂新書跋」、三九三頁上）。
(頃間、史館の暇冬夜の永に、狛庸に口授して訓點を加え畢る。)

このように、『律呂新書』については、鵞峰が口授したものを狛高庸が記録するという方法で、作業が進められていた。次の表は、『国史館日録』の記述にもとづき、各著作に加点を行なった人物・作業日・作業日数を筆者が整理したものである。

表 『国史館日録』における『性理大全』関連の記述

巻	書名	担当	作業日[17]	日数
			寛文八年	
一	太極図	狛庸	四月一二日、一五日	二日
二―三	通書	狛庸	三月一日、六日、一五日	三日
四	西銘	狛庸	五月二一日、六月一〇日	二日
五―六	正蒙	狛庸	六月一〇日、七月二八日、九月五日、二二日	四日

七―一三	皇極経世書	仲龍	寛文八年	六月二日、一二日、七月二日、一二日、七月二三日、八月二日、一九日、八月二三日、九月二日	九日
一四―一七	易学啓蒙			済	
一八―二一	家礼	仲龍		九月一二日、二三日	二日
二二―二三	律呂新書	狛庸		一〇月一日、二三日、一一月一日	三日
二四―二五	洪範皇極内篇	仲龍		一〇日二日、一二日	二日
二六―二七	理気	仲龍		一〇月一二日、二三日、一一月一四日	三日
二八	鬼神	仲龍	寛文九年	一月一二日、二三日、二月二日？	三日
二九―三七	性理	仲龍		二月二日？、一三日、二五日？、三月六日、一九日、二三日、四月二日？、四月一二日、五月一二日、六月二日、六月二三日、二五日	一一日
三八	道統	狛庸		一月二一日、二月一日？	二日
三九―四二	諸儒	狛庸		二月一日？、一一日？、二一日、三月一日、三月一一日、二一日、四月一一日、四月二一日？	八日

			寛文九年	
四三―五〇	学	狛庸	五月一一日、二一日?、七月一日、一一日、七月二三日?、八月二日?、一一日、八月二一日?、九月一日?、二一日 閏一〇月一円、二一日?、二四日? 一一月一日、一〇日、一一日	一六日
五一―五六		仲龍	六月二五日、七月二日、一二日、二三日?、八月一日?、二三日、九月二日、一二日?、九月一三日?、一〇月二日	一〇日
五七―五八	諸子	仲龍	一〇月二日、二三日、閏一〇月二日、一二日	四日
五九―六四	歴代	仲龍	閏一〇月二三日、一一月三日、一二日、一一月一三日、二三日	五日
六五	君道	狛庸	一一月二一日、一二月一日	二日
六六―六七	治道	狛庸	一二月一一日[18]、一四日、一五日	三日
六八―六九		仲龍	一一月二五日、一二月二日	二日
七〇	詩	仲龍	一二月二日、一〇日	二日

右の表からも明らかなように、『性理大全』の加点は寛文八年（一六六八）三月一日に始まり、寛文九年（一六六九）一二月一五日に終わっている。その内訳は狛高庸の担当が計二四巻・四三日、中村祐晴の担当が計四二巻・五四日である。また、各著作の加点に費やした時間が二日から一六日間であることから、この作業はあくまでも「加点」

を施すことで正しいテキストを確定することに重点が置かれており、その内容理解については、それほど重視されていなかったものと考えられる。

さて、『律呂新書』については『国史館日録』「寛文八年十月朔日」の記事に「漸及□燭狛庸再來、加點律呂新書上卷畢、又及下卷□八葉。及夜闌休[20]」（漸く□燭に及び狛庸再び來たり、律呂新書上卷に加點し畢え、又た下卷□八葉に及ぶ。夜闌に及びて休む）とあり、「寛文八年十一月朔日」の記事に「燭既設。而狛庸來、加點於律呂新書下篇、及亥刻訖功。及作小跋、使庸記今日之事[21]」（燭既に設く。而して狛庸來たり、律呂新書下篇に加點し、亥刻に及びて功を訖う。小跋を作るに及びて、庸をして今日の事を記せしむ）とあることから、狛高庸が担当していたことがわかる。[22]同様に、「律呂新書跋」には次のような記述が見られる。

我拙算法。故雖不能窮其蘊、然於他日之校證、則又非無小補乎（『鵞峰文集』下「律呂新書跋」、三九三頁上）。

（我れ算法に拙し。故に其の蘊を窮むる能わずといえども、然れども他日の校證に於ては、則ち又た小補無きに非ざるか。）

このように、鵞峰がみずから算法に疎いと述べていることを考慮すると、『律呂新書』の理解において狛高庸が果たした役割は、かなり大きかったといえるだろう。

以上のように、『性理大全』の加点は鵞峰の統括のもと、儒者としての見識を深化させることを目的として、弟子である狛高庸および中村祐晴らとともに行なわれており、とりわけ『律呂新書』については、狛高庸が中心となり行なわれていたことがわかる。

第三節　林家における楽の実践と狛高庸

林家における楽の実践について考える上で、とりわけ重要な出来事として挙げられるのは、寛文四年（一六六四）二月の釈菜において、それまでは行なわれていなかった奏楽が実施されたことであるが、これを実践面から支えていたのも狛高庸であった。(23)

狛高庸（一六三九―一六八六）は、南都方楽人である辻近元（一六〇二―一六八一）を実父、狛氏の分家の一つである上氏の上近康（生没年不詳）を養父とするとする紅葉山楽人である。(24)高庸は養父である上近康が寛永年間に紅葉山楽人として召されたことに伴い江戸に下向し、その後、近康の跡を継ぎ紅葉山楽人となった。(25)また、高庸は紅葉山楽人として活躍するかたわら、明暦元年（一六五五）より鵞峰の門人として儒教を学び始めることになる。さらに、寛文二年（一六六二）に『本朝編年録』続編（後の『本朝通鑑』）の編纂が鵞峰に下命され、(26)寛文四年（一六六五）八月に編纂が開始されると、狛高庸も編纂員として加えられることとなり、(27)紅葉山楽人と『本朝通鑑』編纂員の二つの仕事を兼務するようになった。(28)そして、天和三年（一六八三）七月二〇日、高庸は五代将軍徳川綱吉（在位：一六八〇―一七〇九）より儒員になることを命じられ、辻春達と名を改めた。

このように、紅葉山楽人としても活躍する高庸は、林家における楽関連の仕事についても任されることになる。その仕事を大別すると、楽に関する書籍の整理・解読という館員としての実務的側面と、釈菜等の林家において実施される公的・私的な行事での雅楽演奏という楽人としての実践的側面に分けられる。

一、実務的側面

まず、実務的側面について検討する。前述のように、『本朝通鑑』を編纂する林鵞峰のもとには各地から多種多様な書籍が集められていたようであるが、その中には史書とともに、楽に関する書籍ももたらされることがあった。たとえば、「寛文五年九月二日」の記事には次のようにある。

永伊牧寄舞樂書十四巻曰、是興福寺所藏之舊記也。頃日有故到寺社奉行宅、執政聞之曰、是雖不與編年之事、可遣國史館寫之。幸高庸在席、……余乃附高庸（『国史館日録』一、一二二頁）。
（永伊牧［引用者注：永井伊賀守尚庸］舞樂書十四巻を寄せて曰く、是れ興福寺所藏の舊記なり。頃日故有りて寺社奉行の宅に到り、執政之を聞きて曰く、是れ編年の事に與からずと雖も、國史館をして之を寫さしむべし。幸に高庸席に在り、……余乃ち高庸に附す。）

これにより、『本朝通鑑』編纂の担当者である永井尚庸（一六三一―一六七七）により持ち込まれた興福寺所蔵の「舞楽書十四巻」は、当初より『本朝通鑑』の編纂とは無関係であることが認識されつつも、国史館において写本が作成されたことがわかる。(29) そしてこの時、鵞峰により筆写を命じられたのが狛高庸であった。『国史館日録』によると、この「舞楽書十四巻」は一〇月三日に写本が完成した後、(30) 高庸による校正が行なわれ、一二月一六日に「高庸校了樂書凡十四巻」(31)（高庸、樂書凡十四巻を校了す）として校正が終了したことが記録されている。しかし、二日後の一二月一八日には、「樂書元本七巻七册幷新寫本二十二册、返贈於永伊牧、是匪史館之事、故不留于此」(32)（樂書元本七巻七册幷びに新寫本二十二册、永伊牧に返贈す、是れ史館の事に匪ず、故に此に留めず）として、国史館の業務とは無関係であるとの理由で、永井尚庸に原本・写本がともに返却されている。[33]

ここで、高庸が筆写した「新寫本二十二册」の行方について検討したい。「楽書」が永井尚庸に返却された三日後の一二月二一日、同書は再び国史館へと持ち込まれることとなる。

永伊牧使來、持樂書至。曰、使装潢而可捧之云云（『国史館日録』一、一七九頁）。

（永伊牧の使い來たる、樂書を持ちて至る。曰く、装潢せしめて之を捧ずべし云云。）

このように、永井尚庸は国史館において筆写した「楽書」を装丁し、どこかへ献上しようとしていたようである。そして翌日の一二月二二日には、「今日樂書装潢了。今夕高庸標書凡二十册、納于一筥。明日可遣于永伊牧」[34]（今日、樂書を装潢す。今夕、高庸、書凡そ二十册を標し、一筥に納む。明日、永伊牧に遣わすべし）として、装丁が完了したことが記録されている。その後、しばらく「楽書」に関する記録は見られないが、「寛文六年正月二五日」の記事で、再び「楽書」が取り上げられることとなる。

今晝永伊牧寄書曰、舊冬所寫樂書、入諸老一覽、皆曰、是興福寺之秘藏也。可加跋語以納御文庫云云。今夕作跋語四十四字。明朝可遣伊牧（『国史館日録』一、二〇一頁）。

（今晝、永伊牧書を寄せて曰く、舊冬寫する所の樂書、諸老の一覽に入る、皆な曰く、是れ興福寺の秘藏なり。跋語を加えて以て御文庫に納むべし云云。今夕、跋語四十四字を作る。明朝、伊牧に遣わすべし。）

これによると、永井尚庸が「楽書」を関係者に見せたところ、同書が興福寺秘蔵の書籍であることから、跋語を加えて紅葉山文庫に収蔵することになったとされている。そこで、鵞峰は同書のために、四四字からなる跋語を作成した。そして、その二日後の「寛文六年正月二七日」、再び「楽書」に関する記録が『国史館日録』に登場する。

永伊牧使來曰、樂書跋入小田原拾遺一見、稱好。使友元寫于書尾而納其地文庫、可待官本返納之便而藏于御文庫云云（『国史館日録』一、二〇二頁）。

（永伊牧の使い來りて曰く、樂書の跋、小田原拾遺［引用者注：稲葉正則］の一見に入るに、好しと稱す。友元［引用者注：門人の人見竹洞］をして書尾に寫さしめて其の地の文庫に納め、官本返納の便を待ちて御文庫に藏すべし云云。）

このように、永井尚庸の使いの者によると、鵞峰が作成した跋語は稲葉正則（一六二三―一六九六）からも評価を得たため、鵞峰の門人である人見竹洞（一六三八―一六九六）により巻末に跋語が記され、「其の地の文庫[35]」に収蔵されることとなったのである。また、紅葉山文庫へは官本が返納されるのを待ち、収蔵するべきだとしている。簡単にことの経過をまとめると、狛高庸が筆写した「楽書」の「新寫本二十二册」は紅葉山文庫、つまり、現在の国立公文書館内閣文庫に収蔵されていることになる。そこで、前述の条件を満たす書籍が内閣文庫に収蔵されているのか調べてみたところ、『楽書部類』全二二巻二二冊（請求番号：特一〇二―九）がこれに該当することがわかった。

『楽書部類』（または『二十二冊楽書』）とは、いわゆる「春日楽書」と称される一群の楽書である[36]。同書が紅葉山文庫に収蔵されるまでの過程については、岸辺成雄等「共同調査報告　田安徳川家蔵楽書目録―その資料的意義―[37]」に、音楽学者である福島和夫氏による解説として、次のような記述が見られる。

そもそも『二十二冊楽書』は春日系の楽書であったという。しかし平安時代中期から神仏習合の風習にもあって、興福寺が本社の実権を掌握しており、春日の宝物も興福寺の蔵に納められていた。ところが江戸時代綱吉の頃には、林鵞峰等によって多くの編修事業が幕府で計画され、諸大名に各地方の資料を提出させるに及んだ。当然春日系の二十二冊の楽書も提出され、それらの資料は二部ずつ筆写され、一部は昌平坂学問所に、一部は紅葉山文庫に収められたという。[37]

これより、狛高庸が筆写した「新寫本二十二册」が紅葉山文庫に収蔵された『二十二冊楽書』、つまり『楽書部類』であることは間違いないと思われるが、残念ながら、同調査報告では福島氏の解説を裏づける資料が示されていない。そこで、ここでは前述の『国史館日録』の記事にもとづき、福島氏の解説をトレースしておきたい。

右の引用において、筆者が着目したいのは、(一)『二十二冊楽書』の原本(春日楽書)が「興福寺の蔵に納められていた」こと、(二)「春日系の二十二冊の楽書も提出され、それらの資料は二部ずつ筆写され、一部は昌平坂学問所に、一部は紅葉山文庫に収められた」ことの二点である。そこで筆者は、これらの二点と狛高庸が筆写した「新寫本二十二册」を比較することにより、『楽書部類』(『二十二冊楽書』)と「新寫本二十二册」が同一の書物であることを証明したい。

(一)『二十二冊楽書』の原本(春日楽書)が「興福寺の蔵に納められていた」ことについては、『国史館日録』「寛文五年九月二日」の記事においても、永井尚庸により持ち込まれた「舞樂書十四卷」が興福寺の所蔵であることが示されている。

(二)「春日系の二十二冊の楽書も提出され、それらの資料は二部ずつ筆写され、一部は昌平坂学問所に、一部は紅葉山文庫に収められた」ことについては、『国史館日録』でも「寛文六年正月二五日」の記事以降、御文庫(紅葉山文庫）に収蔵すべきことが議論されている。そのため、この点においても両書が同一である可能性はきわめて高いといえる。ただし、「それらの資料は二部ずつ筆写され」たのかについては、検討が必要である。『国史館日録』の記事では、写本が二部作成されたということは明言されていない。しかし、「寛文六年正月二七日」の記事を見ると、「納其地文庫、可待官本返納之便而藏于御文庫」(38)（其の地の文庫に納む、官本返納の便を待ちて御文庫に藏すべし）とあり、「其の地の文庫」に納める本と、「官本」の二冊があったように読める。つまり、「官本」が紅葉山文庫に収蔵された本だとすると、「其の地の文庫」に納められた本は国史館（後の昌平坂学問所）に収蔵されたと考えられる。よって、狛高庸は「楽書」を二部筆写したと考えられる。

さらに、『楽書部類』第二二巻の巻末に附された跋語からも、『楽書部類』（『二十二冊楽書』）と「新寫本二十二册」の同一性がうかがえる。

樂書二十二巻、古来秘傳也。藏在南都興福寺、不妄示人。今度新寫一部、如正本。令校合、所納江戸御文庫也
寛文六年正月（『楽書部類』巻二二、二六葉表―二六葉裏）

（樂書二十二巻、古来秘傳なり。藏して南都興福寺に在りて、妄りに人に示さず。今度新たに一部を寫すこと、正本の如し。校合せしめ、江戸御文庫に納むる所なり　寛文六年正月）

右の跋語の文字数は四二字であるが、前述のように、鵞峰が作成した跋語は四四字であったとされているため、二字の差がみられる。しかし、鵞峰が起草した跋語が人見竹洞により書写されるのは二日後であるため、この間に何らかの変更が行なわれた可能性も考えられる。また、跋語の最後に記されている日付が「寛文六年正月」であり、『国史館日録』において鵞峰の跋語に関する記述が見られる記事が「寛文六年正月二五日」であることから、狛高

庸が筆写した「新寫本二十二册」が、国立公文書館内閣文庫に所蔵されている『楽書部類』全二二巻二二冊にあたることは間違いないといえるだろう。考証が長くなったが、この一連の流れからも、紅葉山楽人でもある狛高庸が、国史館にもたらされる楽関連の書籍の整理と解読において、重要な役割を果たしていたことがわかるのである。

二、実践的側面

次に、狛高庸の楽人としての実践的側面について検討する。林家では、林羅山が寛永七年（一六三〇）冬に三代将軍徳川家光より上野忍岡の土地を下賜され、その後、寛永九年（一六三二）冬に名古屋藩初代藩主徳川義直（在位：一六〇七―一六五〇）の支援を受け、その敷地内に先聖殿が建設されたことを契機として、寛永一〇年（一六三三）二月一〇日に初めて釈菜が実施された。[39] だが、この時の釈菜では奏楽が行なわれることはなかった。しかし、それから三一年が経過した寛文四年（一六六四）二月、鵞峰が祭主を務めた釈菜において初めて奏楽が実施されるのであるが、これが可能となったのは、前年に江戸へ下向してきた狛高庸の父である辻近元に、鵞峰が雅楽の演奏を要請したからであった。[40]

さて、狛高庸が釈菜において果たした役割については、『国史館日録』「寛文六年二月一六日」の記事に「近年釋菜奏樂依庸也誘引也[41]」（近年釋菜の奏樂は庸に依りて誘引するなり）とあり、さらには「及暮遣酒肴于狛庸、傳語于伶工三人以勞之[42]」（暮に及びて酒肴を狛庸に遣わし、伶工三人に傳語して以て之を勞う）として、高庸が伶工（楽人）三人をねぎらっていたとの記録も見られることから、奏楽については実質的に高庸が取り仕切っていたことがわかる。

これ以外にも、『国史館日録』には、折に触れて高庸が楽を演奏する様子が記録されており、そこから高庸が釈菜に代表される公的な行事のみならず、林家において開催される私的な催しにおいても奏楽を行なっていたことがわかる。たとえば、『国史館日録』「寛文八年七月一五日」の記事には、次のような記述が見られる。

春常示昨舟遊聯句……庸携其二弟奏樂於舟中（『国史館日録』三、一五一頁）。
（春常［引用者注：林鳳岡］昨の舟遊の聯句を示す……庸其の二弟を携えて樂を舟中に奏す。）

このように、高庸は林家において開催される催しにおいても、奏楽を披露していたことがわかる。以上のことを総合すると、林家における楽の実践には、紅葉山楽人でもある狛高庸が公私の両面において中心的な役割を果たしていたことになる。

第四節　『律呂新書諺解』について

国立公文書館内閣文庫には、林鵞峰（向陽林子）の著作として『律呂新書諺解』（一六七七年）が所蔵されている[43]。同書は、前節において取り上げた狛高庸による『律呂新書』への加点とは異なり、『律呂新書』の解説を和文によって行なった書であり、林家における『律呂新書』研究の一端を示す著作として重要な価値を有するものといえる。

さて、同書の冒頭部分（一葉表）には「律呂新書諺解」という内題に続き、「向陽林子」として鵞峰の名が記されているが[44]、実は鵞峰が同書の著述に参与していたのかについては判然としない。このことは、鵞峰による「律呂新書諺解跋」からも知られる[45]。

余性拙於筭數。……是以往年一夕使門人佐慶據蔡氏新書筭律呂之數。侍史安成在側筆之、勒爲小冊[46]（『律呂新書諺解』、八葉裏）。

（余の性、筭數に拙し。……是を以て往年一夕、門人佐慶［引用者注：小嶋道慶］をして蔡氏新書に據りて律呂の數を筭えしむ。侍史安成［引用者注：高井安成］側に在りて之を筆し、勒して小冊と爲す。）

このように、『律呂新書諺解』は鵞峰の門人である佐慶こと小嶋道慶（生没年不詳）が『律呂新書』における律呂の数を計算したものを、安成こと高井安成（生没年不詳）が筆記したものであることがわかる。

また、『律呂新書諺解』の成書年代については、「律呂新書諺解跋」の文末に「丁巳之臘末[47]」とあることから、延宝五年（丁巳・一六七七）一二月末までには完成していたことが知られる。しかし、同跋文では「未遑浄書偶失草本……頃聞、佐慶[48]也嘗借草本寫之、乃問有之、則曰有之。即日借之、使島周寫之。不日而成[49]」（未だ浄書に遑あらずして偶たま草本を失う……頃ろ聞く、佐慶嘗て草本を借りて之を写すと、乃ち之れ有るかと問えば、則ち之れ有ると曰う。即日之を借り島周[50]をして之を写さしむ。日ならずして成る）と

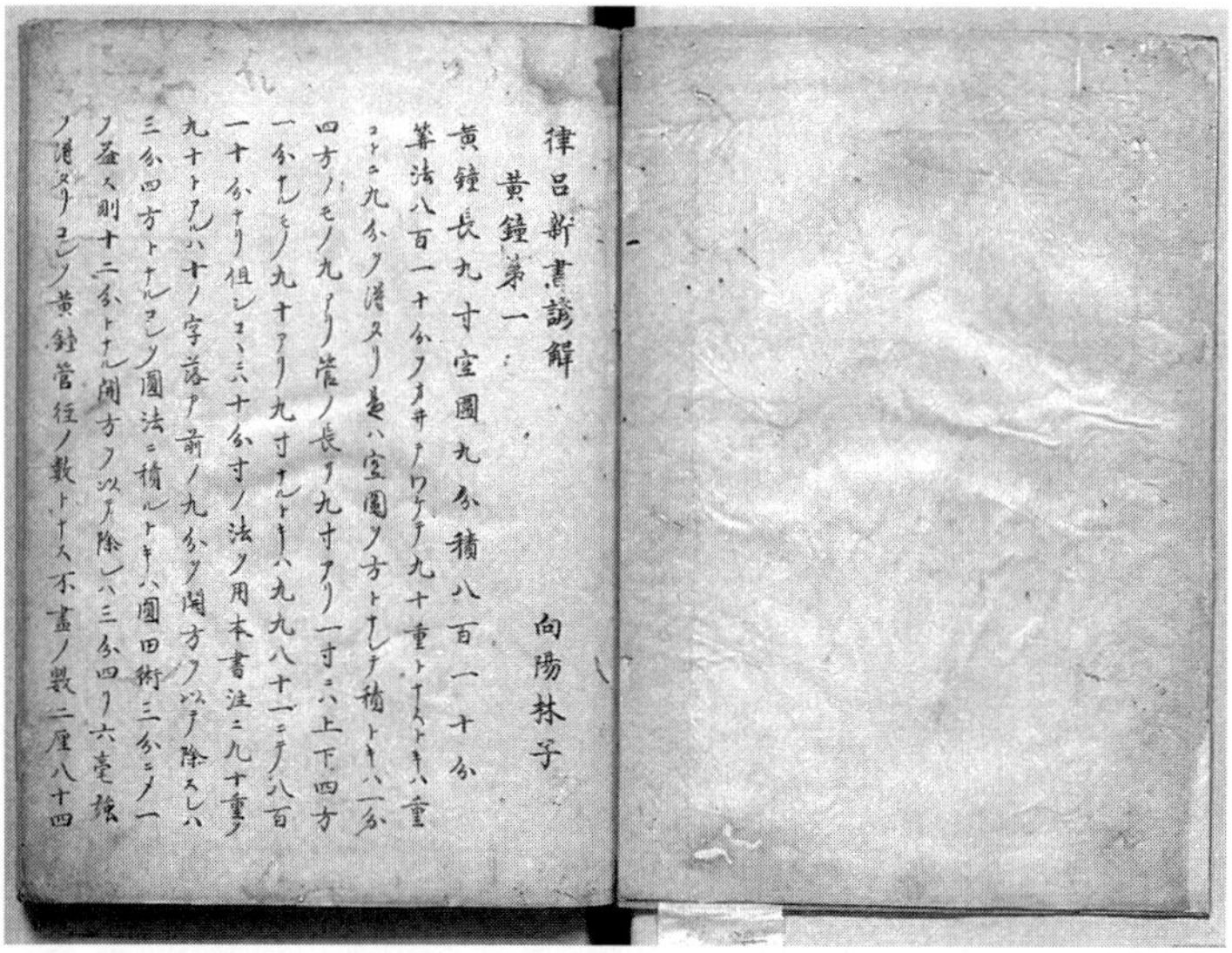

写真　林鵞峰『律呂新書諺解』（国立公文書館内閣文庫蔵）

述べられていることから、最初の草稿は清書前に失われてしまったことがわかる。

『律呂新書諺解』では、『律呂新書』の中でも楽律理論を解釈する「律呂本原」の「黄鐘第一」から「六十調図第九」までを対象として解説が行なわれているが、その目的は「律呂者數學之要也。志於儒者不可不解也[51]」（律呂は數學の要なり。儒に志す者は解せざるべからざるなり）とあるように、儒者の教養の一つとして重要である律呂・数学を理解することであった。そのため、同書では『律呂新書』に見られる数の理論について詳細な検討が行なわれている。その一方、「候気第十」以下の四章については取り上げられておらず、さらに、『律呂新書』に見られる雅楽理論についてもほとんど言及されていないことが特徴として挙げられる。

そこで本節では、『律呂新書諺解』「黄鐘第一」の分析を通して、『律呂新書』に見られる数の理論について、『律呂新書諺解』が提示した疑問について検討するとともに、『律呂新書諺解』「八十四声図第八」および「六十調図第九」の分析を通して、『律呂新書』の雅楽理論に対する解釈について検討し、この書の学問的価値を考察したい。

一、「黄鐘第一」

『律呂新書』律呂本原「黄鐘第一」では、諸律の根源となる黄鐘律管の形状を「長九寸、空圍九分、積八百一十分[52]」と規定している。そして、律管の直径については円田術を用いて計算し、「三分四釐六毫強……不盡二毫八絲四忽[53]」との数値を求めている。具体的な計算方法は、次のとおりである。

置八百一十分、分作九重、毎重得九分。圓田術、三分益一、得一十二。以開方法除之、得三分四釐六毫強、爲實徑之數、不盡二毫八絲四忽（『律呂新書』、一四七〇頁）。

（八百一十分を置き、分けて九重と作して、毎重九分を得。圓田術、三分して一を益して、一十二を得。開方法を以て之を除し、三分四釐六毫強を得、實徑の數と爲し、不盡二毫八絲四忽なり。）

このように、黄鐘律管（八百一十立方分）を九分割すると、各層ごとの表面積は九平方分となる。ここで円田術を使用する。[54]『九章算術』巻一には、直径から円の面積を求める方法（円田術）が記されているが、その方法とは「徑自相乘、三之、四而一[55]」（徑自ら相い乘じて、之を三にし、四にして一とす）、つまり、直径の二乗を四分の三倍することにより、円の面積を算出するのである。『律呂新書』では、円の面積が九平方分であることがわかっているので、これを代入して計算すると直径の二乗が「十二」であることがわかる（計算1）。前掲の『律呂新書』に見られる「圓田術、三分益一、得一十二」（圓田術、三分して一を益して、一十二を得）は、ここまでの過程を文章にしたものである。さて、円田術により求めた「十二」は二乗の数値であるため、「以開方法除之」（開方法を以て之を除す）として、開平法を用いて平方根を求める（計算2）。その結果、「三分四釐六毫強……不盡二毫八絲四忽」という数値が求められるのである。

しかし『律呂新書諺解』では、「黄鐘第一」のこの一節には二つの誤りがあるとする。

一つ目は、「分作九重、毎重得九分」である。これについて、『律呂新書諺解』は次のように指摘している。

本書注ニ九十重ヲ九十トアルハ十ノ字落カ（『律呂新書諺解』、一葉表）。

ここでは、「九十重」とすべきところが「九十」となっており、「十」の字が脱落しているのではないかと述べている。しかし、この解釈に従うのであれば、脱落しているのは「重」の字であり意味が通らない。また、管見の限りでは、「分作九重」が「分作九十重」となっている刊本はない。そこで、『律呂新書諺解』の意を酌み、改めてその意味を検討してみると、中村惕斎『修正律書新書』律呂本原「黄鐘第一」の標注に「九重當作九十重[56]」（九重は當に九十重に作るべし）として同様の指摘がなされていることが確認できる。この解釈に従い『律呂新書諺解』の文章を検討すると、その意味は「九十重」とすべきところが「九重」となっており、「十」の字が脱落しているということになる。つまり、『律呂新書諺解』の指摘は、『律呂新書』律呂本原「黄鐘第一」に見られる「分作九重」を「分作九十重」に改めるべきだということである。この指摘に従うと、「置八百一十分、分作九十重、毎重得九分」、つまり体積八百一十分を九十分割し、各層九分を得るとして意味が通る。よって、この指摘は妥当なものといえる。

二つ目は、円の直径である「三分四釐六毫強」の不尽の数「二毫八絲四忽」についてである。これについて、『律呂新書諺解』は次のようにその誤りを指摘している。

> 不盡ノ數二厘八十四毫アリ。注ニ不盡二毫八絲四忽ト云ルハ筭法ニ不合乎（『律呂新書諺解』、一葉表―一葉裏）。

$$\text{円の面積}=(\text{直径})^2\times\frac{3}{4}$$

$$(\text{直径})^2=\text{円の面積}\times\frac{4}{3}$$

$$(\text{直径})^2=9\times\frac{4}{3}$$

$$(\text{直径})^2=12$$

計算1　円田術の計算方法

	3	4	6
3	√12	00	00
3	9		
64	3	00	
4	2	56	
686		44	00
6		41	16
692		2	84

計算2　開平法の計算方法

これによると、『律呂新書諺解』は『律呂新書』が円の直径とした「三分四厘六毫」の余り「二毫八絲四忽」は「二厘八四毫」の誤りだという。『律呂新書諺解』ではこれを説明するべく、一辺が「三分四厘六毫」の「黄鐘開方法」と題する正方形の図を示して検討している（図）。その意図するところは、円の直径である「三分四釐六毫強……不盡二毫八絲四忽」が円田術により求められた「直径の二乗＝十二」の解であることを利用し、一辺を「十二」の平方根（$\sqrt{12}$）とする正方形の面積（十二平方分）から不尽の数以外の「三分四釐六毫」を一辺とする正方形の面積を引き、その差によって不尽の数を検証しようと試みているのである。そして、『律呂新書諺解』は一辺を「三分四厘六毫」とする正方形の面積が「十一分九十七厘十六毫ナリ」[57]であるとし、「十二平方分」との差が「二厘八四毫」となることから、不尽の数も「二厘八四毫」になるはずだという。

しかし、ここには大きな問題がある。それは、『律呂新書諺解』で求めている数値はすべて表面積であるため、その単位は「平方分」（単位が「分」の場合）であるが、『律呂新書』で使用する数値は円の直径であるため、その単位は「分」となる。そのため、円の面積の数値をそのまま直径に使用することは出来ないのである。

つまり、『律呂新書諺解』のいう「十一分九十七厘十六毫」とは「十一平方分」と「九十七平方厘」と「十六平方毫」という面積を合わせたものであり、その余りとして出てくる「二厘八四毫」もまた「二平方厘」と「八四平方毫」という面積を合わせたものである。しかし、前掲の『律呂新書』律呂本原「黄鐘第一」において問題となっているのは、「三分四厘六毫」という直径の余りが、「二毫八絲四忽」だということである。このように考えると、『律呂新書諺解』では、最初に正方形の一辺の長さとして「三分四厘六毫」を使用したことについては問題はないが、不尽の数である「二厘八四毫」については面積として扱われているため、『律呂新書』で使用されている意味とは異なることがわかる。さらに『律呂新書諺解』では、直径である「三分四厘六毫」の最小値「六毫」よりも、不尽

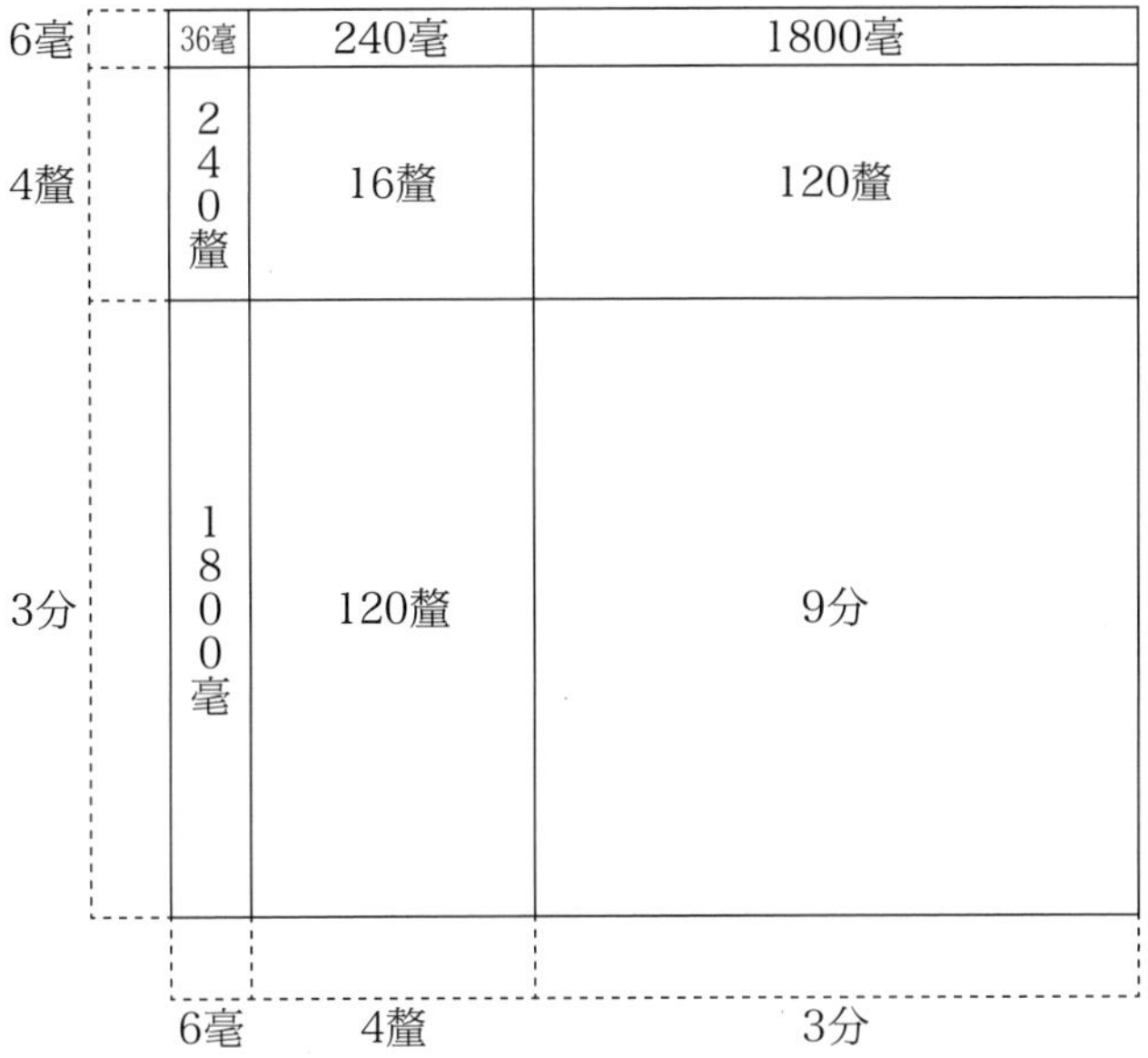

図　『律呂新書諺解』の「黄鐘開平法」

の数である「二厘八四毫」の最大値「二厘」の方が大きくなっているが、これは不尽の数の意味と明らかに矛盾している。

以上のことから、一つ目の指摘については妥当であるといえるが、二つめの指摘については、『律呂新書諺解』の解釈は誤りであるといわなければならない。

二、雅楽理論

前述のように、『律呂新書』には楽律論とともに雅楽理論も示されているが、とりわけ「黄鐘半律の否定」と「起調畢曲」は、『律呂新書』の雅楽観を示す特徴的な理論として挙げられる。そこで、ここでは『律呂新書諺解』において、これら二つの特徴がどのように解釈されているのか検討することにより、同書が『律呂新書』の雅楽観をいかに理解していたのかについて明らかにしたい。

まず、「黄鐘半律の否定」について検討する。『律呂新書』では、各均において使用する音を五声二変の七声に限定するなど、特徴的な雅楽観が提示されているが、前述のように、この考えの根底にあるのは、「十二律之実第四」に「子黄鐘十七萬七千一百四十七 全九寸 半無」として示されている「黄鐘半律の否定」である。それでは、『律呂新書諺解』「十二律之実第四」では、この「黄鐘半律の否定」はどのように解釈されているのであろうか。

子黄鐘十七萬七千百四十七
コレヲ三分ニシテ一ヲ損スレハ、十一萬八千九十八トナル。コレ林鐘ノ實ナリ（『律呂新書諺解』、一〇葉裏―一一葉表）。

このように、黄鐘の実数である「十七萬七千一百四十七」については言及されているものの、「全九寸 半無」についてはまったく言及されていないことがわかる。ただし、『律呂新書諺解』が「黄鐘半律の否定」にまったく注意を払っていないわけではない。章は変わるが、「六十調図第九」の最後には、次のような記述が見られる。

正律ノ内、黄鐘ニ半無ハ、全律九寸ヲ九分一寸ノ法ヲ用ルトキハ、半ニ分ルコトナラス。故半無ト云フ（『律呂新書諺解』」、二二葉裏）。

これによると、『律呂新書』が黄鐘半律を使用しない理由は、「九分一寸ノ法」（九進法）により九寸が八一分となり、半分に分割できないからだとされている。しかし、『律呂新書』律呂本原「黄鐘之実第二」では「徑圍之分以十爲法、而相生之分釐毫絲以九爲法」[58]（徑圍の分は十を以て法と爲す、而して相生の分釐毫絲は九を以て法と爲す）として、すべての律管に共通する律管の直径と表面積については十分一寸の法を使用するが、三分損益法を用いて算出する長さについては九分一寸の法を使用するという。また、「以十爲法者天地之全數也。以九爲法者因三分損益而立也[59]」（十を以て法と爲すは天地の全數なり。九を以て法と爲すは三分損益に因りて立つなり）とあるように、十分一寸の法を使用するのは「天地之全數」であり、九分一寸の法を使用するのは三分損益法により算出される数であるという。これに従い、黄鐘律管の長さには十分一寸の法と九分一寸の法のいずれが適用されるのかを考えると、諸律の根源である黄鐘の九寸は基準となる数であるため、十分一寸の法を使用することも、三分損益法の起点として九分一寸の法を使用することも可能であると考えられる。よって、黄鐘半律を使用しない理由として「九分一寸ノ法」（九進法）を挙げる『律呂新書諺解』の主張には、若干問題があるように思われる。

また、『律呂新書』が黄鐘の半律を否定するのは、諸律の根源である黄鐘と他の楽律とを区別し、特別な位置づけを与えるためである。よって、この問題についてまったく言及していない『律呂新書諺解』の解釈は、不十分であるといわざるを得ない[60]。

次に、「起調畢曲」について検討する。『律呂新書』律呂本原「六十調図第九」では、五声十二律がそれぞれ調を構成することを明らかにするため、「六十調図」と称する一覧表を掲載しているが、この表の意味を理解する鍵となるのは、「起調畢曲」という雅楽理論である。この「起調畢曲」とは、楽曲の開始音と終始音が同一であることを示す理論であり、「六十調図」に照らし合わせて考えてみると、前から五調（黄鐘宮・無射商・夷則角・仲呂徴・夾鐘羽）はすべて黄鐘から曲が始まり、黄鐘で曲が終わる調である。そして、この五調を一単位とし、それが十二律に展開（旋宮）することにより六十調となるのである。

しかし、『律呂新書諺解』では「起調畢曲」についてまったく言及していないだけではなく、「六十調図」についても次のように解釈されている。

此圖八十四声ノ圖ト相表裏ス。前ノ圖ハ五声相生ノ次第ヲ以テ、宮・徵・商・羽・角・変宮・変徵ト斜ニ圖ス。此圖ハ高下清濁ヲ以テ宮・商・角・変徵・徵・羽・変宮ト次第ス（『律呂新書諺解』、一七葉表）。

つまり、前章において示されている「八十四声図」は、三分損益法により算出される七声を相生順に並べたものであり、「六十調図」はそこに高下（全律・半律）と清濁（五声二変）の要素を加えて調として組成したものである。そのため、両者は表裏をなす関係にあるというのが、『律呂新書諺解』における「六十調図第九」の解釈である。このように、『律呂新書諺解』では「六十調図」の目的の一つである「旋宮」については理解しているものの、「起調畢曲」という雅楽理論には、まったく関心が向けられていないことがわかる。

以上からわかるのは、『律呂新書諺解』では『律呂新書』が提示した特色ある雅楽理論については、ほとんど注意が向けられていなかったということである。林鵞峰およびその門人たちはテキストの校訂や内容理解に取り組み、その成果を「諺解」という形で日本語により解説したのであるが、その試みはまだ十分正確なレベルには達していなかったといえよう。

小　結

本章では、中村惕斎と同時期か、それよりも早く『律呂新書』に着目した林鵞峰の『律呂新書諺解』を中心として、林家における『律呂新書』研究の過程ならびに『律呂新書諺解』の成書過程、さらに、楽の実践についても検討することにより、『律呂新書諺解』の著述目的およびその価値について考察してきた。

林家では『性理大全』所収の『律呂新書』に加点する作業が、鵞峰の門人である狛高庸とともに行なわれており、釈菜をはじめとする林家における楽の実践でも、狛高庸が重要な役割を果たしていた。しかし、『律呂新書』に対する加点は、あくまでも『性理大全』に体現されている学問体系を理解することの一環として実施されていたため、この加点作業を通して実際の楽器および雅楽が改良されることはなかった。

また、『律呂新書諺解』については、林鵞峰の名を冠しているものの、実際の著者は門人である小嶋道慶であることが明らかとなった。同書では、『律呂新書』に見られる数の理論を理解することに重点が置かれているものの、特に際立った解説が行なわれていたわけではなく、また、『律呂新書』に見られる雅楽理論についてもほとんど言及されていないことから、『律呂新書』の理解を目的とした基礎的な注釈書であったことがわかる。そのため、『律呂新書諺解』も狛高庸の『律呂新書』に対する加点と同様に、『律呂新書』から得た知識を利用して、実際の雅楽および楽器などを改革するようなことについては想定されていなかったものと考えられる。

しかしながら、『律呂新書』研究が儒者としての地位の確立や、釈菜をはじめとする儒礼の確立に意欲的であり、とりわけ寛文四年（一六六四）の釈菜において奏楽を実施した鵞峰の時代に行なわれたことを考えると、『律呂新書』研究も単純に『性理大全』研究の一環として行なわれていたのではなく、このような儒者・儒礼の確立という流れの中で、必要性を認識して実施されたものと考えるべきであろう。

こうして見ると、林家における『律呂新書』研究の影響は限定的なものであったが、その志は儒教・朱子学研究の草創期にあって礼楽を完備せんとするものであり、次に検討する中村惕斎らとも通じるものがあるといえるであろう。

【注】

（1）林鵞峰には三〇種類もの号があり、各々の号の由来を示すため「称号義述」を著わして解説している。

（2）宇野茂彦『林羅山・(附）林鵞峰』（明徳出版社、一九九二年）二一二頁。
（3）高橋章則「弘文院学士号の成立と林鵞峰」（『東北大学文学部日本語学科論集』第一号、東北大学文学部日本語学科、一九九一年）および揖斐高「林家の危機─林鵞峰と息子梅洞─」（『成蹊国文』第四八号、成蹊大学文学部日本文学科、二〇一五年）を参照。
（4）『中庸諺解』は羅山が口授し、鵞峰の長男である林梅洞（一六四三─一六六六）が著わしたものである。
（5）宇野茂彦『林羅山・(附）林鵞峰』、二一一─二一二頁。
（6）吾妻重二「日本における『家礼』の受容─林鵞峰『泣血余滴』、『祭奠私儀』を中心に─」（『東アジア文化交渉研究』第三号、関西大学文化交渉学教育研究拠点（ＩＣＩＳ）、二〇一〇年）二五頁。
（7）「本朝通鑑序」によると、正保元年（一六四四）、羅山は第三代将軍徳川家光（在位：一六二三─一六五一）の命を受け、三男の鵞峰および四男の読耕斎（一六二五─一六六一）とともに神代から宇多朝までの編纂を開始し、慶安三年（一六五〇）に『本朝編年録』と題して献呈した。しかし、明暦三年（一六五七）の大火により献呈した著作が焼失してしまったため、寛文二年（一六六二）、幕命により『本朝編年録』の増補が鵞峰に命じられ、寛文一〇年（一六七〇）に『本朝通鑑』として完成した。
（8）田中尚子「林鵞峰の書籍収集と学問─『国史館日録』再考─」（『国語国文』八二巻三号、京都大学文学部国語学国文学研究室、二〇一三年）一八頁。
（9）本書では、国立国会図書館蔵『鵞峰先生林学士文集』（請求番号：一四四─三六）を底本とする日野龍夫編集・解説『近世儒家文集集成　第一二巻　鵞峰林学士文集』（ぺりかん社、一九九七年）を使用する。なお、同書には「性理大全跋」（いずれも文末の日付は「寛文巳酉臘月」）が計三点収録されているため、本書では収録順に（一）から（三）の番号を附して区別する。
（10）『鵞峰文集』下「性理大全跋（一）」、四〇一頁上。
（11）田中尚子「林鵞峰の書籍収集と学問─『国史館日録』再考─」、二〇頁。
（12）同前、二〇頁。
（13）「性理大全跋」がいずれも「寛文巳酉臘月」に作成されたことを考慮すると、鵞峰がいう「新刊本」とは、承応二年（一六五三）に出版された小出永庵点『新刻性理大全』であると推定される。同書には鵞峰が指摘した「倭訓」の問題以外にも、誤字が多数見られる。なお、同書については次章において改めて検討する。

(14) 林家では複数の版本を用いて校合し、テキストの精度を高めることが広く行なわれていたようである（田中尚子「林鵞峰の書籍収集と学問―『国史館日録』再考―」、二三―二五頁）。

(15) 『国史館日録』「寛文五年一〇月二四日」の記事に「仲龍者祐晴」（『国史館日録』一、一四三頁）との注が見られる。これより、「仲龍」とは中村祐晴であることがわかる。本書では、国立公文書館内閣文庫蔵『国史館日録』（請求番号：特一四一―一一六）を底本とする林鵞峰著・山本武夫校訂『国史館日録』（続群書類従完成会、一九九八年）を使用する。

(16) この跋文は、後述する『律呂新書諺解』には見られないため、『性理大全』所収の『律呂新書』に附されたものと考えられる。

(17) 作業日の項目で疑問符を附している日は、加点したことは確認できるものの、対象となる書名や巻数が示されていない日である。また、『易学啓蒙』（巻一四―一七）については、「寛文八年九月一二日」の記事に「然啓蒙先年既點之」（『国史館日録』三、一八二頁）とあるため、これ以前には加点が終了していたことがわかる。なお、『鵞峰文集』巻九五「書易学啓蒙後」の文末には「辛丑十月十一日」とあることから、『易学啓蒙』への加点は寛文元年（辛丑・一六六一）一〇月一一日までに実施されていたものと考えられる。

(18) 原文では「狛庸點性理大全、自薄暮至亥刻、終六十五巻」（「寛文九年一二月一一日」）として六五巻が完成したとあるが、六五巻は「點性理大全十三葉、而終六十五巻而歸」（「寛文九年一二月朔日」）とあるように一二月一日に完成している。また、「寛文九年一二月一〇日」にも「點性理大全二十七葉終第七十巻、是雖爲一部末巻、然狛庸所點猶餘二巻」とあることから、一二月一〇日の段階で残っていたのは、第六六・六七巻の二巻であったことがわかる。よって、「寛文九年一二月一一日」の「終六十五巻」は、「終六十六巻」の誤りであると考えられる。

(19) □は欠字。

(20) 『国史館日録』三、一九五頁。

(21) 同前、二一〇―二一一頁。

(22) 狛高庸には『性理大全』の副本が与えられているが（『国史館日録』「寛文八年四月一六日」）、加点を施す作業は忍岡の国史館において行なわれていたようである。なお、同様の内容が、『鵞峰文集』巻三四「簡狛郎」に見える。

(23) 狛高庸については、陳可冉『林家の漢詩文と近世前期の俳諧』（総合研究大学院大学文化科学研究科日本文学研究専攻博士論文、二〇一一年）五〇―七九頁を参照。
（24）紅葉山楽人とは、江戸城内の紅葉山（楓山）に歴代将軍の霊廟が設置されたことに伴い、そこで行なわれる祭祀において奏楽を担当することを目的として、三方楽所（京都方・南都方・天王寺方）から呼び寄せられた楽人の集団である。なお、紅葉山楽所と礼楽思想という観点から政治的影響について検討した、武内恵美子「紅葉山楽所をめぐる一考察―幕府の法会と礼楽思想の関連性を中心として―」は、紅葉山楽人について理解する上でも、さらに林家における釈菜の意義を検討する上でも重要な示唆を与える論考である。
（25）上近康については、三上景文著・正宗敦夫編『地下家伝』二（日本古典全集刊行会、一九三七年）五四四―五四五頁を参照。
（26）『国史館日録』一、一―二頁。
（27）同前、五頁。
（28）『国史館日録』「寛文四年一一月四日」の記事によると、『本朝通鑑』の編纂所である国史館では、毎月朔日・七日・一三日・一九日・二五日の五日間を休館日としていたが、紅葉山楽人である高庸は、毎月朔日・一七日に霊廟での勤めがあったため、この二日間は国史館の仕事を免除されていた。
（29）これについては、田中尚子氏も「史料編纂に関係しそうにない文献であっても、ひとまず国史館に送って書写してもらおう、との考えがあったことが読み取れるのである」（「林鵞峰の書籍収集と学問―『国史館日録』再考―」、二二―二三頁）として、国史館の役割が『本朝通鑑』の編纂に限られるものではなかったことを指摘している。
（30）『国史館日録』一、一三二頁。
（31）同前、一七三頁。
（32）同前、一七六頁。
（33）狛高庸が筆写した「舞楽書十四巻」について、『国史館日録』の記録は一定ではない。最初に記録が見られる「寛文五年九月二日」の記事では、その書名および巻数が「舞樂書十四巻」となっているが、「寛文五年一二月一六日」の記事では「樂書凡十四巻」として書名が変化している。さらに、「寛文五年一二月一八日」の記事になると「樂書元本七巻」となり巻数が変化しているが、文脈から判断するに、これらはすべて同一の書籍を指しているものと考えられる。
（34）『国史館日録』一、一八〇頁。

(35)「其の地の文庫」が稲葉正則の文庫を指すのか、国史館を指すのかについては判然としない。この問題については後述する。

(36)「春日楽書」については、岸辺成雄博士古稀記念出版委員会編『日本古典音楽文献解題』（講談社、一九八七年）の「春日楽書」の項目（七六頁）を参照。

(37)岸辺成雄等「共同調査報告　田安徳川家蔵楽書目録―その資料的意義―」（『東洋音楽研究』第四一・四二合併号、一九七七年）九六頁。

(38)『国史館日録』一、二〇二頁

(39)林家における釈菜については、須藤敏夫『近世日本釈奠の研究』（思文閣出版、二〇〇一年）を参照。

(40)「遜按、去年冬京師樂工狛近元、奉職來於江戸。稽留逾年、會値春丁請與子姪及其徒高庸等數輩瞻拜廟貌、因請奏樂於庭。明年四月、有事於日光山。近元等復奉職而往畢事來於江戸、再過忍岡請與樂生三十餘人、舞於廟庭釋奠奏樂昉於此」（犬塚印南『昌平志』二「事実誌」寛文四年甲辰二月、七葉裏）。なお、本書では国立国会図書館蔵『昌平志』（請求番号：に―一二）を使用する。

(41)『国史館日録』一、二一三頁。

(42)同前、二一三頁。

(43)筆者はこれまで、昌平坂学問所の旧蔵書である国立公文書館内閣文庫蔵『律呂新書諺解』（請求番号：一八二―九一）以外には、同書の写本は作成されなかったと考えてきた。しかし、山寺三知氏より、『東京古展会創立一〇〇周年記念 古典籍展観大入札会目録』（東京古典会、二〇一一年）の一〇六頁に「２４３　律呂新書諺解」として、『律呂新書諺解』が出品されていることをご教示いただいた。同書については、その目録に「伝新井白石筆 林鵞峰原著 岡崎桂一郎識語・落款 写図一枚付　一冊」（一一頁）とあることから、新井白石（一六五七―一七二五）により筆写されたと伝えられる写本であることがわかる。同書の現在の所蔵先についてはわからないが、内閣文庫所蔵本以外にも写本が作成されていたことを考えると、これまでに確認できた二点以外にも、写本が作成されていた可能性も考えられる。なお、本章では前掲の国立公文書館内閣文庫蔵『律呂新書諺解』を底本として使用する。

(44)「向陽林子」の「向陽」は、鵞峰の号の一つである「向陽軒」のことであろう。

(45)国立公文書館内閣文庫蔵『律呂新書諺解』では、この跋文が巻頭ではなく、八葉裏に挿入されている。

(46)『鶩峰文集』では、「勒爲一小冊」（下・四四一頁下）に作る。
(47)『鶩峰文集』では、「丁巳臘月」（下・四四一頁下）に作る。
(48)『鶩峰文集』では、「慶」（下・四四一頁下）に作る。
(49)『律呂新書諺解』、八葉裏。
(50)島周については不明。
(51)『律呂新書諺解』、八葉裏。
(52)『律呂新書』、一四六九頁。
(53)同前、一四七〇頁。
(54)円田術および『九章算術』については、児玉憲明「蔡元定律呂本原詳解」（『人文科学研究』第一二五巻、新潟大学人文学部、二〇〇九年）一四三頁・注四の解釈に依った。
(55)『九章算術』（中華書局、一九八五年）一七頁。また、大川俊隆「『九章算術』訳注稿」（3）（『大阪産業大学論集（人文・社会科学編）』四、大阪産業大学学会、二〇〇八年）も参照。
(56)『修正律呂新書』、四葉裏・標注。なお、同書については次章を参照。
(57)『律呂新書諺解』、三葉表。
(58)『律呂新書』、一四七六頁。
(59)同前、一四七六—一四七七頁。
(60)なお、林鐘・太蔟・南呂・応鐘の半律（『律呂新書』律呂本原「十二律之実第四」）および変律の黄鐘全律・太蔟全律・姑洗全律・応鐘全律が「不用」となる理由を「六十調ニ不用コトナリ」とする解釈は、適当な解釈である。

第三章　中村惕斎の『律呂新書』研究

―日本における『律呂新書』研究の開祖―

日本近世期における『律呂新書』研究は、京都の朱子学者である中村惕斎の研究を基礎として展開していくこととなる。惕斎は『律呂新書』について『修正律呂新書』および『筆記律呂新書説』の二点の著作を残しており、これら両書は近世期を通して、楽律研究を志す人々の間で広く親しまれていた。しかし、これまでのところ、中村惕斎が行なった『律呂新書』の研究については、その具体的な様相が十分に解明されていない。

そこで、本章では中村惕斎の『律呂新書』研究について明らかにするため、『修正律呂新書』および『筆記律呂新書説』の両著作を分析するとともに、惕斎が『律呂新書』研究を基礎として古楽の復興を希求していたことについても検討するべく、楽人らとの交流や日本雅楽に関する研究についてもあわせて分析することにより、日本における『律呂新書』研究の開祖である惕斎の功績を明らかにしたい。

第一節　中村惕斎と『律呂新書』

本節では、中村惕斎に関する基礎的な事項を整理し、惕斎の『律呂新書』研究の展開過程を前期と後期に分けて分析することにより、『律呂新書』研究を行なうこととなった動機およびその背景について検討する。

一、中村惕斎について

中村惕斎（一六二九―一七〇二）、字は敬甫、名は之欽、号は惕斎。[1] 江戸時代前期に京都で活躍した儒者である。惕斎は七四歳でその生涯を終えるまでに数々の優れた業績を残しており、その成果の一部は江戸時代の良書を集成した『漢籍国字解全書』に収録されるほど高い評価を受けている。[2] しかし、現在では惕斎の名前およびその業績について知る人は少なく、惕斎と同時代の人物である伊藤仁斎（一六二七―一七〇五）と比較しても、先行研究の数および知名度の両面において、仁斎が惕斎を凌駕していることは明らかである。だが、江戸時代前・中期の儒者たちの伝記がまとめられている原念斎『先哲叢談』を見ると、少なくとも江戸時代の後期までは現在とは違った評価が下されていたことがわかる。

惕斎、伊藤仁斎より少きこと二歳。頡頏名を斉しくす。当世称して曰く、「惕斎兄たり難く、仁斎弟たり難し」と。[3]

このように、江戸時代においては惕斎と仁斎の名声は拮抗していたことがわかる。では、なぜ名儒として名を馳せた二人の知名度にこれほどまでの差が生じたのであろうか。その原因の一つとして、岩橋遵成『近世日本儒学史』は惕斎と仁斎の学問態度を比較して、次のような見解を示している。

想ふに仁齋は從來の朱子學を排し一家の學を唱へ、門生亦た四方より來遊し、且つ子孫能くその學を繼承したが、惕齋に至つては從來の朱子學を固守して新説を述べず、且つその性格も大に仁齋と異なつてゐた。[4]

つまり、仁斎が朱子学を批判的にとらえて独自の思想を展開したのに対して、惕斎は朱子学を忠実に理解することを重視して独創的な思想を提唱することがなかったこと、また、「その性格も大に仁齋と異なつていた」とあるように、仁斎が多くの弟子を集めて教育活動を行なっていたのに対して、惕斎は人付き合いを嫌い、心を許した人物としか交流せず、みずからの学派を積極的に形成しなかったことなどが原因となり[5]、両者の知名度に大きな差が生じたものと考えられる。

さて、惕斎はその生涯のほとんどを京都で過ごしており、交流のあった人物も、それほど多くはなかったようである。惕斎の交友関係については、増田立軒『惕斎先生行状』（一七〇二年）に次のようにある。

其所友親、則東村川井翁、懶齋藤先生、操軒米先生、淡菴宇保君其人也（『惕斎先生行状』、一一葉表）。

（其の友として親しむ所は、則ち東村川井翁、懶齋藤先生、操軒米先生、淡菴宇保君其の人なり。）

このように、惕斎が親しくしていたのは、川井東村（一六〇一―一六七七）[6]、藤井懶斎（一六一七―一七〇九）[7]、米川操軒（一六二七―一六七八）[8]、宇保淡庵（生没年不詳）などの人物であったことがわかる[9]。また後述するが、音楽に関しては米川操軒と親交があった小倉実起（一六二二―一六八四）、江戸時代を代表する楽書である『楽家録』（一六九〇年）の著者で京都方楽人の安倍季尚（一六二二―一七〇九）、そして、惕斎の弟子である増田立軒（一六七三―一七四三）[10]および斎藤信斎（生没年不詳）[11]などと議論していたようであるが、この時、惕斎が友人・弟子たちとともに検討していたのが、朱子学を代表する楽律書である蔡元定『律呂新書』であった。惕斎が行なった『律呂新書』研究の成果としては、『律呂新書』の誤脱を補正して訓点を加えた『修正律呂新書』、『律呂新書』の解説書である『筆記律呂新書説』の二点があるが、これら両著作は、日本近世期に楽律研究を志した学者たちの必読文献として、広く親しまれていたことが知られている。

以下、中村惕斎の『律呂新書』研究について検討することにより、日本近世期における『律呂新書』研究、ひいては楽律研究の先駆者として重要な役割を果たした惕斎の功績について明らかにしたい。

二、中村惕斎の『律呂新書』研究

中村惕斎が楽律研究において当時の諸学者の中でも傑出した存在であったことは、増田立軒『惕斎先生行状』も記すところであるが、その他の資料においても同様の記述が見られることから[12]、楽律に関する惕斎の造詣の深さは、当時においてもよく知られていたといえるだろう。そして、その惕斎の楽律研究に関する水準の高さと、興味関心の広さを示すのが『律呂新書』研究である。前述の『惕斎先生行状』には、惕斎が『律呂新書』研究に取り組んでいた様子が記されているが、それによると、惕斎の『律呂新書』研究は継続的に行なわれていたのではなく、一度中断した後、晩年になり再開されたようである。

そこで、ここでは惕斎の『律呂新書』研究を前期と後期に分け、それぞれの時期に交流していた人物に注意しながら、いかにして『律呂新書』研究が行なわれていったのかについて検討してみたい[13]。

(一) 前期

中村惕斎がいつ頃『律呂新書』研究を開始したのかについては、『惕斎先生行状』にも具体的な時期が記載されていないため明らかではないが、関連する資料を総合すると、延宝九年（一六八一）頃に一度研究が中断したことは確認できる。そこで、ここでは惕斎が『律呂新書』研究を開始した時点から延宝九年までを「前期」として分析を行なう。

延宝九年に至るまでの惕斎の足跡を、『惕斎先生行状』を手掛かりとして確認すると、一八歳の頃から『性理大全』を中心として道学の探求を行なってきた惕斎は、三七歳の春のある日に独座していると、「心下恍然有省」[14]（心下恍然として省すること有り）として、朱子学の大要を理解したという。これこそが、「惕斎朱子学の開眼」[15]である。また、『惕斎先生行状』には「二十七歳、厭市肆之囂、欲居清閒之地。於是買宅於衣店街二條第一閭西畔」[16]（二十七歳、市肆の囂を厭いて、清閒の地に居らんことを欲す。是に於いて宅を衣店街二條の第一閭の西畔に買う）というように、惕斎が幾度も「清閒の地」を求めて転居を繰り返していたことが記録されているが、前期においては、惕斎はまだ京都の町中に居を構えていたようである。そのため、惕斎は京都という町の特性を生かし、公家や楽人らとの交流を通して雅楽に触れ、そこで得た知識と経験を活用することにより、実践的な楽律研究を実施することができたものと考えられる（後述）。

では、どのような経緯から惕斎は『律呂新書』研究を行なうこととなったのであろうか。惕斎が『律呂新書』および楽に関心を持つに至った経緯については、『惕斎先生行状』に次のようにある。

嘗欲講樂、蓋吾　邦未嘗聞有八音古樂。今伶官所傳雅樂、亦既歴千有餘歳。雖未知其爲何樂、然欲由今溯古者、非此則無所據（『惕斎先生行状』、八葉裏）。

（嘗て樂を講じんと欲するに、蓋し吾が邦未だ嘗て八音の古樂有るを聞かず。今伶官傳わる所の雅樂、亦た既に千有餘歳を歴る。未だ其れ何の樂たるかを知らずといえども、然るに今に由りて古を溯のぼらんと欲する者は、此れに非ざれば則ち據る無なし。）

このように、惕斎は楽について講義しようとしたものの、日本には儒者が理想とする「八音古楽」が無く、さらに、宮中において演奏されている雅楽も、成立からすでに千年余りを経て来歴さえもわからなくなっていたため、惕斎は楽を論ずるにも依拠すべき楽がないという状況に直面していた。(17) しかし、古楽の探求を希求する惕斎は、現在まで伝承されている楽に依拠しなければ、そもそも古楽を探求する手立てが無くなってしまうとして、日本雅楽を手掛かりとして古楽を探求する方法を提唱する。そこで、惕斎は日本雅楽を理解するため、楽器の習得に励むこととなる。

乃始學皷笙、彈秦箏琵琶（『惕斎先生行状』、八葉裏）。
（乃ち始めて皷笙を學び、秦箏琵琶を彈ず。）

このように、惕斎は雅楽において使用する皷・笙・（秦）箏・琵琶などの楽器の習得を試みていたようである。こうして、惕斎は日本雅楽に対する理解を深めていくが、その成果は翌年の正月に宮中で開かれた舞楽会において結実することとなる。

翌歳正月、始觀禁庭奏樂舞佾。而退考樂志、乃知其隋唐燕樂而非雅樂。於是治蔡氏律呂新書、而通其理數（『惕斎先生行状』、八葉裏—九葉表）。
（翌歳正月、始めて禁庭で奏樂・舞佾を觀る。而して退ぞきて樂志を考じ、乃ち其れ隋唐の燕樂にして雅樂にあらざるを知る。

是こにおいて蔡氏律呂新書を治め、而して其の理數に通ず。）

市井の儒者である惕斎が、なぜ宮中で開催された舞楽会を観覧することができたのかは明らかでないが[18]、惕斎はこの時に演奏された雅楽を聴き、その後、楽に関する文献を検討したところ、演奏されていた楽が雅楽ではなく、隋唐時代の燕楽であることを知ったという。そして、このことが契機となり『律呂新書』研究が始まったとしている。

ここまで、惕斎が『律呂新書』研究を始めるまでの経緯について振り返ってきたが、これまでの過程からも明らかなように、惕斎は『律呂新書』研究を開始する以前から楽人と交流を持ち、楽の理解を試みていたようである。そして、このように周囲の人々と協力して研究を進展させようとする姿勢は、『律呂新書』研究を行なう際にも見られる。その中でも、惕斎が最も信頼し、親しく交流していたのが米川操軒であった。操軒と惕斎との交遊については、惕斎が記した「米川幹叔実記[19]」からもうかがえる。

先生好弄管絃、爲洗心之一助。至是、與學友仲欽敬甫論樂、始知今世之樂出隋唐燕樂、非古昔雅樂。然又爲能由今以泝古、遂相與討究蔡氏律書（「米川幹叔実記」、一九五頁）。

（先生好みて管絃を弄び、洗心の一助と爲す。是こに至りて、學友仲欽敬甫と樂を論じ、始めて今世の樂隋唐の燕樂に出で、古昔の雅樂に非ざるを知る。然れども又た能く今由り以て古に泝らんと爲し、遂に相い與に蔡氏律書を討究す。）

このように、操軒は管弦が得意であり、惕斎と楽学について議論を交わす間柄であったようである。そのため、惕斎が『律呂新書』研究を行なう際にも、操軒は良き相談相手として惕斎と協力しながら研究を行なっていたのである。

さて、当初は惕斎と操軒の二人で始めた『律呂新書』研究であったが、その後、操軒の仲介により小倉実起が加わることとなる。楽律や管弦に通じていた小倉実起は、後に前期における惕斎の『律呂新書』研究を支える重要な人物となるが、結果的には小倉実起との関係が原因となり、惕斎の『律呂新書』研究は一時中断することとなる。『惕斎先生行状』には、その原因がごく簡単に記されている。

會亞相遘謫、其事廢（『惕斎先生行状』、一〇葉表）。

（會《たまたま》亞相謫に遘いて、其の事廢す。）

これによると、『律呂新書』研究が中断したのは、小倉実起が配流されたためであるとされている。小倉実起は、延宝九年（一六八一）に霊元天皇（在位：一六六三―一六八七）の皇位継承問題を巡って生じた、いわゆる小倉事件により佐渡へと配流されている。よって、『惕斎先生行状』に見られる「亞相遘謫」（亞相謫に遘う）との記述は、この事件により小倉実起が配流され、研究を継続することができなくなったということを指しているものと考えられる。しかし、惕斎の研究が小倉実起以外にも、さまざまな人々との協力関係の上に成り立っていたことを考えると、小倉事件だけが惕斎の研究を中断させる原因になったとは考えにくい。そこで、その前後に惕斎の周辺で生じた変化に着目すると、延宝二年（一六七四）に惕斎の長男である清平が死去し、延宝五年（一六七七）には惕斎が親しく付き合っていた川井東村が死去、さらに、延宝六年（一六七八）には惕斎の『律呂新書』研究の理解者であり支援者でもあった米川操軒までもが死去してしまっている。このように、周囲の人々を次々に失っていた惕斎にとって、小倉実起をも失うことは、精神的にも、また実際に研究を行なう上でも、大きな打撃となったことは想像に難くない。

以上のように、儒者・公卿・楽人などさまざまな人々との交流・協力を得て行なわれてきた前期の『律呂新書』研究は、惕斎を取り巻く人々の相次ぐ死去と小倉実起の佐渡への配流が原因となり、中断を余儀なくされたのである。

（二）後期

中断していた『律呂新書』研究が再開されるのは、惕斎が六〇代を迎えた元禄年間（一六八八―一七〇四）頃であると考えられる。『惕斎先生行状』によると、この少し前の天和三年（一六八三）、五五歳になった惕斎は住居を伏見郷京町南八闇に移し、外部の人との交流を拒絶し、著述活動に専念したということが記されている。[20] そして、元禄三年（一六九〇）、惕斎は『釈菜儀節』『親尊服義』『慎終疏節』『追遠疏節』など、礼に関する著作を続々と完成させている。これより、同時期における惕斎の著述にかける思いの強さと、儒礼を実践し伝承していこうとする意識の高まりをうかがい知ることができる。よって、後期になり『律呂新書』研究が再開されることとなった背景には、このように著述と儒礼を重視する惕斎の姿勢も影響を与えていたものと考えられる。

ところで、後期になり『律呂新書』研究が再開されることとなった直接の原因は、斎藤信斎という新たな弟子を得たことによるものである。[21] これについて、『惕斎先生行状』には、次のようにある。

及晩年、得斎藤成解音調。乃講明律呂新書、發其文義、授其數術、成能領之。因匡其誤字舛文、又著筆記三巻

（『惕斎先生行状』、一〇葉表）。

（晩年に及び、齋藤成の音調を解するを得たり。乃ち律呂新書を講明し、其の文義を發し、其の數術を授くるに、成能く之を領す。因りて其の誤字・舛文を匡し、又た筆記三巻を著す。）

このように、晩年になり楽に通じる斎藤信斎を弟子として得たことにより、惕斎は『律呂新書』の講義を通して信斎にその知識を教授しようとしていたようである。そして、この信斎への講義を通して誕生したのが、『律呂新書』の誤脱を補正して訓点を加えた『修正律呂新書』と、『律呂新書』に関する惕斎の考えを著わした『筆記律呂新書説』であった。この「晩年」という言葉であるが、惕斎が信斎に字を与えた経緯を記した『惕斎先生文集』巻一一「藤子修字説」の作成時期が「壬申孟秋之月」、すなわち元禄五年（一六九二）七月であることから、信斎の入門時期もその頃であると推定される。[22] よって、後期の『律呂新書』研究が始まった「晩年」とは、惕斎が六〇代を迎えていた元禄年間（一六八八―一七〇四）頃であると考えられる。

また、元禄四年（一六九一）には、『惕斎先生行状』の著者である増田立軒も入門している。立軒には『律呂新書句解』『楽説紀聞』等の著作があったと伝えられていることから、[23] 立軒も信斎とともに後期の『律呂新書』研究を支えていたものと考えられるが、これら両書は現在では散逸しているため、具体的にどの程度、立軒が惕斎の『律呂新書』研究を理解し、それに寄与していたのかは定かではない。しかし、惕斎の『律呂新書』研究の成果である『筆記律呂新書説』の版本の一つが立軒のものであることから（後述）、惕斎の『律呂新書』研究の伝承において果たした役割は決して小さくないといえるだろう。

さらに、後期における『律呂新書』研究では、『律呂新書』の解釈のみならず、楽律論と深い関係にある度量衡についても総合的に検討していたようである。

又擇古尺之可信者、新撰古律四品、使之造銅律黄鐘、并以古樂之説、悉附之成（『惕斎先生行状』、一〇葉表）。
（又た古尺の信ずべき者を擇びて、新たに古律四品を撰び、之をして銅律黄鐘を造らしめ、并びに古樂の説を以て、悉く之を成に附す。）

このように、惕斎は度量衡を検討した成果にもとづき銅製の黄鐘律管を製作するなど[24]、理論と実践の両面から研究を展開していた。

以上のことを総合すると、惕斎の『律呂新書』研究のうち、前期は『律呂新書』研究を開始するとともに、楽器の演奏も習得するなど、研究の基礎を構築していた時期であり、後期は『修正律呂新書』および『筆記律呂新書説』の著述、そして律管の製作など、論理的・実践的に研究を発展させていった時期であるといえる。

第二節『修正律呂新書』

本節では、惕斎が行なった『律呂新書』研究の成果の一つである『修正律呂新書』について、その成立から刊行状況、さらには同書において惕斎が行なった「修正」についても検討することにより、『修正律呂新書』に関する基礎的な事項の整理を行なう。

一、『修正律呂新書』について

『修正律呂新書』は、惕斎が当時通行していた『律呂新書』の誤字・脱字などを校訂した上下二巻からなる校訂本

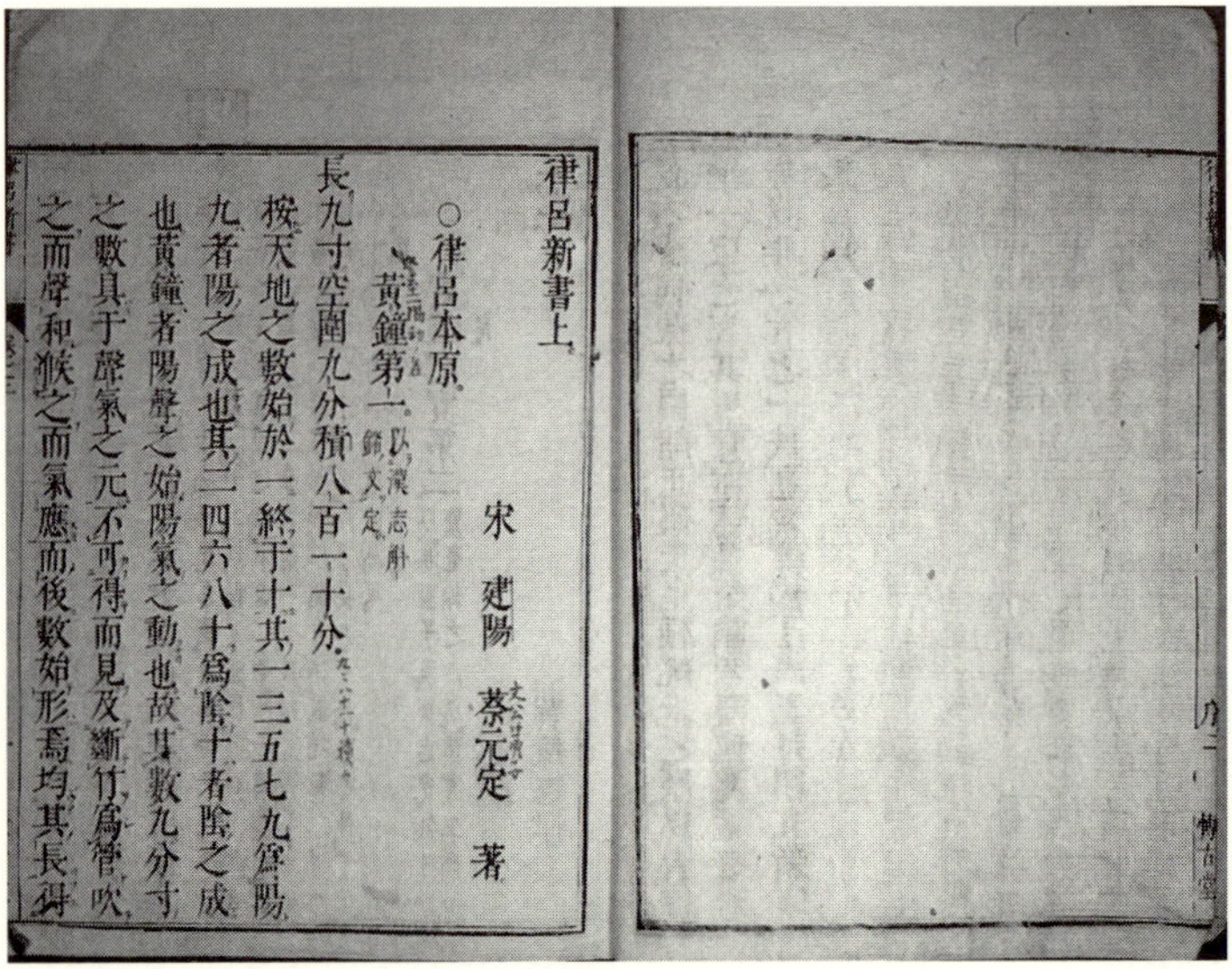
律呂新書上

○律呂本原

黄鍾第一

長九寸空圍九分積八百一十分

按天地之數始於一終于十其一三五七九爲陽九者陽之成也其二四六八十爲陰十者陰之成也黄鍾者陽聲之始陽氣之動也故其數九分寸之數具于聲氣之元不可得而見及斷竹爲管吹之而聲和候之而氣應而後數始形焉均其長得

宋　建陽　蔡元定　著

写真1　『修正律呂新書』（関西大学図書館内藤文庫所蔵）

である。同書の特徴は、それまで『性理大全』などに収録される形で通行していた『律呂新書』を単刊本として刊行したこと、そして、『性理大全』所収本に見られる朱熹注および元・明代の儒者たちによる注釈をすべて削除したことであるが、このような変更は、惕斎が『律呂新書』を完成当時の状態、すなわち蔡元定による『律呂新書』が完成した当時の状態に戻すべく行なったものであると考えられる。

　さて、現存する『修正律呂新書』を見ると、外題には「修正律呂新書」との書名が見られるが、内題および著者名は「律呂新書上　宋　建陽　蔡元定　著」となっており、中村惕斎の著作であることを示す記述は見られない（写真1）。しかし、同書が惕斎の『律呂新書』研究の成果であることは、下巻末に附された斎藤信斎による「跋修正更録律呂新書」からも明らかである。

近歳惕齋先生仲君、慨然庶幾古律中聲之可以復興。乃抽此書于性理大全中、正其謬誤、補其闕脱、而訓點之、且闡明其所未發、論辨其所未盡（『修正律呂新書』

下「跋修正更録律呂新書」、跋一葉裏―跋二葉表）。
（近歳惕齋先生仲君、慨然として古律中聲の以て復た興るべきことを庶幾す。乃ち此の書を『性理大全』中に抽きて、其の謬誤を正し、其の闕脱を補い、而して之に訓點し、且た其の未だ發せざる所を闡明にし、其の未だ盡くさざる所を論辨す。）

このように、惕斎が『性理大全』所収の『律呂新書』を底本として、同書に見られる誤脱を補正し、訓点を加えたことが記されている。これより、『修正律呂新書』が惕斎の手によるものであることは明らかであるが、同書において惕斎の名が見られるのはこの跋文だけである。もちろん、『律呂新書』は惕斎の著作ではないため、著者である蔡元定の名とともに惕斎の名を併記することは必ずしも必要であるとはいえないが、跋文も惕斎ではなく、弟子の斎藤信斎のものであることを考えると、むしろ意識的に惕斎がみずからの名前を出すことを避けていたようにも思える。このことについては、『先哲叢談』に「若し夫の後世の儒者、其の述作する所、身自ら之れを刻するに非ざれば、則ち身後終に之を鼠蠹の口腹に充つ。惕斎に愧づること多し」[25]とあることから、あるいは惕斎が自身の名を冠することに消極的であったのかもしれない。ただし、同跋文の作成時期が「元禄丁丑（引用者注：元禄一〇年・一六九七年）秋九月既望」[26]、つまり惕斎の存命中であり、「遂請録此兩篇而行于世」[27]（遂に請いて此の兩篇を録みて世に行なう）として、跋文の著者であり、同書を刊行する手筈を整えた斎藤信斎が、惕斎の許可を得て同書を刊行していると記していることから、惕斎が自著の刊行を承認していたことがわかる。いずれにせよ、惕斎が『律呂新書』の誤脱を補正し、訓点を加えて『修正律呂新書』の原本を作成したことは明らかである。

二、『修正律呂新書』の底本

『修正律呂新書』の「修正」たる所以は、惕斎が当時通行していた『律呂新書』の版本に見られる誤字・脱字の修正を行なったことによるものである。では、惕斎が問題だと考えた版本、すなわち『修正律呂新書』を著述するにあたり底本として使用していた『律呂新書』は、一体どの版本であったのだろうか。この当時、どのような版本が日本で通行していたのかについては、具体的な資料が残されていないため明らかではないが、惕斎よりも少し後の時代の中村習斎（一七一九―一七九九）『読律呂新書記』[28]に参考となる記述があるため、まずはそれを見てみたい。

蕃（引用者注：蕃とは習斎の名である蕃政の一字）按ニ、日本ニ梓行スル者ハ、性理大全廿二巻廿三巻ニ載スルト、仲村惕斎ノ表章ト、天木善六ノ藏板ト、三ノ外ニ聞クコトナシ。各小異アリテ、天木ノ本最正ト云（『読律呂新書記』上、一葉表―一葉裏）。

習斎によると、『性理大全』巻二二・二三所収の『律呂新書』、中村惕斎の『修正律呂新書』、天木時中（一六九六―一七三六）[29]が所蔵する版本の三点が、この当時日本において刊行されていたことがわかる。このうち、習斎は天木時中が所蔵する版本を最も高く評価しているが、管見の限り、同書の所在は確認できていない。また、引用文中にある『性理大全』とは、承応二年（一六五三）に刊行され、現在でも全国に広く所蔵が確認できる小出永菴点『新刻性理大全』であると考えられる。[30]これらのことを総合すると、惕斎が天木時中の所蔵本を見た可能性は、二人の生存年代を考えると低く、また、習斎が「最正」と評する版本に、惕斎が問題があるとの判断を下すとも考えにくいため、修正本が底本として使用した可能性があるのは、小出永菴点『新刻性理大全』であると推定される。

そこで、ここでは小出永菴点『新刻性理大全』巻二二・二三[31]（以下、小出本と略称）、小出本が底本にしたとする李廷機校『性理大方書』巻二二・二三[32]（以下、李本と略称）、さらに、比較対象として『新刊性理大全』（嘉靖三一年、余氏双桂書堂刊本）巻二二・二三[33]（以下、双桂書堂本と略称）、『新刊性理大全』（嘉靖三九年、進賢堂重刊本）巻二二・二三[34]（以下、進賢堂本と略称）を比較することにより、修正本の底本が小出本であるのかについて検討を行なう。

まず、修正本・小出本・李本・双桂書堂本・進賢堂本の文字の異同を手掛かりとして、これらの版本の相関関係について考察する。

『律呂新書』序文に着目すると、修正本・小出本・双桂書堂本・進賢堂本では「爰及我朝、功成治定、禮宜有作[35]」となっている箇所が、李本では「爰及我朝、功成治定、理宜有作[36]」となっており、「禮」と「理」で文字の異同が見られる。また、同様の問題は律呂証弁「造律第一」においても見られ、修正本・小出本・双桂書堂本・進賢堂本では「以見周徑之廣、以生度量權衡之數而已[37]」となっている箇所が、李本では「以見周徑之廣、以生度量衡權之數而已[38]」となっており、「權衡」と「衡權」で語順が逆になっている。これより、修正本・小出本・双桂書堂本・進賢堂本と李本とは別系統であることがわかる。

そこで、李本を除く残りの四版本について検討すると、律呂証弁「律長短囲径之数第二」において、修正本・小出本では「統八卦、調八風、理八政、正八節、諧八音、舞八佾、監八方、被八荒、以終天地之功、故八八六十四[39]」となっている箇所が、双桂書堂本・進賢堂本では「統八卦、調八風、理八政、正八節、諧八音、舞八風、監八方、被八荒、以終天地之功、故八八六十四[40]」となっており、「八佾」と「八風」で文字の異同が見られる。これ以外にも、数字の記入方法に着目すると、律呂証弁「黄鐘之実第三」において、修正本・小出本では「又參之於戌得五萬九千零有四十九[41]」となっている箇所が、双桂書堂本・進賢堂本では「又参之於戌得五萬九千□□四十九[42]」となっており、「ゼロ・ゼロ」の表記方法が異なる。[43]そこで、この「ゼロ・ゼロ」が、修正本・小出本の他の箇所においてどのように表記されているのかに着目すると、次のようなことが明らかとなった。

・戊五萬九千□□四十九（律呂本原「黄鐘之実第二」・「修正本」上、二葉表）。
・丑林鐘十一萬八千□□九十八（律呂本原「十二律之実第四」・「修正本」上・五葉表）。
・三分益一、得八寸五萬九千□□四十九分寸之五萬一千八百九十六（律呂証弁「和声第五」・「修正本」下、二二葉裏）。

つまり、律呂証弁「黄鐘之実第三」で示した用例以外には、「ゼロ・ゼロ」を「零有」とする表記は見られない。よって、この「零有」という記述方法を修正本・小出本が共有しているということは、両本が密接な関係にあることの証左である。以上のことから、修正本は小出本を底本としたものと考えられる。

ところで、小出本が李本を底本としたといえるのは、各巻の巻頭に「温陵　九我　李太史校正」との記述が見られるからであるが、すでに検討してきたとおり、小出本と李本とは別系統に属することは明らかであり[44]、また、両書に見られる注釈を比較しても、小出本には「集覧」「補註」などの注釈が見られるが、李本には見られない。そのため、小出本が底本としたのは李本ではない。一方、双桂書堂本・進賢堂本には「集覧」「補註」などの注釈は見られるが、小出本と双桂書堂本・進賢堂本の本文には文字の異同が認められることから、小出本の底本が直ちに双桂書堂本・進賢堂本であるといえないが、少なくとも小出本の底本は李本ではなく、双桂書堂本・進賢堂本の系統に属する版本であることは間違いないだろう。

以上のことから、『修正律呂新書』が底本としたのは、小出永菴点『新刻性理大全』であることがわかる。

三、刊行状況

『修正律呂新書』の刊行時期については、同書に附された斎藤信斎による「跋修正更録律呂新書」に「元禄丁丑秋九月既望」との記述が見られることから、遅くとも元禄一〇年（一六九七）以降に刊行されたことがわかるが、同書の奥付には刊行年が記されていないため、具体的な刊行年については明らかではない。しかし、江戸時代の書籍目録である『増益書籍目録』を見ると、元禄九年（一六九六）版には『修正律呂新書』に関する記載は見られないが、元禄一一年（一六九八）版には「武村 二 律呂新書 三匁」との記載が見られる。[45]これは、「武村」という人物が出版した「二」冊本の「律呂新書」が「三匁」で販売されているということである。よって、『修正律呂新書』は一六九七年から一六九八年の間に刊行されたことがわかる。『修正律呂新書』を刊行した「武村」であるが、矢島玄亮『徳川時代出版社・出版物集覧』に「武村新兵エ（博古堂）京都二条通」[46]とあり、『修正律呂新書』の版心下にも「博古堂」とあることから、同書は京都の書店である博古堂・武村新兵衛により刊行されたと考えられる。なお、博古堂からは『修正律呂新書』以外にも、『孝経刊誤集解』（寛政元年）および『孝経示蒙句解』（元禄一六年序）などの惕斎の著作が刊行されている。[47]

さて、『修正律呂新書』の刊行状況を明らかにするべく、筆者はこれまでに『国書総目録』および各種目録を参照し、全二三点の『修正律呂新書』を実見した。その結果、同書は基本的に同じ版木を使用しつつも、複数の書店から幾度も刊行されていたことが明らかとなった。そこで、ここでは各版本の跋文の最後に記された出版者に関する情報をもとに、修正本を六種類に分類し、刊行状況の整理を試みたい（表1）。

一種類目は、跋文の最後に「浪華書林　柏原屋佐兵衛藏版」（以下、柏原屋本と略称）とある藍色の表紙の版本である。同版本は筆者が確認した中でも最も多く、計一一点確認できた。[48]柏原屋佐兵衛については、矢島玄亮『徳川

	出版者（跋文の最後の記述による）	表紙の色	確認数
1	浪華書林　柏原屋佐兵衛藏版	藍色	11
2	皇都書林　山田屋長兵衛發行	藍色	1
3	浪華書林　泉本八兵衛藏版	柿色	3
4	洛陽寺町松原上ル書林藤屋 古川三郎兵衛	柿色	2
5	洛陽書林 神谷藤七	柿色	3
6	無刊記本	×	3

表1　『修正律呂新書』の各種版本

時代出版社・出版物集覧』に「柏原屋佐兵エ（荒川氏　永昌堂）大坂[49]」とあることから、姓を荒川、屋号を柏原屋、店名を永昌堂とする大阪の書店であったことがわかる。また、京都大学数学教室図書室本の下巻の後付には「永昌堂板行書目抜書」が附されており、そこには安永二年（一七七四）に同書店から刊行された渋谷老驥『荊山集』の書名が見えることから、少なくとも京都大学数学教室図書室本については、安永二年以降に刊行されたものと考えられる。ただし、他の一〇点には「永昌堂板行書目抜書」が附されていないため、すべての版本が安永二年以降に刊行されたのかについては明らかではない。

二種類目は、跋文の最後に「皇都書林　山田屋長兵衛發行」（以下、山田屋本と略称）とある藍色の表紙の版本である[50]。山田屋長兵衛については、その詳細が明らかではないが、「皇都書林」とあることから、京都の書店であったと考えられる。

三種類目は、跋文の最後に「浪華書林　泉本八兵衛藏版」（以下、泉本本と略称）とある柿色の表紙の版本である[51]。同書の特徴としては、上巻の見返しに「宋　建陽蔡元定著　新安朱文公序　修正律呂新書　書坊　崇高堂藏版」とあることが挙げられる（写真2）。泉本八兵衛については、井上隆明『改訂増補近世書林板元総覧』に「河内屋八兵衛　崇高堂　泉本氏　大坂心斎橋筋南久宝寺町五丁目南入[52]」とあることから、姓を泉本、屋号を河内屋、店名を崇高堂とする大阪の書店であったことがわかる。また、下巻の後付に見られる「崇高堂藏版目錄　心齋橋筋南久寶寺町　河内屋八兵衞」に小泉松卓『循環暦』が記載されており、同書の刊行年が享保二年（一七一七）であることから、泉本本はそれ以降に刊行されたものと考えられる。

四種類目は、跋文の最後に「洛陽寺町松原上ル書林藤屋　古川三郎兵衛」（以下、古川本と略称）とある柿色の表紙の版本である。[53]同書の特徴としては、上巻の見返しに「修正律呂新書」とあることが挙げられる。古川三郎兵衛についてては、矢島玄亮『徳川時代出版社・出版物集覧』に「古川三郎兵エ（学深軒　藤屋三郎兵エ）京都」[54]とあることから、姓を古川、屋号を藤屋、店名を学深軒とする京都の書店であったことがわかる。また、井上隆明『改訂増補近世書林板元総覧』には、同書肆から刊行された書籍のうち、書肆の住所が明らかなものが列挙されており、元禄一二年（一六九九）は「寺町」、宝永三年（一七〇六）は「京都寺町通五条上町」、正徳六年（一七一六）は「寺町五条」、

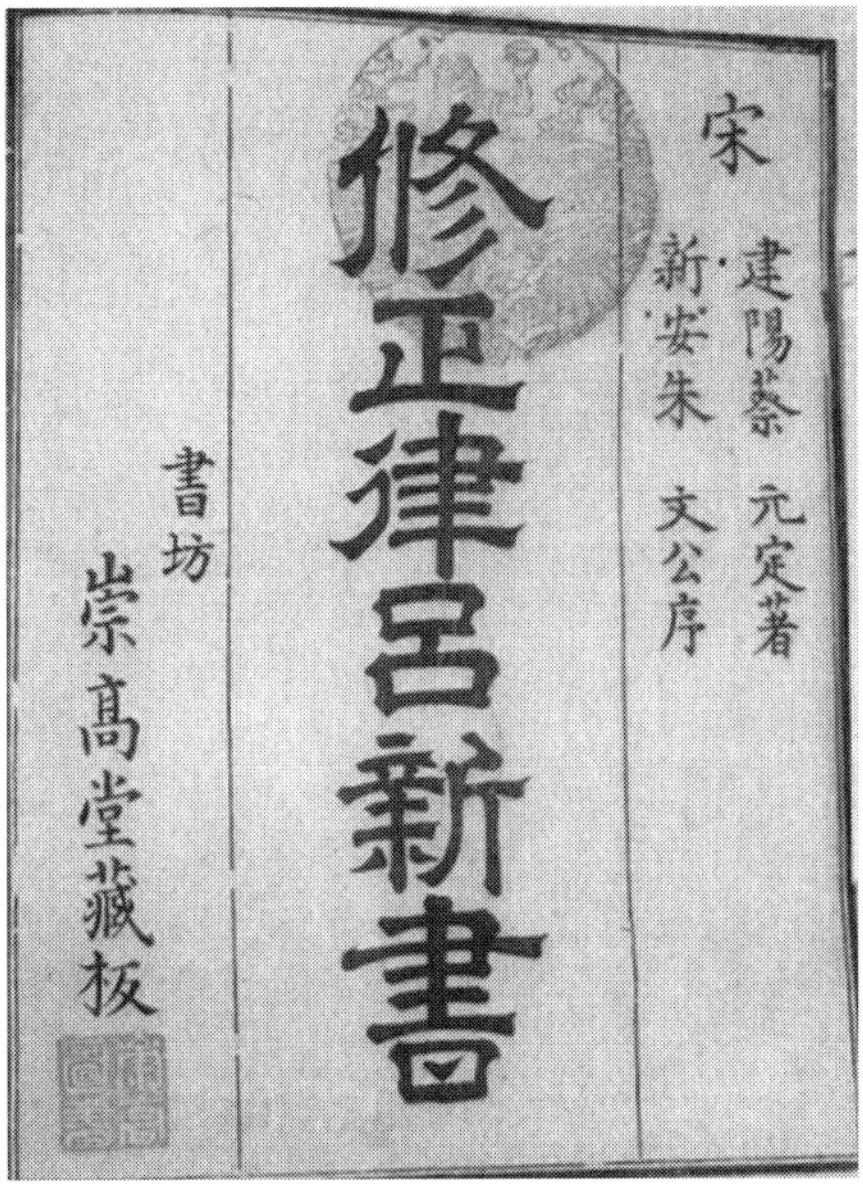

写真2　泉本本の見返し（関西大学図書館長沢文庫蔵）
※古川本と神谷本には、書名である「修正律呂新書」以外の記述はない。

享保二一年（一七三六）は「寺町通松原上ル町」と変化していることが示されている。[55]『修正律呂新書』の住所は「洛陽寺町松原上ル」であることから、同書は正徳六年（一七一六）以降に刊行されたものと推定される。

五種類目は、跋文の最後に「洛陽書林　神谷藤七」（以下、神谷本と略称）とある柿色の表紙の版本である。[56]同書の特徴としては、上巻の見返しに「修正律呂新書」とあることが挙げられる。この上巻の見返しについては、古川本や泉本本と基本的な構図は同じであるが、[57]これら三種類の版本間の関係および刊行順序については不明である。また、神谷藤七についても、資料がないため詳細についてはわからない。

六種類目は、出版者が特定できない無刊記本である。管見の限りでは、名古屋市蓬左文庫、東京芸術大学附属図書館、宮内庁図書寮文庫の計三点がここに分類される。[58]このうち、宮内庁図書寮文庫に所蔵されている版本は、唯一上下巻が合冊されている。

以上のことを総合すると、柏原屋本・山田屋本は表紙の色が藍色である点が共通しており、古川本・泉本本・神谷本は表紙の色が柿色であること、そして、見返しに「修正律呂新書」との書名が記載されている点が共通しているが、具体的に出版者の間でどのようなやり取りがあったのかについては不明である。しかし、すべての版本の版心下に「博古堂」と記載されており、さらに、本文・注の書体も同じであるように見受けられることから、板木についてはすべて同じものを使用したと推定される。

四、『修正律呂新書』における「修正」

前述のとおり、『修正律呂新書』は小出永菴点『新刻性理大全』（小出本）所収の『律呂新書』の誤脱を「修正」したものと推定されるが、惕斎が本文および本注（蔡元定注）をどのように「修正」したのかについては、『修正律呂新書』に底本が明示されていないこと、さらに、本文および本注に「修正」を加えたことを示す具体的な記述（たとえば「欽按」のような記述）が見られないことから判然としない。しかし、『修正律呂新書』には小出本に見られない標注が所々に附されており、その内容が『律呂新書』の本文の誤脱を指摘するものであるため、これが惕斎による「修正」だと考えられる。そこで、ここではこの標注を手掛かりとして、惕斎による「修正」について考察したい。

『修正律呂新書』には、上下巻合わせて二四もの標注が見られるが、その書き方に注目すると、諸本を校合して差異を指摘する際には「作」が使用され、みずからの見解として誤りを指摘する際には「當作」が使用されていることがわかる。次の表は、『修正律呂新書』の標注とその対象箇所を整理したものである。

①「作」を使用している標注

該当箇所	標注	対象箇所
序	禮文集作理	禮宜有作
下・二	商今史記作角	太蔟七寸七文二商
下・二	七寸四分今史記作七寸五分	大呂七寸四分三分一
下・五	本志仲呂作中呂	無射生仲呂巳　仲呂生執始子
下・五	本志隨時作隨期	歸嘉生隨時寅　隨時生未卯酉
下・五	本志惟汗作夷汗	形晉生惟汗酉　惟汗生依行辰
下・九	一作後漢志曰	後漢志候氣之法
下・九	以一本作已	而飛灰以應

下・十	補注云說苑粟作黍	說苑曰度量權衡以粟生之
下・十	磽肥一作肥磽	然而歲有豐儉地有磽肥
下・十	校一作典	再造景表尺一校
下・十	本志今寸作今尺	王莽銅斛於今寸
下・十	前漢志宮作重	起於黃鐘之宮

② 「當作」を使用している標注

該当箇所	標注	対象箇所
上・一	九重當作九十重	分作九重
上・十三	一萬九千二百兩當作一千九百二十兩	一萬九千二百兩
下・二	強六百□□二當作六百一十八	無射……四寸四分三分二強六百□□二
下・三	陳氏樂書云三罕當作三軍	兵重三罕以爲制
下・九	後當作從	後陳宣帝詣荊州
下・十	影當作景	和峴所用影表尺也
下・十	漢前尺當作漢鐵尺　下倣此	五代王朴準尺比漢前尺一尺二分
下・十	義當作議	見胡瑗樂義
下・十	容當作冪	爲容一斗積十寸容一千六百二十寸

③例外

該当箇所	標注	対象箇所
上・十	二一作三	（該当箇所無し）
下・十	開皇初調鐘律尺及平陳後調鐘律水尺此十六字當爲小註入後周鐵尺	（「十二宋氏尺錢樂之渾天儀尺、後周鐵尺實比晉前尺一尺六分四釐開皇初調鐘律尺及平陳後調鐘律水尺」となっており、標注で示された一六文字は本文）

①「作」を使用している標注は、文字の異同を示すものである。そのため、基本的には底本とする『律呂新書』（小出本）とその引用元の原典とを対照し、その異同が「作」以下に記されている。ただし、「一作」「以一本作」等の記述も見られることから、惕斎は底本として使用した小出本以外にも幾つかの版本を使用し、文字の異同を確認していたものと考えられる。たとえば、律呂証弁（下巻）「候気第九」の「一作後漢志曰」と「度量権衡第十」の「磽肥一作肥磽」は、前者が「後漢志」となるところが「後漢志曰」となっている版本があることを指摘しており、後者が「磽肥」となるところが「肥磽」となっている版本があることを指摘している。ちなみに、双桂書堂本および進賢堂本はこれらの条件に合致する。ここからも、惕斎が底本として使用したと考えられる小出本以外にも、複数の版本を参照していたことがうかがえる。

②「當作」を使用している標注は、誤字や計算間違いを示すものである。このうち、律呂本原（上巻）「謹権衡第十三」の「一萬九千二百兩當作一千九百二十兩」および律呂証弁（下巻）「律長短囲径之数第二」の「強六百□□二當作六百一十八」は計算の誤りを指摘したものであり、それ以外は誤字を指摘したものである。なお、ここで惕斎が指摘した計算の間違いやその「修正」案はすべて正しい。試みに、律呂本原（上巻）「謹権衡第十三」の「一

萬九千二百兩當作一千九百二十兩」という標注について見てみよう。まず、律呂本原（上巻）「謹権衡第十三」の原文を確認する。

權衡者、銖、兩、斤、鈞、石、所以權輕重也。生於黃鐘之重。以子穀秬黍中者一千二百、實其龠。百黍一銖、一龠十二銖、二十四銖爲一兩兩龠也、十六兩爲斤三十二龠。三百八十四銖也、三十斤爲鈞九百六十龠、一萬一千五百二十銖、四百八十兩也、四鈞爲石三千八百四十龠、四萬六千八十銖、一萬九千二百兩也（『律呂新書』、一五一〇―一五一一頁）。

標注で問題とされているのは、「四鈞爲石」を「龠・銖・兩」の単位別に換算した注釈の部分である。「鈞」と「龠・銖・兩」の関係は、一鈞＝（三〇斤）＝四八〇兩[59]＝一一、五二〇銖[60]＝九六〇龠[61]である。そのため、これを四倍して四鈞とすると、それぞれ一、九二〇兩、四六、〇八〇銖、三、八四〇龠となる。よって、「一萬九千二百兩」を「一千九百二十兩」とする標注の指摘は妥当であるといえる。

最後は、例外に分類した標注である。律呂本原（上巻）「候気第十」の「二一作三」については、本文中に該当する記述が見当たらないため判然としない。また、律呂証弁（下巻）「度量権衡第十」の「開皇初調鐘律尺及平陳後調鐘律水尺此十六字當爲小註入後周鐵尺」は、「開皇初調鐘律尺及平陳後調鐘律水尺」の一六文字を「十二宋氏尺錢樂之渾天儀尺、後周鐵尺」の後に注として挿入することを指示したものである。

このように、惕斎が行なった「修正」とは、原典資料の確認や関連資料の分析、さらにはさまざまな『律呂新書』の版本を参照し、底本とする小出本の本文・本注に見られる誤字・脱字を指摘するものである。

第三節　『筆記律呂新書説』

本節では、中村惕斎の『律呂新書』研究の成果であり、注釈書でもある『筆記律呂新書説』の分析を通して、惕斎の『律呂新書』研究の特徴について明らかにするとともに、惕斎がこの研究成果にもとづき日本雅楽を改良し、理想とする古楽の復興を目指していたことを明らかにしたい。

一、『筆記律呂新書説』について

『筆記律呂新書説』は、上（「律呂本原」）・中（「律呂証弁」第一から第九）・下（「律呂証弁」第十、雑抄、新擬四古律黄鐘議）の三巻からなる『律呂新書』の注釈書である。同書は惕斎の『律呂新書』研究を理解する上で最も重要な著作であるといえるが、序文や跋文などが見られないため、成書年代などについては不明である。ただし、前述のとおり、同書が著述されることとなったのは、斎藤信斎の入門が契機となっているため、同書の成書年代は信斎の入門時期と推定される元禄年間（一六八八―一七〇四）以降、つまり、惕斎が六〇歳以降のことであると考えられる。また、山寺三知氏は、『修正律呂新書』「跋修正更録律呂新書」における「乃抽此書于性理大全中、正其謬誤、補其闕脱、而訓點之、且闡明其所未發、論辨其所未盡、爲是別筆記書數編[62]」（乃ち此の書を『性理大全』中に抽きて、其の謬誤を正し、其の闕脱を補い、而して之に訓點し、且た其の未だ發せざる所を闡明にし、其の未だ盡くさざる所を論辨し、是れが爲に別に書數編を筆記す）という記述から、『修正律呂新書』刊行当時（一六九七年）、すでに本書の存在していたことを知る[63]」としている。これらのことを総合すると、『筆記律呂新書説』の成書年代は、斎藤信斎の入門時期の上限である一六八八年頃から、『修正律呂新書』の刊行年である一六九七年頃までの間であると推定される。

さて、成書年代については判然としない部分もあるが、『筆記律呂新書説』が完成した後に写本が作成された過程については、財団法人土佐山内宝物資料館蔵『筆記律呂新書説』(64)下巻の最終頁（三四葉裏）に見られる記述から、ある程度は追跡できる。

惕齋先生律呂筆記三卷附新擬四古律黃鐘議、得其高弟立軒増田益夫名謙之、親寫正本、而命僕九鬼八治謄寫。光寛謹校讎句讀了。

寶曆乙亥孟冬源元寛識

（惕齋先生律呂筆記三巻附新擬四古律黄鐘議、其の高弟立軒増田益夫名は謙之を得て、正本を親写し、而して僕の九鬼八治に命じて謄写せしむ。光寛謹しんで校讎句讀す。

寶曆乙亥孟冬源元寛識）

この識語が記されたのは「寶曆乙亥孟冬」、つまり宝暦五年（一七五五）一〇月であり、著者は阿波出身の儒者であり暦算家でもある源元寛こと曽我部容所（一七三五―一七八八）である。これによると、現在まで伝わる『筆記律呂新書説』の写本の一つは、増田立軒により正本が、九鬼八治により副本が作成され、その後、光寛なる人物により校訂が行なわれたということがわかる。また、この識語の後には、作者不詳の次のような一節が続いている。

宝暦庚辰孟春、得信齋齋藤子成手校本於其子義齋某、而再校及点発畢。子成、名元脩、乃本書所載藤子成也。同年九月、得玄圭先生姓平、名璋、手校本於嗣玄脩先生名卞、校讎了。

（宝暦庚辰孟春、信齋齋藤子成の手校本を其の子義齋某に得て、而して再校及び点発畢わる。子成、名は元脩、乃ち本書載す所の藤子成なり。同年九月、玄圭先生姓は平、名は璋、手校本を嗣玄脩先生名は卞に得て校讎す。）

このように、増田立軒の正本以外にも、斎藤信斎の手校本と日本において十二平均律を提唱した中根元圭（一六六二―一七三三）の手校本の、少なくとも三種類の版本が存在していたようである。

二、諸本の検討

日本古典籍総合目録データベースには、中村惕斎『筆記律呂新書説』の所蔵先として一〇点の情報が登録されているが[65]、これ以外にも山寺三知氏および筆者の調査により、新たに七点の所蔵が確認できたため[66]、現在までのところ所蔵が確認できるのは、計一七点である[67]（表2）。

これらの写本の相関関係については、筆者もこれまで幾度か分類を試みたが、諸本の関係が複雑に入り組んでおり、また、各本の筆写者および筆写年代などの書誌情報もほとんど見られないことから、現段階ではすべての写本を体系的に整理するには至っていない。そこで、ここではこれまでに得られた情報にもとづき、可能な限り分類を行ないたい。

『筆記律呂新書説』には数名の人物による按語が見られるが、国立国会図書館（以下、国会本と略称）、国文学研究資料館高乗勲文庫（以下、国文研本と略称）、宮城県図書館、慶応義塾大学図書館、尊経閣文庫（以下、尊経閣本と略称）、北海学園大学附属図書館北駕文庫、新発田市立図書館の七点と、校訂本である土佐山内家宝物資料館（以下、土佐本と略称）を合わせた計八点には「成按」、つまり斎藤信斎の按語が見られる。また、これらの八点の写本のうち、尊経閣本を除く七点では、『筆記律呂新書説』下巻「度量権衡第十」の「附宋房庶律尺……」（土佐本では一九葉表から一九葉裏にあたる）の部分に「右、據大原裕泉所持之錢模寫之。用　御府尺計之、廣與足枝之寸分適合[68]」（右、大原裕泉所持の錢に據りて模して之を寫す。御府尺を用いて之を計りて、廣と足枝との寸分適合す）」および「右、據志所載之寸法、

著者名	按語・注釈	備考
平安　仲欽著	成按・景行按	杉原心斎（不詳-1868）旧蔵
平安　仲欽著	成按・景行按	
平安　仲欽著	成按・無名氏按	大槻平泉（1773-1850）旧蔵
平安　仲欽著	成按・無名氏按	
平安　仲欽著	成按・無名氏按	昌平坂学問所旧蔵
平安　仲欽著	成按・無名氏按	律呂証弁「五声小大之次第六」以降欠
平安　仲欽著	成按・無名氏按	道学堂（新発田藩藩校）旧蔵
中村惕斎	成按・安按 蕃按・無名氏按	中村得斎編『道学資講』巻247から巻249
なし	成按・安按 蕃按・無名氏按	中村習斎（1719-1799）旧蔵
なし	成按・安按　無名氏按	上巻（律呂本原）欠
なし	無名氏按（和文、漢文）	表紙に著者名として「中村惕斎」とあり
なし	無名氏注	
なし	無名氏注	明徳館（秋田藩藩校）旧蔵
なし	無名氏注	表紙に著者名として「惕斎先生著」とあり 順造館（小浜藩藩校）旧蔵
なし	無名氏注	広田顕三旧蔵 上巻と中下巻の二冊から構成されている
平安　仲欽著	(校訂本)	谷秦山（1663-1718）旧蔵 中巻と下巻に綴じ違いあり
(不明)	景行按？	楽歳堂旧蔵 楽歳堂は平戸藩藩主である 松浦静山（1760-1841）の文庫
		佚書

所蔵先（括弧内は請求番号）	構成	外題
国立国会図書館（102-159）	三巻三冊	筆記律呂新書説
国文学研究資料館高乗勲文庫（89-459）	三巻一冊	筆記律呂新書説
宮城県図書館（M768-ヒ1-3.1～3.3）	三巻三冊	筆記律呂新書説
慶応義塾大学図書館（184-19）	三巻一冊	律□□□筆記
尊経閣文庫（16-58）	三巻三冊	筆記律呂新書説
北海学園大学附属図書館北駕文庫（音楽22）	三巻一冊	律呂新書
新発田市立図書館（V09-教書477）	三巻三冊	律呂新書説筆記
名古屋市蓬左文庫（40架1号38241～38243）	三巻三冊	（『道学資講』）
名古屋市蓬左文庫（中-295）	三巻一冊	筆記律呂新書説
国立台湾大学図書館（105016）	三巻三冊	筆記律呂新書説
関西大学図書館内藤文庫（L21-1-563）	三巻三冊	律呂新書説
東北大学附属図書館狩野文庫 （第5門-30250-1冊）	三巻一冊	筆記律呂新書説
東北大学附属図書館狩野文庫 （第5門-16845-3冊）	三巻三冊	上（天）：なし 中（地）：筆記律呂 下（人）：律呂筆記
小浜市立図書館酒井家文庫（768-224）	三巻一冊	筆記律呂
日本学士院（第7門-ヒ-6967）	三巻二冊	筆記律呂新書
土佐山内宝物資料館（ヤ760-49）	三巻三冊	律呂新書説
上野学園日本音楽史研究所（芸上-3-42）	三巻一冊	筆記律呂新書
羽塚啓明	三巻三冊	

表2　『筆記律呂新書説』所蔵先一覧（内題はすべて「筆記律呂新書説」）

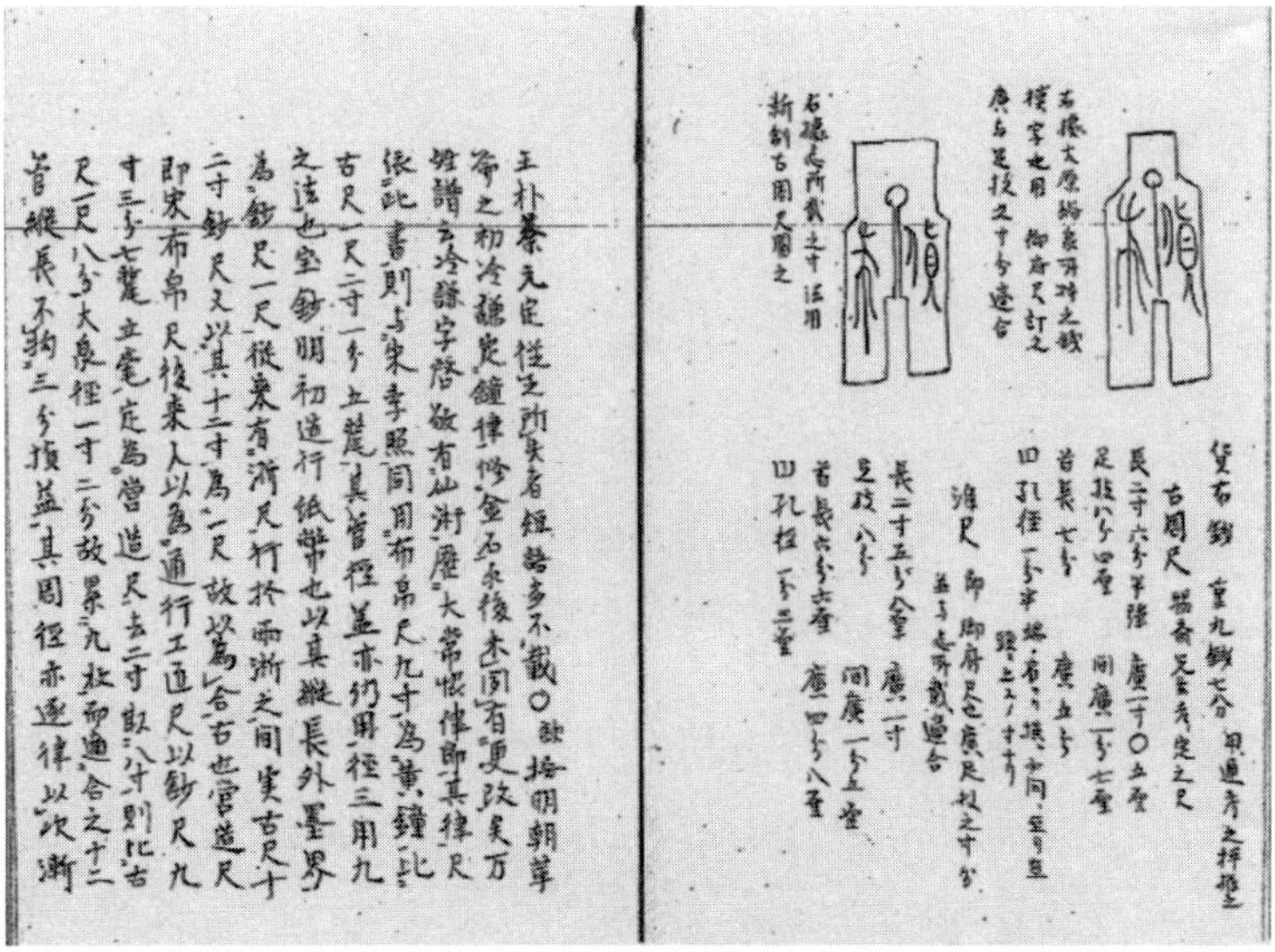

写真3 『筆記律呂新書説』下巻（国立国会図書館蔵、17葉裏—18葉表）

用新制古周圖之」[69]（右、志に載す所の寸法に據りて、新制の古周を用いて之を圖る）との文章と図が記された紙が添付されており、土佐本では前掲の文章に続いて、「此圖、子修本粘貼之」[70]（此の圖、子修本之を粘貼す）との記述が見られる。よって、「成按」と下巻の「度量権衡第十」に文章と図が記された紙が添付されている写本は「子修本」、すなわち斎藤信斎の写本の影響を受けていると考えられる。

さらに、国会本と国文研本については、「景康按」という共通する按語が見られることから同系統の写本であると考えられ[71]、先後関係についていうと、国文研本が先にあり、国会本はそれを筆写したものと推定される。国会本では、前述の下巻の「度量権衡第十」における別紙添付の内容が誤って本文に挿入されており、その結果、本文の一部が削除されている（写真3）。そこで、国会本がどの版本を筆写したのかについて考えると、国会本において誤って削除された部分は、国文研本で別紙が貼りつけられたために、紙の下に隠れてしまった部分であることがわかる（写真4—1、4—2）。

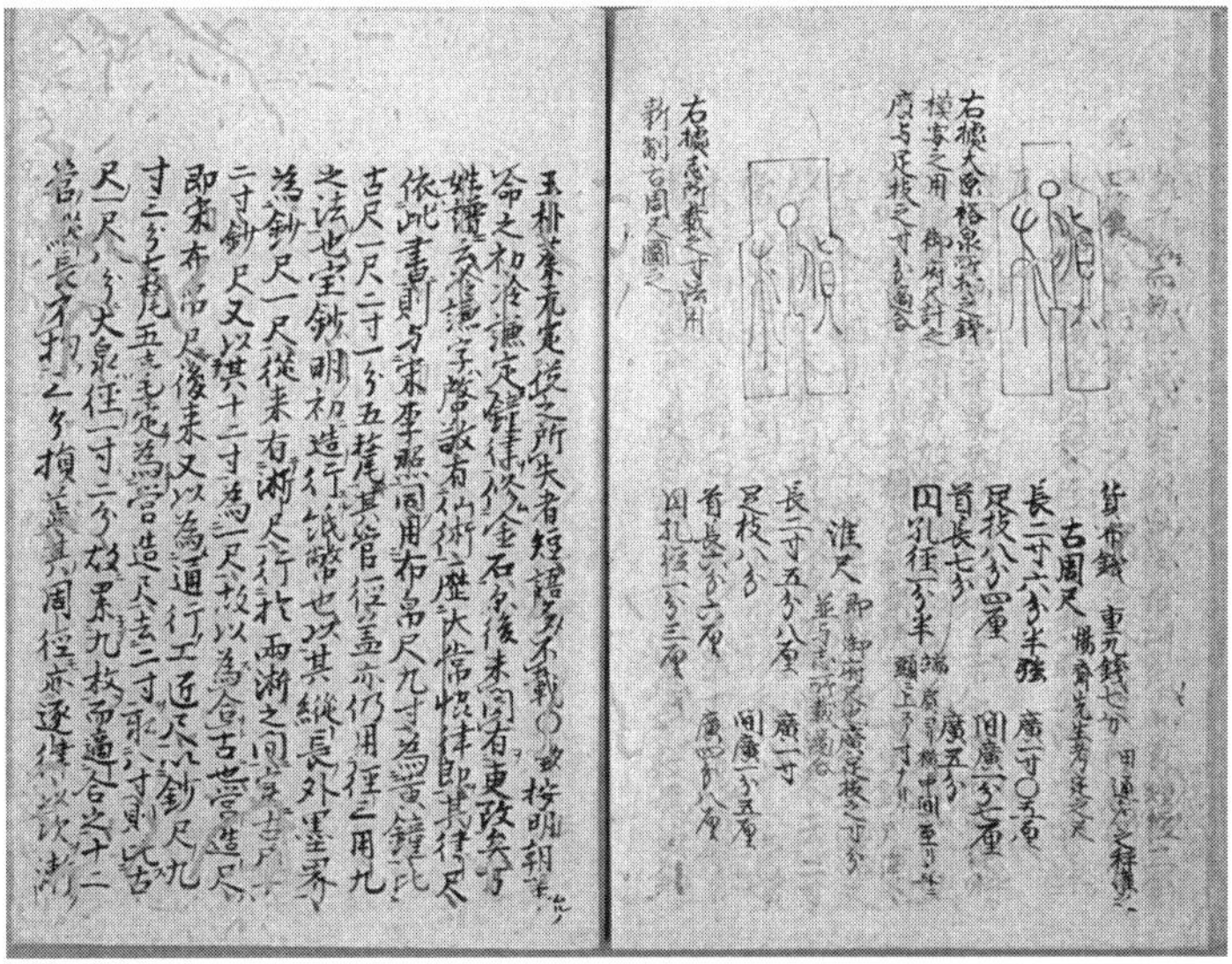

写真4―1　『筆記律呂新書説』（国文学研究資料館高乗文庫蔵、69葉裏―70葉表）
※右側（69葉裏）には紙が貼りつけられている。国会本（写真3）と比較すると、完全に一致していることがわかる。

これより、国会本における本文の削除は、国会本の筆写者が国文研本を筆写する際に、国文研本に添付されていた紙をめくることなく筆写したために生じた誤りであると考えられる。以上のことから、国文研本をもとに国会本が作成されたことが判明する。

これ以外にも、名古屋市蓬左文庫の二点と国立台湾大学図書館を合わせた計三点については「安按」、すなわち布施維安こと蟹養斎の按語が附されており、誤字や脱字などの特徴もほぼ一致していることから、この三点は同系統の写本であると考えられる。

このように、『筆記律呂新書説』の写本についてはその全貌が明らかではない点が多く、諸本間の関係についても未だ明らかではない。そのため、いずれの写本を底本とするのかという問題には、筆者自身まだ明確な答えが出せずにいるが、ここではひとまず、諸本を校合した結果である土佐本を底本として、分析を行なうこととする。

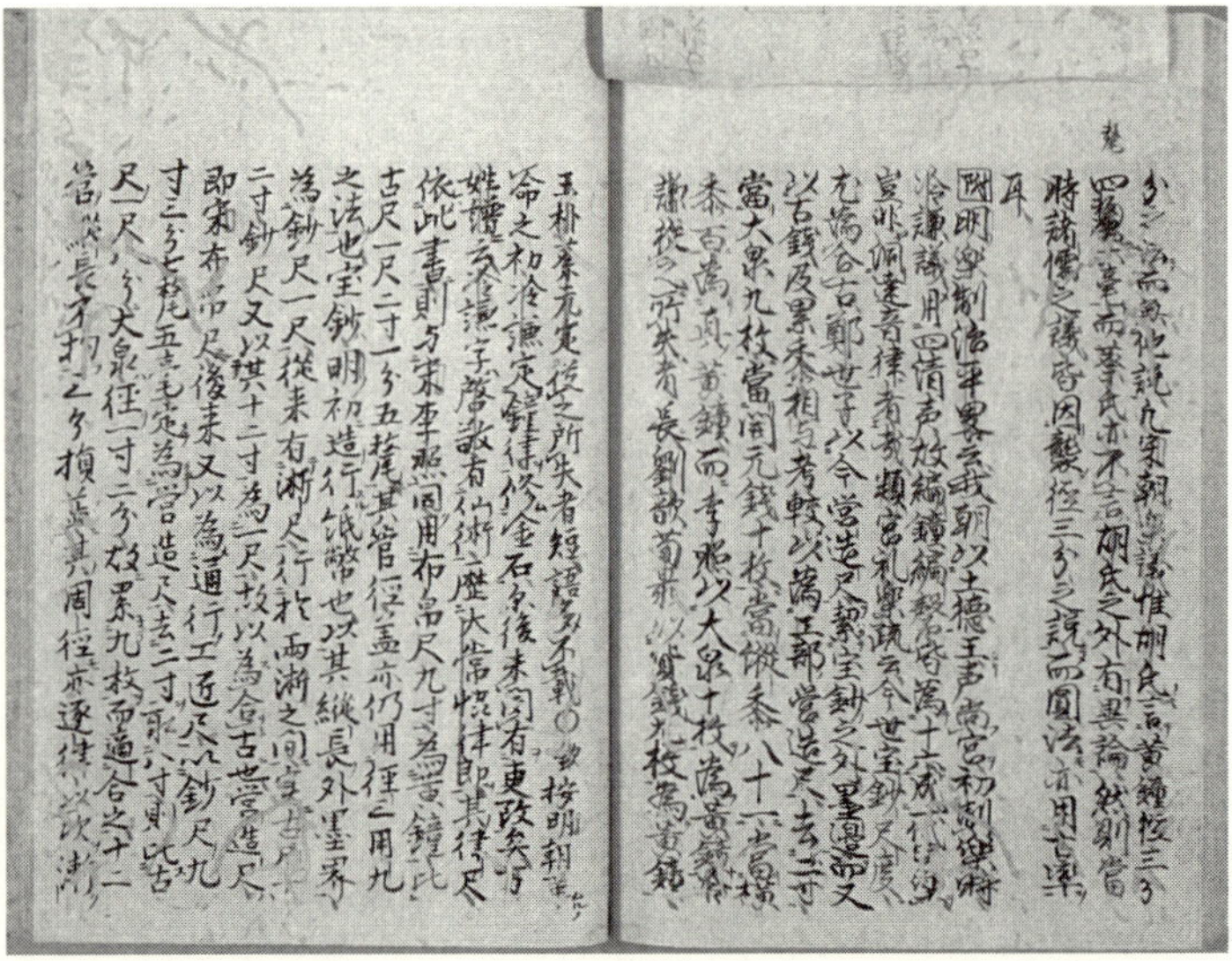

写真4—2　『筆記律呂新書説』（国文学研究資料館高乗文庫蔵、69葉裏—70葉表）
※右側（69葉裏）の紙をめくった状態。下に隠れていたこの文章こそが本文である。

三、『律呂新書』との相違点

『筆記律呂新書説』における惕斎の『律呂新書』理解は、基本的に『律呂新書』の内容を忠実に理解しようとするものである。しかし、惕斎は必ずしも『律呂新書』を全面的に肯定しているのではなく、一部疑問を呈している記述も見受けられる。

そこで、ここでは惕斎が示した『律呂新書』に対する疑問を検証することにより、惕斎の『律呂新書』研究の特徴を明らかにしたい。

（一）黄鐘半律

『律呂新書』では「黄鐘不復爲他律之役[72]」（黄鐘は復た他律の役を爲さず）として、諸律の根源である黄鐘とその他の楽律とは明確に区別されているが、これを最も端的に表わしているのは、『律呂新書』律呂本原「十二律之実第四」に見られる黄鐘半律を「無」とする記述である。[73]

しかし、惕斎は「但黄鐘半律云無者尚有可疑焉[74]」（但だ黄鐘半律を無と云う者は尚お疑うべきこと有り）と述べ、黄鐘半律を「無」とする『律呂新書』に対して疑問を呈している。惕斎が着目したのは『律呂新書』律呂証弁「和声第五」に見られる「其（引用者注：黄鐘）半聲、當爲四寸五分[75]」（其の半声、當に四寸五分と爲るべし）という記述である。まずは、当該部分の記述を見てみよう。

其半聲當爲四寸五分、而前乃云無者、以十七萬七千一百四十七之數不可分、又三分損益上下相生之所不及、故亦無所用也（『律呂新書』、一五四三―一五四四頁）。

（其の半聲當に四寸五分と爲るべし、而して前に乃ち無と云う者は、十七萬七千一百四十七之數分かつべからず、又た三分損益上下相生の及ばざる所を以てす、故に亦た用いる所無きなり。）

つまり、「四寸五分」である黄鐘半律を「無」とするのは、黄鐘の実数である一七七、一四七が半分に分割できないこと、さらに、三分損益法では黄鐘半律が算出できないからであるという。これに対して、『筆記律呂新書説』律呂本原「十二律之実第四」において、惕斎は三つの観点から疑問を呈する。

然累九之數、雖不可折半、若以十分之寸、則半律正當四寸五分。况中斷其管吹之、豈可不得半聲乎。其相生之所不及、蓋謂仲呂再生黄鐘、則其聲稍高。是為變黄鐘、而用其半聲也。夫黄鐘不為他律之役、則不須造半律矣。如林南應三呂、則雖當用半律、然調曲偶無所用。故三呂之半曰不用。而黄鐘之半曰無、其義則可、其説則似未可（『筆記律呂新書説』上、一六葉裏。）

（然れども九を累するの數、折半すべからずと雖ども、若し十分の寸を以てすれば、則ち半律は正に當に四寸五分なるべし。

況んや其の管を中斷して之を吹けば、豈に半聲を得ざるべけんや。其の相生の及ばざる所は、蓋し仲呂再び黄鐘を生じれば、則ち其の聲稍や高し。是れを變黄鐘と為し、而して其の半聲を用いると謂うなり。夫れ黄鐘他律の役を為さざれば、則ち須らく半律を造るべからず。林南應の三呂の如きは、則ち當に半律を用いるべきと雖も、然れども調曲偶たま用いる所無し。故に三呂の半は用いずと曰う。而して黄鐘の半無と曰うは、其の義則ち可なれども、其の説は則ち未だ可ならざるに似たり。）

一点目は、九分の寸（九分一寸の法）と十分の寸（十分一寸の法）の違い、つまり九進法と十進法の違いである。黄鐘九寸を半分にする時、九分の寸では九寸が八一分となるため、半分に分割することができない(76)。しかし、十分の寸では九寸が九〇分となるため、その半分（中央値）は四五分、すなわち四寸五分となる。そのため、十分の寸に従えば、黄鐘半律の四寸五分を求められるというのが惕斎の主張である。ここで、『律呂新書』の原則を確認すると、十分の寸は各律管に共通する円周と直径に使用し、九分の寸は三分損益法により算出される各律管の長さを求める際に使用するものとされている(77)。この原則を念頭に置き黄鐘九寸について検討すると、諸律の根源である黄鐘九寸は三分損益法により算出されるものではないことから、必ずしも十分の寸を用いる必要はなく、さらに、黄鐘九寸は九分の寸でも十分の寸でも均しく九寸となる。そのため、十進法を使用すればよいとの惕斎の指摘は妥当であるといえる。

二点目は、実際に黄鐘律管を切断することである。惕斎は黄鐘半律の律管を得る方法として、九寸の黄鐘律管を中心で切断することを提案している。確かに、この方法に従い九寸の黄鐘律管を切断すれば、細かな数値にとらわれることなく、長さが四寸五分の黄鐘半律の律管を製作することは可能である。よって、この指摘についても、妥当なものであるといえる(78)。

三点目は、三分損益法の問題である。『律呂新書』では、三分損益法により仲呂から生じる黄鐘が最初の黄鐘と一致しないため、この律（再生黄鐘）を変黄鐘として、その半律を黄鐘半律の代わりとして使用している。しかし惕斎は、「黄鐘不復爲他律之役」（黄鐘は復た他律の役を爲さず）の原則に従うのであれば、そもそも黄鐘については半律を使用するべきではないという。惕斎は「無」とされている黄鐘半律と、数値が示されつつも「不用」とされている林鐘・南呂・応鐘の半声とを比較し、(79) 林鐘以下の三律はたまたま音階を組成する際に使用されなかったため「不用」となったのに対して、黄鐘半律が「十二律之実第四」において数値も示されず「無」とされていることについては、諸律の根源である黄鐘に特別な位置づけを与える『律呂新書』の意義は理解できるが、その説明については容認できないとしている。

以上のことを総合すると、惕斎が黄鐘半律を「無」とする『律呂新書』に対して示した三つの疑問は、基本的に妥当であるといえる。だが、注意しなければならないのは、惕斎が黄鐘半律を「無」とする考え自体を否定しているのではなく、あくまでもその理由が不十分であると述べていることである。ここからも、惕斎が『律呂新書』に則した解釈を心掛けていたことがうかがえる。

（二）「筭之不盡」

『律呂新書』では、正律が十二律・変律が六律で止まる理由、そして正声が五声・変声が二声で止まる理由をすべて三分損益法による計算が継続できないからであるとしている。(80) しかし、惕斎はこのような『律呂新書』の考えに対して「非由筭之不盡」(81)（筭の不盡に由るに非ざるなり）として、計算ができないことを理由に正変律ならびに五声二変の数を規定する『律呂新書』の主張に異を唱えている。

まず、『律呂新書』の主張を確認する。律呂本原「十二律之実第四」には正律が十二律で止まる理由について、次のようにある。

至仲呂之實十三萬一千七十二、以三分之不盡二筭其數不行。此律之所以止於十二也（『律呂新書』、一四八五頁）。

（仲呂の實十三萬一千七十二に至りて、三を以て之を分けて二筭を盡くさずして、其の數行なわれず。此れ律の十二に止まる所以なり。）

『律呂新書』では、仲呂の実数である一三一、〇七二を三で割ると余りが生じるため、三分損益法による楽律の算出が継続できないという。そのため、正律は十二律で止まるというのが『律呂新書』の見解である。しかし、惕斎は「若設術推餘數、則更生變律、如下章」[82]（若し術を設けて餘數を推せば、則ち更に變律を生ずること、下章の如し）と述べ、計算が継続できないと述べているのにもかかわらず、次章（「変律第五」）ではこの仲呂の実数に七二九を掛け、三分損益法により変律を算出していることの矛盾を指摘している。その上で、『筆記律呂新書説』律呂本原「十二律之実第四」では次のようにいう。

陽數始於黄鐘之九寸、而以次漸短。陰數始於林鐘之六寸、而以次漸短。是律之所以止於十二者、可以見其出于天數、而不雜人為矣（『筆記律呂新書説』上、一七葉表）。

（陽數黄鐘の九寸に始まり、而して次を以て漸く短し。陰數林鐘の六寸に始まり、而して次を以て漸く短し。是れ律の十二に止まる所以の者は、以て其の天數に出でて、人為を雜えざることを見るべし。）

ここで惕斎は、陽数は黄鐘の九寸（九は老陽）、陰数は林鐘の六寸（六は老陰）に始まり、それぞれ次第に短くなるという、陰陽にもとづく楽律の生成原理を示す。その上で、正律が十二律となる理由については、「十二」という数が天数だからだとする。[83] よって、惕斎は正律が十二律で止まるのは、『律呂新書』がいうような「其數不行」(其の數行かず)、つまり計算ができなくなるという人為的な理由ではなく、天数にもとづく当然の帰結であるとする。

また、変律が六律で止まる理由についても、律呂本原「変律第五」において、惕斎は次のように述べている。

欽按變律所以止於六者、以六十調之所用為限、亦非由筭之不盡矣(『筆記律呂新書説』上、二〇葉表)。
(欽按ずるに變律六に止まる所以の者は、六十調の用いる所を以て限と為す、亦た筭の不盡に由るに非ざるなり。)

ここでも惕斎は、変律が六律で止まる理由を「筭之不盡」(筭の不盡)、つまり計算が継続できなくなるからとする『律呂新書』の主張を否定し、六十調で必要となるのが六律だからだとの考えを示している。さらに、正声が五声、変声が二声となることについても、律呂本原「律生五声第六」において、惕斎は同様の見解を示している。

欽按此下兩章、太抵與前兩章之義同。其正聲之所以限於五、變聲之所以止於二、則亦出於人聲之自然、而不繫於筭之不盡矣(『筆記律呂新書説』上、二〇葉表—二〇葉裏)。
(欽按ずるに此の下兩章、太抵前の兩章の義と同じ。其の正聲の五に限る所以、變聲の二に止まる所以は、則ち亦た人聲の自然に出でて、而して筭の不盡に繫がらず。)

ここでも、「此下兩章」(「律生五声第六」、「変声第七」)と「前兩章」(「十二律之実第四」、「変律第五」)は基本的に同じ原理にもとづくと述べ、正声が五声、変声が二声に止まるのは「人聲之自然」(人聲の自然)、つまり人間の自然な発声にもとづくものであり、計算が継続できないからではないとしている。このように、惕斎は「算の不尽」を理由として正変律ならびに五声二変の数を規定する『律呂新書』の主張を悉く否定している。

では、なぜ両者の見解にこのような差異が見られるのだろうか。筆者はその原因が「数」に対する蔡元定と中村惕斎の認識の違いに起因するのではないかと考える。

先行研究においても指摘されているように、律呂・象数の学を家学とする蔡元定は、数によりこの世界の森羅万象を理解しようとしていたようである。[84] このことは、『律呂新書』において諸々の事象を説明する際、蔡元定が「数の自然」という言葉を用いていることからも明らかである。一方、惕斎は元定ほど「数の自然」を重視しておらず、むしろ実際の楽を想定し、その観点から判断を下している。前述のように、惕斎は正声が五声、変声が二声に止まる理由を「人声の自然」という言葉を使用して説明しているが、このように「人声の自然」を重視することは、『筆記律呂新書説』全体を通して見られる傾向である。たとえば、律呂証弁「造律第一」には、次のような記述が見られる。

欽亦竊謂、凡律學所求者聲而已矣。古律雖不可復見、而所謂中聲者、竟天弗墜常存其洪纖高下之間矣。經所謂聲者人聲也、則鐘律之取則、在人聲矣（『筆記律呂新書説』中、六葉表）。

（欽亦た竊かに謂らく、凡そ律學求むる所の者は聲のみ。古律復た見るべからずと雖も、所謂中聲なる者は、天を竟めて墜ち弗して常に其の洪纖高下の間に存す。經に所謂聲という者は人聲なれば、則ち鐘律の則を取りて、人聲に在り。）

このように、惕斎は楽律学で探求すべき対象は「声」だけであるといい、古律は失われてしまったものの、黄鐘律管を定める際に基準となる「中声」は探求することができるという。そして、経典で使用されている「声」とは

「人声」を指すものであり、鐘律を定める際に基準となるのも「人声」であるとしている。その上で、惕斎はその「人声」を聴き分ける「聴覚」も重要であるという。律呂本原「十二律之実第四」には、次のようにある。

管長毫忽之辨、非人工目力所能及。要之黄鐘一律既成、則高下清濁之聲、逓相協而生焉。故管之長短、實定于人之聴察矣（『筆記律呂新書説』上、一七葉表―一七葉裏）。
（管長毫忽の辨、人工目力の能く及ぶ所に非ず。之を要するに黄鐘一律既に成れば、則ち高下清濁の聲、逓わるがわる相い協いて生ず。故に管の長短、實に人の聴察に定む。）

このように、惕斎は微小な単位にまで及ぶ各律管の長さは、特に毫・忽の単位にまで至ると、目視で確認することはもはや不可能であるという[85]。そのため、惕斎は各律管の長短を判断する最終的な基準は、人間の聴覚にあるというのである。

以上のことを総合すると、蔡元定が「数」を軸として楽律の展開原理を説明しているのに対して、惕斎は楽の実践、とりわけ「人声」を軸として説明していることがわかる。このように、数的な合理性よりも楽の実践を重視することも、惕斎の『律呂新書』研究の特徴の一つである。

(三)　候気術

『律呂新書』では、正しい黄鐘律管を得る方法として「如是而更迭以吹、則中聲可得。淺深以列、則中氣可驗[86]」（是くの如くして而して更迭に以て吹けば、則ち中聲を得べし。淺深に以て列すれば、則ち中氣驗すべし）と述べ、人間の聴覚により「中声」を得る方法とともに、候気術により「中気」を得る方法が示されているが、とりわけ候気術は上下両巻において独立して章が設けられていることからも、同書において重要視されていたことがわかる。しかし、惕斎はこの候気術についても、律呂証弁「造律第一」において次のように疑問を呈している。

夫律之生于積黍、定于候氣、皆經之所不言、姑舍而不論焉。其本乎人聲也、孰容異論者哉（『筆記律呂新書説』中、六葉表—六葉裏）。

（夫れ律の積黍に生じ、候氣に定まること、皆な經の言わざる所にして、姑く舍いて論ぜず。其の人聲に本づくや、孰か異論を容るる者ならんや。）

このように、惕斎は黒黍により律管を定める秬黍法や、気により律管を定める候気術については、ともに経典の中に典拠が見られないと述べ、ひとまず検討を保留するという。その上で、楽律の根本が「人声」であることには異論がなかろうとして、ここでも「人声」の重要性を主張する。しかし、惕斎は候気術を否定しているわけではない。律呂証弁「候気第九」には、次のような記述が見られる。

欽按凡候氣之法、月氣至則獨吹所當之管、而不吹其他。是固人所疑也（『筆記律呂新書説』中、二七葉表）。

（欽按ずるに凡そ候氣の法、月氣至れば則ち獨り當たる所の管を吹きて、其の他を吹かず。是れ固より人の疑う所なり。）

このように、惕斎は特定の月に特定の律管だけが反応するという候気術について、人々が疑いを持つことは当然であることを認めている。実際、惕斎は「候気第九」において、『類経附翼』二巻「律原」の「候気弁疑」に見られる王廷相『王氏家蔵集』、劉濂『楽経元義』、朱載堉『律呂精義』などの明代の儒者や『皇明世法録』を引用し、候気術に対する批判を列挙している。つまり、惕斎が積極的に候気術を肯定しなかった背景には、すでに知識として候気術の問題点を理解していたことが影響していると考えられる。その上で、惕斎は次のようにいう。

今穿地而實舊壤、則必不盈科、地中有氣持載可知矣。既有氣持載、則不可無發斂浮沈之時（『筆記律呂新書説』中、二七葉表）。

（今地を穿ちて舊壤を實たせば、則ち必ず科を盈たさず、地中に氣の持載有ること知るべし。既に氣の持載有れば、則ち發斂浮沈の時無かるべからず。）

ここでは、地面に穴を掘り、その穴に掘り出した土を戻しても埋め戻すことができないという事例を挙げ、その原因を地中に存在する気に求めている。つまり、土の体積が変化したのは、地中に存在していた気が掘り返されたことにより散逸してしまったからだとし、これにより地中に気が存在することの証明を試みている。このように、惕斎は現象面から候気術の可能性について検討した上で、次に、論理面からもその可能性を検討している。

夫同聲相應、同氣相求、是不易之理也。以同聲言之、不惟一時並鳴、而兩聲相應。一物鼓于此、則其聲相恊(協)者、雖遠必響于彼。其不恊(協)者、雖近不應也。同氣相求、亦不惟如雲從龍、風從虎、兩物纔相近、則便投合。磁鐵汞金之類是也。即若氣與聲、亦固有同類相從之理、如律管候氣是也（『筆記律呂新書説』中、二七葉裏）。

（夫れ同聲相い應じ、同氣相い求むるは、是れ不易の理なり。同聲を以て之を言えば、惟だ一時に並び鳴るのみならず、兩聲相い應ずるなり。一物此に鼓すれば、則ち其の聲相い協(協)う者は、遠しと雖も必ず彼に響く。其の協(協)わざる者は、近しと雖も應ぜざるなり。同氣相い求むるも、亦た惟だに雲は龍に從い、風は虎に從うがごときのみならず、兩物纔かに相い近ければ、則ち便ち投合す。磁鐵・汞金の類是れなり。即ち氣と聲との若きも、亦た固より同類相い從うの理有り、律管候氣の如きは是れなり。)

ここで愓斎は、同じ高さの音を発する楽器が共鳴し、同じ気を有するものが互いに求め合うのは「不易の理」、すなわち不変の法則であるという。そして、同じ波長であれば、たとえ距離が離れていても共鳴する一方、波長が異なれば、距離が近くても共鳴しないとした上で、このような関係は気にも当てはまるとし、『易経』乾卦の「雲從龍、風從虎」(雲は龍に從い、風は虎に從う)を挙げて、類似する性質のものは相互に引き合うものだという。このように、気も声も同じ性質のものに反応するのであれば、気と声が同じ性質であれば反応する可能性もあるとして、律管によって気をとらえる候気術も、論理的には可能であると愓斎はいう。しかし、愓斎自身は決して候気術を積極的に肯定するのではなく、あくまでも可能性を示唆するに止まっている。

然未聞有撃一鐘、吹一律、以調月氣之制。但取其象類、以庶幾感通之應者、則或有之也(『筆記律呂新書説』中、二七葉裏―二八葉表)。

(然れども、未だ一鐘を撃ち、一律を吹き、以て月氣を調えるの制有るを聞かず。但だ其の象類を取りて、以て感通の應を庶幾する者は、則ち或いは之れ有らん。)

これより、愓斎が候気術を積極的に肯定しない原因が、鐘や律管により各月の中気を確認する候気術を愓斎自身が確認していないからであることがわかる。ただし、すでに検討してきたように、惕斎はさまざまな自然現象を見る限り、論理的には候気術を実施できる可能性があるため、『律呂新書』が示した方法を参考にすることで、あるいは候気術が実施できるかもしれないとの見解を示している。

以上のように、惕斎は候気術について、論理的には可能かもしれないが、現象として確認できていないため、積極的には肯定しないという、かなり微妙な態度を示しているのである。

四、度量衡

中村惕斎の『律呂新書』研究の特徴は、この研究を基礎として儒者が理想とする古楽を復興することにある。しかし、『律呂新書』が主張する候気術により「中気」を求めて黄鐘律管を確定する方法は、惕斎にとっては実現困難なものであった。そこで、惕斎が黄鐘律管を得る方法として採用したのが、『律呂新書』が強く否定する「以度出律」、すなわち度量衡にもとづき黄鐘律管を求める方法であった。この方法を使用する理由について、『筆記律呂新書説』律呂証弁「造律第一」には次のようにある。

況吾　國人解音、有所勝於華夏者、隋唐法尺、及燕樂譜曲舞儀、亦有彼失而此存者。今以其尺遡古尺、制律數等、會資稟中和者、耳聴精察者講討中聲、而其律有合之者、則何不得與古者中律相近乎哉。吾　邦解音有勝於華夏者、何以知之（『筆記律呂新書説』中、六葉裏）。

（況や吾が國人音を解するに、華夏に勝る所の者有るは、隋唐の法尺、及び燕樂の譜曲舞儀、亦た彼に失して此に存する者有り。今其の尺を以て古尺に遡り、律數等を制し、資稟の中和なる者、耳聴の精察なる者を會めて中聲を講討す。而して其の律之に合う者有れば、則ち何ぞ古者の中律と相い近きを得ざらんや。吾が邦の音を解するに華夏に勝る者有るは、何を以て之を知らん。）

このように、隋唐の法尺および燕楽、楽譜、曲、舞儀など、中国ではすでに失われてしまったものが日本には残っている点において、「吾邦（日本）」は「華夏（中国）」よりも勝っているという。その中でも、日本に残存する古尺は中国ではすでに失われてしまったものであるため、これを用いれば理想とする「中律」を得ることができるというのが惕斎の主張である。

惕斎は『律呂新書』も引用する『隋書』律暦志上「審度」の記述や、日本に残存する古尺を検討した結果について、律呂証弁「度量権衡第十」において次のように述べている。

欽往歳據貨泉開元錢、禮樂疏尺圖、及本朝御府竹周尺、尚衣局裁尺謂高倉家呉服尺也、生駒寺律衣尺亦稱周尺等參酌互訂、造古周尺與唐大尺。乃定古尺、為唐大尺七寸八分三釐二毫強、工匠尺七寸七分八釐強（『筆記律呂新書説』下、五葉裏）。
（欽往歳、貨泉開元錢、禮樂疏の尺圖、及び本朝御府の竹周尺、尚衣局の裁尺高倉家の呉服尺と謂うなり、生駒寺の律衣尺亦た周尺と略稱等に據りて參酌互訂して、古周尺と唐の大尺とを造る。乃ち古尺を定めて、唐の大尺の七寸八分三釐二毫強、工匠尺の七寸七分八釐強と為す。）

これより、惕斎が貨泉開元銭、『頖宮礼楽疏』巻四「律尺詰」に見える尺図、宮中に秘蔵されている御府竹周尺、高倉家呉服尺と称される尚衣局裁尺、生駒寺の律衣尺などを総合的に検討した成果をもとに、新たな古尺を定めたことがわかる。[87]また、その古尺については、唐・大尺の七寸八分三厘二毫強、工匠尺の七寸七分八厘強に相当するものであることが示されている。このうち、惕斎が最も信頼していたのは「今以　御府尺為主」[88]（今、御府尺を以て主と為す）と評する宮中に所蔵されていた古尺であった。

本朝秘府有古竹尺一枚、鏤背曰周尺。純然古色、真數百千歳舊物也。相傳僧空海師入唐而帯歸。料想思其實然也。寛文乙丑灾失之、先是小倉藤亞相公、規倣而藏于家、予請而驗之、實比唐尺八寸、故知必是唐人所稱夏家古尺也（『筆記律呂新書説』下、七葉表）。

（本朝の秘府に古竹尺一枚有り、背に鏤て周尺と曰う。純然古色、真に數百千歳の舊物なり。相傳う、僧空海師唐に入りて帯歸すと。料想するに其れ實に然り。寛文乙丑の灾に之を失うも、是より先小倉藤亞相公、規倣して家に藏む。予請うて之を驗するに、實に唐尺の八寸に比す。故に必ず是れ唐人稱する所の夏家の古尺と知るなり。）

この竹尺は、空海（七七四―八三五）が唐から持ち帰ったと伝えられているものであり、その裏面には「周尺」と刻まれているという。ただし、実物は寛文元年の大火[89]により失われてしまったため、惕斎が実見したのは友人である小倉実起（一六二一―一六八四）が所蔵していた複製品であった。そして、この竹尺を惕斎が計測してみたところ、その長さは唐尺の八寸に一致したといい、唐代においては「夏家古尺」と称されていたものであることがわかったという。また、惕斎はこの竹尺の来歴についても、次のように述べている。

若此尺、則三代之後、流寓於江淮呉越之地、而不隋(随)時制變革。終古依然行用、未嘗毀改元質、又轉入吾　邦、而升于秘府（『筆記律呂新書説』下、七葉裏）。

（此の尺の若きは、則ち三代の後、江淮呉越の地に流寓して、而も時制に隋（随）いて變革せず。終古依然として行用し、未だ嘗て元質を毀改せず。又た轉じて吾が邦に入り秘府に升る。）

つまり、宮中に伝わる竹尺は三代を経て長江・淮河流域の呉越の地へと伝わり、その状態が保たれたまま唐まで継承され、それが空海により日本へ持ち込まれたとされている。そのため、この宮中に伝わる竹尺を分析して黄鐘律管を製作すれば、古尺に依拠した律管を製作できるというのである。また、この竹尺については、愓斎が度量衡に関する研究成果をまとめた『律尺考験』においても、次のように評されている。

凡ソ古尺ノ中土ニ行ハルル者、或ハ其體ヲカヘテ本ノ尺ニアラズ。或ハ亂世ニ亡デ其跡モノコラズ。只此尺バカリ南地ニ流行シテ本質ヲ改メズ、殊ニ唐ヨリ吾朝ニワタリテ、秘府ニノコリ、一タビ灾ニアヒツレドモ、其度今ニ存セリ。誠ニ天地ノ間ニ、希代ノ重賓ナリ。モロコシニハ宋ノ後イカガナリツル、コレヲ聞カズ（『律尺考験』上、一四五頁）。

以上のように、愓斎は宮中に伝わる竹尺（御府竹周尺）を高く評価し、この竹尺をはじめとして、信頼に足る古尺を分析すれば正しい楽律を求められると主張するが、このことは結果的に、度量衡から楽律を求めることを禁止する『律呂新書』の方針に反することになってしまった。しかし、それでもなお愓斎が古尺にもとづく楽律の探求を試みたのは、『律呂新書』が重視する候気術の実施が困難であったこと、そして、古楽の復興を希求する愓斎にとっては、方法の如何にかかわらず、正しい黄鐘律管を獲得し、正しい楽を実践することが重要な課題だったからであろう。こうして、愓斎は『律呂新書』が強く否定する「以度出律」の禁を破り、度量衡にもとづく楽律の探求を試みたのである。

第四節　楽の実践

古楽の復興を希求する中村惕斎は、『律呂新書』研究の成果を理論研究に止めることなく、みずから楽器の習得を行なうことにより、実践にも反映させようとしていたようである。本節では、中村惕斎が古楽の復興の基礎とした、日本雅楽に関する研究について検討するとともに、儒者である惕斎と楽人たちとの交流に焦点を当てることにより、惕斎が日本雅楽ならびに楽器の演奏方法を習得していった過程を明らかにしたい。

一、日本雅楽について

惕斎は『律呂新書』研究により得た成果を基礎として、日本雅楽を改良し、理想とする古楽の復興を目指していたようであるが、当初、惕斎は日本雅楽をそれほど高くは評価していなかった。

前述のように、『惕斎先生行状』には、古楽の復興を希求する惕斎が日本雅楽の問題点を認識しつつも、現在伝承されている楽を手掛かりとしなければ依拠すべきものがなくなってしまうとの判断から、雅楽にもとづく古楽の探求を試みていたことが記録されている。よって、惕斎にとって日本雅楽は決して満足できるものではなかったが、古楽へとつながる可能性がある楽が唯一この雅楽だけであったため、惕斎はその理解を目指したのである。

さて、日本雅楽を理解すべく、惕斎はまず鼓・笙・箏・琵琶などの楽器の習得に取り組む。ただし、惕斎が誰から楽器の演奏を習っていたのかは明らかではない。また、楽器の習得を開始した翌年の正月には、宮中で舞楽（舞御覧）を観覧する機会に恵まれることとなり、そこで演奏されていた舞楽を後に検討してみたところ、その舞楽が雅楽ではなく、隋唐時代の燕楽であることに気づいたとされている。そして、これを契機として、惕斎は『律呂新書』研究を開始することになったのである。

では、惕斎は日本雅楽のどの部分から、日本雅楽が燕楽であると判断したのであろうか。これについて、『惕斎先生行状』には具体的な記述は見られないが、『筆記律呂新書説』律呂本原「六十調図第九」には、この問題を考える上で手掛かりとなる記述が見られる。

本邦燕樂雖曰傳於隋唐、而其聲高於古樂、幾七律焉（『筆記律呂新書説』上、二四葉裏）。
（本邦の燕樂隋唐より傳わると曰うと雖も、而して其の聲古樂より高きこと、幾ど七律。）

このように、惕斎は日本雅楽を「本邦燕楽」と称し、「本邦燕楽」において使用する楽音は古楽よりも七律高いという。つまり、それまで舞楽を見たことがなかった惕斎が、日本雅楽を燕楽だと判断できたのは、音の高さが明らかに高かったからであると考えられる。

これ以外にも、惕斎は『律呂新書』研究を通して得た知識により、「本邦燕楽」の改良にも取り組んでいる。惕斎は『律呂新書』に見られる雅楽の楽律論と「本邦燕楽」とを比較検討した結果を、『筆記律呂新書説』律呂本原「六十調図第九」において次のように述べている。

燕樂之調、各有俗名。如越調平調之類、今人誤以調名律、而遂以其起調異（畢）曲之律為宮。其宮不能生七聲、則取商羽之後各一律補之、名為嬰羽嬰商。然亦不能通。其誤益甚矣（『筆記律呂新書説』上、二三葉裏）。

（燕樂の調、各おの俗名有り。越調・平調の類の如きは、今の人誤まりて調を以て律に名づけ、而して遂に其の調を起こし曲を異（畢）るの律を以て宮と為す。其の宮七聲を生ずること能わざれば、則ち商羽の後に各おの一律を取りて之を補ない、名づけて嬰羽・嬰商と為す。然れども亦た通ずること能わず。其の誤り益ます甚し。）

ここで惕斎は、「本邦燕楽」では「（壱）越調」や「平調」のような俗称が使用されているが、これは調の名称を律の名称として誤用したものであるという。たとえば、平調という名称は、曲の開始音と終止音が平調（中国名では太簇）であることに起因するものであるが、中国の音階で日本の平調に対応するのは仲呂羽であり、この仲呂羽で使用する七音階と平調で使用する七音階を比較すると、一致しない部分が生じるため、商と羽の後に嬰商と嬰羽を追加したのである（表3）。これにより、平調では仲呂羽と対応するようになった。しかし、越調では嬰音の問題はないものの、終始音である壱越（中国名では黄鐘）を宮としたため、結局、越調に相当する無射商との間にはズレが生じることとなってしまった（表4）。よって、惕斎は律名と調名の混同ならびに嬰音の導入が、「本邦燕楽」の問題点であるという。

表3　平調と仲呂羽の比較

平調	嬰羽	変宮	宮		商	嬰商		角	変徴	徴		羽
日本名	壱越	断金	平調	勝絶	下無	双調	鳧鐘	黄鐘	鸞鏡	盤渉	神仙	上無
中国名	黄鐘	大呂	太簇	夾鐘	姑洗	仲呂	蕤賓	林鐘	夷則	南呂	無射	応鐘
仲呂羽	徴		羽		変宮	宮		商		角		変徴

表4　越調と無射商の比較

越調	宮		商		角		変徴	徴		羽		変宮
日本名	壱越	断金	平調	勝絶	下無	双調	鳧鐘	黄鐘	鸞鏡	盤渉	神仙	上無
中国名	黄鐘	大呂	太簇	夾鐘	姑洗	仲呂	蕤賓	林鐘	夷則	南呂	無射	応鐘
無射商	商		角		変徴	徴		羽		変宮	宮	

以上のように、古楽の復興を希求する愓斎は、楽器の習得や理論の分析を通して「本邦燕楽」と称する日本雅楽を理解し、それを改良することにより、理想とする古楽を復興しようとしていたのである。

二、楽人との交流

ここでは、中村愓斎の『律呂新書』研究を支えた小倉実起および安倍季尚などとの交流を中心として、彼らが愓斎の『律呂新書』研究において果たした役割について検討する。

(一) 小倉実起

小倉実起（一六二二―一六八四）は、実父を権大納言・藪嗣良（一五九三―一六五三）、養父を参議・小倉公根（不明―一六四四）とする江戸時代前期の公卿である。『愓斎先生行状』には「小倉藤亞相實起卿好學、信道、審音律、精管絃」[90]（小倉藤亞相實起卿學を好み、道を信じ、音律を審らかにし、管絃に精し）として実起が音律や管弦に通じていたことが記されている。

前述のように、小倉実起は米川操軒を介して愓斎と知り合い、前期における愓斎の『律呂新書』研究を支える中心的な人物の一人となる。そこで、実起が果たした役割について考えてみると、およそ次の二点に大別することができる。

一点目は、愓斎の度量衡研究の鍵となる、小倉家家蔵の古尺を愓斎に貸与したことである。前述のように、愓斎の『律呂新書』研究の特徴は、『律呂新書』が強く否定した度量衡から楽律を求める方法を積極的に肯定したことであるが、愓斎がこのように主張した背景には、中国ではすでに失われてしまった古尺が日本には残されているという強い信念と、それを裏付ける数々の遺物の存在があった。そして、愓斎がそれらの遺物の中で最も高く評価していたのが、宮中に秘蔵されていた竹尺であった(91)。この竹尺は寛文元年の大火により焼失するが、たまたま小倉家にこの竹尺の模造品が残されていたため、愓斎はこれを借り受けることができ、それを実測した結果、唐尺八寸と一致する「夏家古尺」であることを突き止めた。よって、度量衡から楽律を求める方法を提唱する愓斎にとって、根拠とすべき古尺を提供した小倉実起が果たした役割は、非常に大きなものであるといえる。

二点目は、京都方楽人である安倍季尚に愓斎の『律呂新書』研究を紹介し、その理解者を楽人にまで広める手助けをしたことである。これについて、『筆記律呂新書説』律呂証弁「造律第一」には次のようにある。

茲邦樂家伶工、從來亦皆知仲呂之反始而已。予往歳與一友在小倉藤亞相公實起之宅、論十二律往不反之説。相公家世絃歌、最善聲律、乃引箏就十三絃試之。自黄鐘遞次相生、至仲呂而復生黄鐘、則少高與元聲不恊（協）。退柱二分許、方得相恊（協）、再三之、皆不爽。相公大省服。時有伶官安季尚稱飛騨守。一聞此事、亦深信之（『筆記律呂新書説』中、六葉裏）。

（茲の邦樂家伶工も、從來亦た皆な仲呂の始に反ることを知るのみ。予往歳一友と小倉藤亞相公實起の宅に在りて、十二律往て反らざるの説を論ず。相公の家絃歌を世にし、最も聲律を善くし、乃ち箏を引き十三絃に就きて之を試む。黄鐘より遞次に相生して、仲呂に至りて復た黄鐘を生ずれば、則ち少し高くして元聲と恊（協）わず。柱を退くこと二分許にして、方に相恊（協）うことを得、再び之を三にして、皆な爽わず。相公大いに省服す。時に伶官安季尚飛騨守と稱す有り。一たび此の事を聞きて、亦た深く之を信ず。）

また、『筆記律呂新書説』とは若干内容が異なるものの、『惕斎先生行状』にも同様の記述が見られる。

先生述律呂相生往而不還之説。亞相與伶官安部季尚共以六尺之箏、依律隔八相生、而列十二律、律呂再生之黄鐘、比正黄鐘微高。柱上移纔二分許、再四更調、皆不差。衆皆始知三分損益之數往而不返之説、無復容疑（『惕斎先生行状』、九葉表―九葉裏）。

（先生、律呂相生、往きて還らざるの説を述べる。亞相、伶官安部季尚と共に六尺の箏を以て、律に依りて隔八相生して、而して十二律を列し、律呂再生の黄鐘、正黄鐘に比すれば微かに高し。柱上移すこと纔かに二分許、再四更調するに、皆な差わず。衆皆な始めて三分損益の數、往きて還らざるの説、無復た疑いを容るること無きを知る。）

これらのことを総合すると、惕斎は「往きて返らず」を解説すべく小倉実起の自宅を訪ね、実際に六尺・十三弦の箏を使用して小倉実起の前で実験を行ない、仲呂から黄鐘が再生できない「往きて返らず」を示すことができた。そこで、箏柱を二分程度、竜尾の方へ弦が長くなるように移動させると、最初の黄鐘と一致する音が得られたことから、当初は「往きて返らず」に懐疑的であった小倉実起も納得し、惕斎の『律呂新書』研究に興味を持つことになったのである。そして、この小倉実起宅で行なわれた実験の結果を聞いた楽人の安倍季尚も、小倉実起とともに実験を行なった結果、同様の結論を得たため、惕斎の『律呂新書』研究に興味を持つこととなったのである。[92]
以上のように、小倉実起は物心両面から、惕斎の『律呂新書』研究を支援していたのである。

(二) 安倍季尚

安倍季尚（一六二二—一七〇八）は三大楽書の一つである『楽家録』（一六九〇年）の著者であり、応仁の乱以降、壊滅的な打撃を受けた日本雅楽の復興に尽力した京都方の楽人である。前述のように、安倍季尚は惕斎との交流を通して、三分損益法固有の問題である「往きて返らず」を理解したようであるが、季尚はそれ以外にも『楽家録』巻三三「本朝律管」、巻三四「律呂算法」、巻三五「声調考正」を著述する際にも『律呂新書』を参照している。とりわけ、巻三四「律呂算法」は『律呂新書』の計算方法に注目した注釈であり、『律呂新書』において理論を説明する「律呂本原」全一三章のうち、「黄鐘第一」から「六十調図第九」までの文章が大量に引用されている。また、安倍季尚は銅製の律管を製作しているが、正律十二律以外にも変律六律を製作している。[93]ここからも安倍季尚が『律呂新書』の受容に積極的であったことがわかる。

さて、安倍季尚と中村惕斎は、当時演奏されていた日本雅楽について、共にその来歴が明らかではないことを指摘している。惕斎は古楽を探求するためにはこの雅楽を使用せざるを得ないと考え、『律呂新書』にもとづく日本雅楽の改良を主張し、律名と調名の混同や嬰音の使用など、日本雅楽に見られる問題点を指摘している。しかし、安倍季尚は『律呂新書』を受容しつつも、惕斎が主張するような日本雅楽の改良については否定的であった。そのため、楽律についても従来伝承されてきたものを継続して使用することを主張する。『楽家録』巻三三「本朝律管」

には、次のようにある。

或人[94]曰、今律違於古律、則又何用之改之如何。曰、雖違於古律、而亦所先哲傳也。何知其無拠乎。且古律者雖黄帝所制而爲聲律之源、而時世遠地域異、不知今孰當其宜也（『楽家録』三、九九八頁）。

（或る人曰く、今律、古律に違えば、則ち又た何ぞ之を用い之を改めるは如何。曰、古律に違うと雖ども、而した亦た先哲の傳うる所なり。何ぞ其の拠るところ無きを知らんや。且つ古律は黄帝の制する所にして聲律の源と爲ると雖も、而して時世遠く地域異なれば、今孰れか當に其れ宜しくすべきかを知らざるなり。）

ここで安倍季尚は、今律（現在の楽律）と古律が違うのであれば、なぜ今律を改めないのかという「或る人」の問いを取り上げ、今律改定の是非についてみずからの見解を述べている。それによると、安倍季尚は今律と古律の音高が一致しないことは認めつつも、今律も古くから日本で伝承されてきたものであり、また、その来歴についても明らかであることから、これを使用しても問題はないという。その上で、古律は黄帝が定めた「声律の源」ではあるが、時代も場所も異なる日本においては、果たして今律と古律のどちらを使用するのが適当であろうかと疑問を投げかける。さらに、安倍季尚は次のように続ける。

蓋古者以古、今者以今、是無他時耳也。今謾爲復古以土蕢爲樂器、則其可乎。聲律亦如此。雖古律可崇、而今不知合於時世之宜否也。豈以淺見輒改之乎。且用古律、則今樂器笛篳篥之類、其聲音皆違、不能用之。今也唯守所其傳可而已矣（『楽家録』三、九九八頁）。

（蓋し古は古を以てし、今は今を以てすれば、是れ他時無きのみ。今謾りに復古を爲し土蕢を以て樂器を爲せば、則ち其れ可なるか。聲律亦た此くの如し。古律崇ぶべきと雖ども、而して今時世の宜しきに合うか否かを知らざるなり。豈に淺見を以て輒ち之を改めんや。且つ古律を用いれば、則ち今の樂器笛篳篥の類、其の聲音皆な違う、之を用いること能わず。今や唯だ其の傳わる所を守べきのみ。）

つまり、古律は古律として尊ぶべきであるが、軽々しく古律を復元して楽律を改めるよりも、時世に応じた今律を使用するべきだというのが安倍季尚の主張である。この点こそ、古楽を探求する中村愓斎と、雅楽の伝承者である安倍季尚の最大の違いである。そのため、安倍季尚は古律よりも今律、理論よりも実践を重視する立場をとっている。これらのことを総合すると、安倍季尚は『律呂新書』に見られる楽律の計算方法については受容しているものの、同書の理論を実際の雅楽に反映させることについては否定的であったことがわかる。つまり、楽人である安倍季尚にとっては、『律呂新書』から得た知識はあくまでも知識であり、その知識を活用して自身の演奏活動を変革することは想定していないのである。

では、なぜ安倍季尚は『律呂新書』から得られる知識を欲したのであろうか。この問題については、『楽家録』の跋文が参考になる。

竊聞西域震旦既其道絶之。以是愚恐後世失其道。故嘗至于所奏之曲、或舊記之諸說、樂器之制法矣、其大意今筆略之爲五十卷終焉（『楽家録』五、一六八三頁）。

（竊かに聞く西域の震旦既に其の道之れ絶える。是れを以て愚後世其の道を失うことを恐る。故に嘗て奏する所の曲、或いは舊記の諸說、樂器の制法に至るまで、其の大意、今之を筆略し五十卷を爲して終える。）

このように、安倍季尚が『楽家録』を著述した目的は、将来的に雅楽の伝承が途絶えてしまった際の拠り所とするためであることが記されている。しかし実際には、日本雅楽は応仁の乱により壊滅的な打撃を受けており、安倍季尚が危惧していた状況は、すでに発生していたといえる。そして、このような状況下において雅楽の復興に尽力していたのが、他ならぬ安倍季尚自身であった。つまり、季尚はみずからが苦心の末に復興への道筋をつけた日本雅楽を今後とも安定的に伝承していくため、従来のような師弟間における知識の相伝ではなく、理論化して伝承することの必要性を認識し、同書を著述したものと考えられる。

以上のことから、安倍季尚が『律呂新書』を必要としたのは、日本では明確に理論化されていなかった楽律論を補完するためであったと考えられる。

小結

本章では、日本近世期における『律呂新書』研究の端緒を開いた中村惕斎の『律呂新書』研究について考察してきた。その結果、惕斎の『律呂新書』研究は前期と後期に分けられ、前期で得た日本雅楽や楽器の演奏に関する知識がもととなり、後期における斎藤信斎への『律呂新書』の講義、そして『修正律呂新書』および『筆記律呂新書説』の著述へと展開していったことが明らかとなった。また、惕斎は『律呂新書』研究により得た楽律学の素養に、楽人との交流や楽器の習得などを通して得た経験、さらには、日本雅楽に関する知識を合わせることにより、日本雅楽を改良して理想とする古楽の復興を希求していたことが明らかになった。

しかし、このように楽の実践を重視する惕斎は、『律呂新書』が「声気の元」を得る方法として提示した候気術について、論理的には可能であるが、実践することは困難であるとの評価を下し、結果的には、日本には中国ではすでに失われてしまった古尺が残されているとの考えにもとづき、『律呂新書』が禁じた度量衡から楽律を求める方法を積極的に肯定することとなった。筆者は、この候気術に対する懐疑から、度量衡の肯定へと展開する惕斎の学問姿勢を見ると、これまで一般的に評されてきた惕斎の学問に対する印象、すなわち、原文に忠実にして没我的ということについては、また違った評価が下せるのではないかと考える。つまり、惕斎はテキストを重視しつつも、文献に書かれていることを鵜呑みにせず、みずからその内容を検証するほど、真摯に学問と向き合った結果が、没我的と評されることになったのではないだろうか。しかし、このような学問姿勢こそが、惕斎の実証的な研究を支える原動力になったと考えると、没我的という消極的な評価ではなく、実証的な学問姿勢として積極的に評価するべきであろう。

以上のように、中村惕斎の『律呂新書』研究は、日本における古楽の復興を目的とするため、蔡元定が追及した数的に均整のとれた論理的な楽律論よりも、人間の声や聴覚に依拠した実践的な楽律論に重きを置いていたものであったといえる。

【注】

(1) 中村惕斎については、柴田篤・辺土名朝邦『中村惕斎・室鳩巣』(明徳出版社、一九八三年、中村惕斎の部分は柴田氏の論考である) が詳しい。

(2)『漢籍国字解全書』(早稲田大学出版部、一九〇九―一九一七年) には、『大学示蒙句解』『中庸示蒙句解』『論語示蒙句解』(以上、第一巻)、『孟子示蒙句解』(第二巻)、『詩経示蒙句解』(第五巻)、『小学示蒙句解』(第七巻)、『近思録示蒙句解』(第八巻) 等、惕斎の著作が収録されている。

(3) 原念斎著、源了圓・前田勉訳注『先哲叢談』(平凡社、一九九四年) 一八九頁。なお、原著は文化一三年 (一八一六) 刊。

（4）岩橋遵成『近世日本儒学史』上巻（東京宝文館、一九二七年）八五頁。

（5）増田立軒『惕斎先生行状』には、「天和三年、先生年五十五、營隠宅于伏見郷京町南八閭、既成徙之、改交名爲仲二郎、仲氏也。二郎弟也。乃拒絶外人通交、惟京師舊知來訪、則延入論學耳」（二葉裏）とあることから、五五歳以降、惕斎が他人との交流を極度に避けていたことがわかる。ただし、『惕斎先生行状』には、惕斎が京都の町から離れ、九条に居住していた七〇歳頃のこととして、「其在九條也、子之淳宅隘、難容諸生會講、故借小舍於村口、與門人増謙等共居」（一一葉表）とあることから、晩年に至っても弟子の数は少なくなかったようである。なお、本書では、『惕斎先生行状』（延享三年、神子田所平・安井嘉兵衛板行）を使用する。

（6）川井東村（一六〇一―一六七七）、字は正直、名は与、号は東村。

（7）藤井懶斎（一六一七―一七〇九）、字は季廉、名は臧、号は懶斎・伊蒿子。

（8）米川操軒（一六二七―一六七八）、字は幹叔、名は一貞、号は操軒。

（9）これらの人物以外にも、惕斎は楽に関心の高い貝原益軒（一六三〇―一七一四）とも交流があり、ともに楽に興じていたことが益軒の日記などからうかがえる。

（10）増田立軒（一六七三―一七四三）、字は益夫、名は謙之、号は立軒。増田立軒については、竹治貞夫『近世阿波漢学史の研究』（風間書房、一九八九年）四五―一三六頁が詳しい。

（11）「及晩年、得齋藤成解音調、乃講明律呂新書」（『惕斎先生行状』、一〇葉表）。

（12）京都の医師であり琴士でもある鈴木蘭園（一七四一―一七九〇）は、『律呂新書』を批判的な観点から研究した人物である。蘭園は天明癸卯（天明三年、一七八三年）に『律呂新書』の講義を弟子たちに行なっており、後年、その時の講義録が『律呂弁説』（一八一三年）として刊行されている。同書の最後には、蘭園の弟子である中川壺山（一七七三―一八五〇）による「律原」と題する文章が附録として収録されているが、そこで惕斎の『律呂新書』研究について、「嗚呼律呂之不明也矣。幸有新書、足以其梗槩。然知其書者亦鮮矣。唯有惕齋中村先生、實發揮之、今也講律呂讀新書者、皆據惕齋」（付九葉表）との記述が見られる。ここからも、惕斎の研究が広く知られていたことがうかがえる。

（13）惕斎の『律呂新書』研究が前期と後期に分けられることについては、遠藤徹「中村惕斎と近世日本の楽律学をめぐる試論」においても指摘されている。

(14)『惕斎先生行状』、五葉表。
(15)柴田篤・辺土名朝邦『中村惕斎・室鳩巣』、三三頁。
(16)『惕斎先生行状』、二葉表。
(17)実際、中国から日本へ伝来した楽は、その後、幾度かの変革期を経て、日本風に変化している。また、応仁の乱（一四六七―一四七七）により京都が戦乱に見舞われた際に、音楽文化も破壊されてしまい、さらに、その楽を伝承してきた楽人が死亡・離散してしまうなど、壊滅的な打撃を受けていた。そのため、楽人たちでさえ、自身が演奏している楽の来歴を知らなかったとしても、無理のないことであるといえる。
(18)この正月に開催される舞楽会とは、天皇も来席する舞御覧のことである（遠藤徹「中村惕斎と近世日本の楽律学をめぐる試論」、二五〇頁）。惕斎がこの舞楽会に参加できた理由については、惕斎に楽器の演奏を指導していた楽人、あるいは小倉実起とも親交があった米川操軒の手引きがあったものと推定されるが判然としない。
(19)本書では、五弓雪窓編『事実文編』二（関西大学出版・広報部、一九七九年）所収の中村惕斎「米川幹叔実記」を使用する。
(20)『惕斎先生行状』、二葉裏。
(21)斎藤信斎については、第四章を参照。
(22)本書では九州大学附属図書館碩水文庫蔵『惕斎先生文集』（請求番号：碩水文庫／テ／一三）を使用する。
(23)『増訂版　国書総目録』著者別索引（岩波書店、一九九一年）八四〇頁。
(24)なお、文中の「新撰古律四品」とは、『筆記律呂新書説』下巻の最後に附された「新擬四古律黄鐘議」である。
(25)『先哲叢談』、一八九頁。
(26)『修正律呂新書』、跋二葉表。
(27)同前、跋二葉表。
(28)中村習斎の『読律呂新書記』については、第五章を参照。
(29)天木時中、通称は善六。佐藤直方および三宅尚斎に師事した尾張出身の儒者である。
(30)小出永菴（不明―一六八四）、字は不見、名は立庭、号は永菴。尾張藩に仕えた江戸時代前期の儒者である。『新刻性理大全』は、小出永菴が『性理大全』に訓点を附した和刻本であり、同書の跋文にある「慶安辛卯冬十有一月癸未日」という記述から、慶安辛卯（慶安四年、一六五一年）には完成していたことがわかる。
(31) ここでは、国立公文書館内閣文庫蔵『新刻性理大全』（請求番号：二九九―〇〇三五）を使用する。
(32) ここでは、小樽商科大学附属図書館蔵『性理大方書』（請求番号：Z九・三／五六／二五九七、二五九八）を使用する。
(33) ここでは、市立米沢図書館蔵『新刊性理大全』（請求番号：米沢善本三六）を使用する。
(34) ここでは、東京大学東洋文化研究所図書室蔵『新刊性理大全』（請求番号：子部―儒家―三八）を使用する。
(35)「修正本」上、序一葉表。
(36)「李本」巻二二、一葉表。
(37)「修正本」下、三葉裏。
(38)「李本」巻二三、三葉裏。
(39)「修正本」下、六葉表。
(40)「双桂書堂本」巻二三、五葉裏。
(41)「修正本」下、一二葉裏。
(42)「双桂書堂本」巻二三、一一葉表。
(43)「ゼロ」を「〇」と表記する方法は、『律呂新書』に見られる特徴のようである。これについては、水原寿里「文化言語学から見た中国語学教育における数詞の用語用例に関する一研究」（『アジア文化研究』第一六号、国際アジア文化学会、二〇〇九年）一二五頁を参照。
(44) 中国では明代に李廷機の名前を冠した書籍が数多く刊行されていたようである。これについては、表野和江「宰相の受験参考書―李廷機と挙業書出版―」（『芸文研究』第八七号、慶応義塾大学芸文学会、二〇〇四年）を参照。
(45)『増益書籍目録』（元禄一一年版）二、九葉表。
(46) 矢島玄亮『徳川時代出版社・出版物集覧』（万葉堂書店、一九七六年）一三七頁。
(47) 市古夏生編『元禄・正徳板元別出版書総覧』（勉誠出版、二〇一四年）には、「初代は正徳三年（引用者注：一七一三年）正月晦日没、名は敷隆、来誉元泉居士。唐本屋らしく、儒・医書が圧倒的に多く、仏書は極めて少ない」（二四四頁）とあることから、『修正律呂新書』は初代・武村新兵衛により刊行されたことがわかる。

(48) 筆者が確認したのは、東北大学附属図書館狩野文庫（請求番号：狩／第五門／三〇二五一／二冊）、東北大学附属図書館平山文庫（請求番号：MA／五九八）、新潟大学附属図書館佐野文庫（請求番号：經五／六／一／佐）、京都大学数学教室図書室（請求番号：和／り／〇〇五）、京都大学人文科学研究所附属東アジア人文情報学研究センター図書室（請求番号：經／V／六／一／A）、関西大学図書館内藤文庫（請求番号：L二一／一／五六四―一・二）、佛教大学図書館（請求番号：佛書／八三五／一・二）、九州大学附属図書館（請求番号：一二三／リ／一）、九州大学附属図書館碩水文庫（請求番号：碩水文庫／リ／三）、名古屋市蓬左文庫（請求番号：六二／七一）、大阪府立中之島図書館（請求番号：一八三／四／二〇）の計一一点である。

(49) 矢島玄亮『徳川時代出版社・出版物集覧』、五六頁。

(50) 筆者が確認したのは、公益財団法人土佐山内家宝物資料館（請求番号：ヤ七六〇／四八）の一点である。

(51) 筆者が確認したのは、関西大学図書館長沢文庫（請求番号：L二三／A／一五三〇・一五三一）、大阪市立大学福田文庫（請求番号：七六二．二／SAI／FUKUDA）、新発田市立図書館（請求番号：V〇九／教書／六六七）の計三点である。

(52) 井上隆明『改訂増補近世書林板元総覧』（青裳堂書店、一九九八年）、二七四頁。

(53) 筆者が確認したのは、東北大学附属図書館狩野文庫（請求番号：狩／第五門／一六八四九／二冊）、洲本市立図書館（請求番号：函三九號／雜門三一號／壱部弐冊）の計二点である。

(54) 矢島玄亮『徳川時代出版社・出版物集覧』、二一六頁。

(55) 井上隆明『改訂増補近世書林板元総覧』（青裳堂書店、一九九八年）五〇〇頁。

(56) 筆者が確認したのは、名古屋市蓬左文庫（請求番号：三六／三五）、同（請求番号：中／九三）、九州大学附属図書館桑木文庫（請求番号：桑木文庫／和書／一四〇七）の計三点である。

(57) これらの版本では、見返の中央部分に「修正律呂新書」と書名が示されている。

(58) 筆者が確認したのは、名古屋市蓬左文庫（請求番号：六二／七〇）、東京芸術大学附属図書館（請求番号：W七六八．二／Sh三二）、宮内庁書陵部（請求番号：一六一／七四）の計三点である。

(59) 一斤が一六兩、一鈞が三〇斤であるため、一鈞は一六×三〇＝四八〇兩となる。

(60) 一兩が二四銖、一鈞が四八〇兩であるため、一鈞は四八〇×二四＝一一、五二〇銖となる。

(61) 一龠が一二銖、一鈞が一一、五二〇銖であるため、一鈞は一一、五二〇÷一二＝九六〇龠となる。

(62)『修正律呂新書』、跋二葉表。
(63) 山寺三知「校点『筆記律呂新書説（附訓読）』」（二）、三八頁。
(64) 同書の外題は「律呂新書説　中」であるが、内題は「筆記律呂新書説　下」となっているため、ここでは同書を『筆記律呂新書説』の下巻とする。
(65) 実際に登録されているのは一一点であるが、このうち、日本雅楽の研究家である羽塚啓明氏（一八八〇―一九四五）の蔵書については、『日本音楽大事典』（平凡社、一九八九年）の「羽塚啓明」の項目に、「惜しくも第二次世界大戦で消失した」（七一九頁）とあることから、ここでは除外する。
(66) この七点のうち、近年になり山寺氏が新たに発見した上野学園日本音楽研究所本については筆者未見のため、ここでは情報のみを示す。
(67) 書誌情報については、筆者が実見して得た情報以外にも、山寺三知「校点『筆記律呂新書説』（附訓読）」（一）―（四）（『國學院大學北海道短期大学部紀要』第三〇巻―第三三巻、國學院大學北海道短期大学部、二〇一三年―二〇一六年）を参照した。なお、『筆記律呂新書説』の分類に当たっては、山寺三知氏から貴重なご意見を多数賜った。
(68)「土佐本」下、一九葉裏。
(69) 同前、一九葉裏。
(70) 同前、一九葉裏。
(71)「景康」については明らかではないが、九州大学碩水文庫所蔵の斎藤信斎『楽律要覧』に「中院七十三翁景康」との記述が見られることから、「景康」とは「中院七十三翁景康」であると考えられる。だが、「中院七十三翁景康」についても詳細は不明である。
(72)『律呂新書』、一四九五頁。
(73) これについては、本書四七―五一頁を参照。
(74)『筆記律呂新書説』上、一六葉表。
(75)『律呂新書』、一五四三頁。
(76) 八一分の半分（中央値）は四〇分半（四〇・五分）となり、整数で表すことができない。

（77）「或曰、徑圍之分以十爲法、而相生之分釐毫絲以九爲法、何也。曰、以十爲法者天地之全數也。以九爲法者因三分損益而立也。全數者即十而取九、相生者約十而爲九。即十而取九者體之所以立、約十而爲九者用之所以行。體者所以定中聲、用者所以生十一律也」（『律呂新書』、一四七六―一四七七頁）。

（78）ただし、実際には中心で切断しても黄鐘半律を得ることはできず、管口補正を行なわなければならない。

（79）律呂本原「十二律之実第四」では、黄鐘については「全九寸　半無」となっているが、林鐘については「全六寸　半三寸不用」となっており、「不用」とされつつも数値は示されている。南呂・応鐘についても、林鐘と同様。

（80）本書三七―四一頁を参照。

（81）『筆記律呂新書説』上、二〇葉表。

（82）同前、一六葉裏。

（83）なお、この「十二」を天数とすることは、『春秋左氏伝』哀公七年の「周之王也、制禮、上物不過十二、以爲天之大數也」（『春秋左伝正義』一八八八頁）や『周礼』春官宗伯の「掌十有二歳、十有二月、十有二辰、十日、二十有八星之位、辨其叙事、以會天位」（『周礼注疏』、八二三頁）などにも見られる。なお、本書では『春秋左伝正義』（北京大学出版社、二〇〇〇年）および『周礼注疏』（北京大学出版社、二〇〇〇年）を使用する。

（84）児玉憲明「『律呂新書』研究―「声気之元」と「数」―」、二一―三三頁を参照。

（85）一尺を三〇センチメートル（cm）とすると、一毫は〇・三ミリメートル（mm）、一忽は〇・〇三ミリメートル（mm）となり、目視で確認することはほぼ不可能である。

（86）『律呂新書』、一五一六―一五一七頁。

（87）惕斎の度量衡に関する研究については、『三器通考』や『律尺考験』に詳しくまとめられている。それによると、惕斎は尚衣局の裁尺・御府尺・法隆寺古尺（上宮太子の古尺）・生駒寺の律蔵衣尺・貨泉銭・開元銭・『頖宮礼楽疏』律尺詁の尺式・朝鮮国尺式（『国朝五礼儀』の尺式）・明人がもたらした両尺（朱舜水の長短両尺）などを総合的に検討していたようである。

（88）『筆記律呂新書説』下、五葉裏。

（89）原文には「寛文乙丑」とあるが、寛文年間には「乙丑」の年が無い。また、『律尺考験』に「爰ニ今御府ノ竹周尺ト云ハ往歳余是ヲ小倉藤亞相實起卿ニ聞ケリ、古來禁裏ノ御文庫ニ竹ノ周尺有……其後寛文元年、内裡燒タル時ニ、モトノ尺ハウセタリト」（一四四―一四五）とあることから、「寛文乙丑」は「寛文辛丑（元年・一六六一年）」の誤りであると考えられる。なお、本書では『日本経済叢書』巻二（日本経済叢書刊行会、一九一四年）所収の『律尺考験』を使用する。

(90)『惕斎先生行状』、九葉表。

(91)「本朝秘府有古竹尺一枚、鏤背曰周尺。純然古色、真數百千歳舊物也。相傳僧空海師入唐而帶歸。料想其實然也。寛文乙丑灾失之、先是小倉藤亞相公、規倣而藏于家、予請而驗之、實比唐尺八寸、故知必是唐人所稱夏家古尺也」（『筆記律呂新書説』下、七葉表）。

(92)ただし、この実験に安倍季尚が同席していたのかについては判然としない。『惕斎先生行状』では、「亞相與伶官安部季尚」とあることから、小倉実起と安倍季尚が一緒に箏を使用して実験を行なっていたことがわかるが、この席に惕斎が同席していたのかについては判然としない。一方、『筆記律呂新書説』では、「時有伶官安季尚稱飛騨守。一聞此事、亦深信之」とあることから、安倍季尚は後日、この実験結果を聞いたものと考えられる。

(93)「於是乃更詳圍徑以銅制。……且作變律六管副之自名度正」（『楽家録』三、九九八頁）。本書では、正宗敦夫編『楽家録』三（日本古典全集刊行会、一九三六年）を使用する。

(94)この「或人」が特定の人物を指すのかどうかについては記述がないが、その内容から推測すると、「或人」の問いは中村惕斎の主張に近いように思われる。

第四章　斎藤信斎の『律呂新書』研究
―中村惕斎『律呂新書』研究の継承と『楽律要覧』―

中村惕斎による『律呂新書』研究の登場は、それまで本格的な楽律研究が行なわれていなかった朱子学派に大きな転機をもたらすこととなる。本章では、中村惕斎の『律呂新書』研究の普及に尽力した門人の斎藤信斎について、信斎が果たした役割を具体的に検証するとともに、惕斎の『律呂新書』研究の入門書として信斎が著わした『楽律要覧』（一七〇七年）の分析を通して、中村惕斎と斎藤信斎の師弟間における楽律研究の差異についても明らかにしたい。

第一節　斎藤信斎について

斎藤信斎（生没年不詳）、字は子修、名は元成、号は信斎。惕斎の楽律研究を継承するとともに、『修正律呂新書』の出版などを通して惕斎の『律呂新書』研究の普及に尽力した人物である。しかし、その生涯については、現存する資料の中に記録が散見されるものの、判然としない部分が多い。そこで、本節では現存する資料の記録を精査することにより、信斎の生涯を可能な限り明らかにしたい。

管見によると、信斎の生涯について書かれた資料の中でも最も信頼に足るのは、惕斎が信斎の字である「子修」の由来について著わした「藤子修字説」である。

冠而字之、古之道也。洛之藤氏元成、既壮、未字、請予選字。予祝之曰、子修（『惕斎先生文集』九、四八葉裏）。

（冠して之に字するは、古の道なり。洛の藤氏元成、既に壮にして、未だ字せず、予に字を選ばんことを請ふ。予之を祝して曰く、子修と。）

これにより、信斎の出身地が京都であること、また、壮年になるまで字を持たなかったため、惕斎により「子修」という字が与えられたことがわかる。さらに、この「藤子修字説」の最後には「壬申孟秋之月惕斎艸」とあることから、信斎が惕斎に入門したのは元禄五年（壬申・一六九二年）七月以前であることがわかる。[1]

また、国文学研究資料館高乗勲文庫蔵の中村惕斎『筆記律呂新書説』下巻の景康による識語にも、信斎に関する記述が見られる。

門人藤成子修、傳其説亦能知律也。糸商家而居于洛室町近衛巷之南、称鴬屋上総椽善内、後号信斎。為人謹厚清廉、脱凡庸。予固知之、是亦既卒矣（『筆記律呂新書説』、八〇葉表）。

（門人藤成子修、其の説を傳え亦た能く律を知るなり。糸の商家にして洛室町近衛巷の南に居り、鴬屋上総椽善内と称し、後に信斎と号す。人と為り謹厚清廉にして、凡庸を脱す。予固より之を知る、是れ亦た既に卒す。）

これによると、斎藤家は京都室町通り沿いに店を構える糸商家であり、鴬屋上総椽善内と称していたことがわかる。識語の最後には「宝暦十三年歳次癸未月旅太簇」とあることから、この識語が作成されたのは宝暦一三年（癸未・一七六三）正月であったことがわかるが、識語の中に「是亦既卒矣」（是れ亦た既に卒す）とあるため、信斎は宝暦一三年にはすでに亡くなっていたようである。

さらに、名古屋市蓬左文庫蔵の中村習斎『読律呂新書記』(2)には、次のような記述が見られる。

信斎ハ京都斎藤庄兵衛ノ号ナリ、家号粜屋ト称ス（『読律呂新書記』上、二葉表）。

これより、信斎の通称が庄兵衛であったこと、また、屋号が「粜屋」であったことがわかる。(3)

以上のように、信斎の生涯については明らかではない部分が多々あるが、現存する資料を総合すると、信斎は京都の室町通り沿いに屋号を「糶屋（または粜屋）」とする店を構える糸商であったこと、また、惕斎に入門したのは壮年になってからであり、その時に「子修」という字をつけられたことがわかる。

次に、信斎の業績を整理することにより、信斎が惕斎の『律呂新書』研究をいかにして普及させていったのかについて見てみたい。信斎の主な業績としては、①『修正律呂新書』の出版、②『筆記律呂新書説』の写本の作成、③『惕斎先生文集』の参訂、④『楽律要覧』の著述の四点が挙げられる。このうち、①と②については前章においてすでに検討したためここでは省略するが、惕斎の『律呂新書』研究を代表する著作の出版および伝承に信斎が参与していることからも、信斎が惕斎の『律呂新書』研究の普及に尽力していたことがよくわかる。

③『惕斎先生文集』は惕斎の息子である中村之淑（孟幹）・中村之淳（子元）、門人の喜多良忠（精叔）が編集し、斎藤元成（子修）・河村誠之（子誠）・増田謙之（益夫）が参訂を行なった惕斎の文集である。同書の成書過程については、増田謙之（立軒）による識語に次のようにある。

先生棄世之後、其子孟幹子順、門人喜多精叔等拾合而成編。遠贈阿州需予訂正。謙之友人中尾子固、前田伯彊、更復謄寫。謙之以校讎五経筆記末暇考訂。方往歳遊京同門齋藤子脩、河邨仲誠、歴覧畧訂誤字以見返焉。（『惕斎

先生文集』巻一一、五〇葉表）
（先生棄世の後、其の子孟幹・子順、門人喜多精叔等拾合して編を成す。遠く阿州に贈りて予に訂正を需む。謙之の友人中尾子固、前田伯彊、更に復た謄寫す。謙之『五経筆記』を校讎するを以て未だ考訂に暇あらず。方に往歳、遊京の同門齋藤子脩、河邨仲誠、歴覧して畧《ほ》ぼ誤字を訂して以て返さる。）

これにより、信斎は増田立軒らとともに同文集の参訂に参加していたことがわかる。また、信斎が実際に参訂を行なっていた時期であるが、『惕斎先生文集』の識語の末尾に「元文三年戊午三月之望」とあることから、惕斎が亡くなった元禄一五年（一七〇二）から元文三年（一七三八）の間に行なわれていたものと考えられる。

④『楽律要覧』は、信斎が惕斎の『律呂新書』をはじめとする楽律研究の入門書として著わした著作である。同書については、次節において改めて検討するが、信斎がこのような著作を執筆することができたのは、『惕斎先生行状』に「及晩年、得齋藤成解音調」(4)（晩年に及び、齋藤成の音調を解するを得たり）とあるように、信斎に楽の素養があったことによるであろう。

このように、信斎は惕斎の門人の中でも比較的楽に明るかったため、惕斎が晩年に再開する『律呂新書』研究の契機を作るとともに、その研究を継承し、普及させていくことができたのである。

第二節　『楽律要覧』について

『楽律要覧』は中村惕斎の『律呂新書』をはじめとする楽律研究の入門書として著わされた著作である。同書の成書年代については、信斎による序文に「宝永丁亥ノ歳、白藏ノ孟月」(5)とあることから、宝永四年（一七〇七）七月

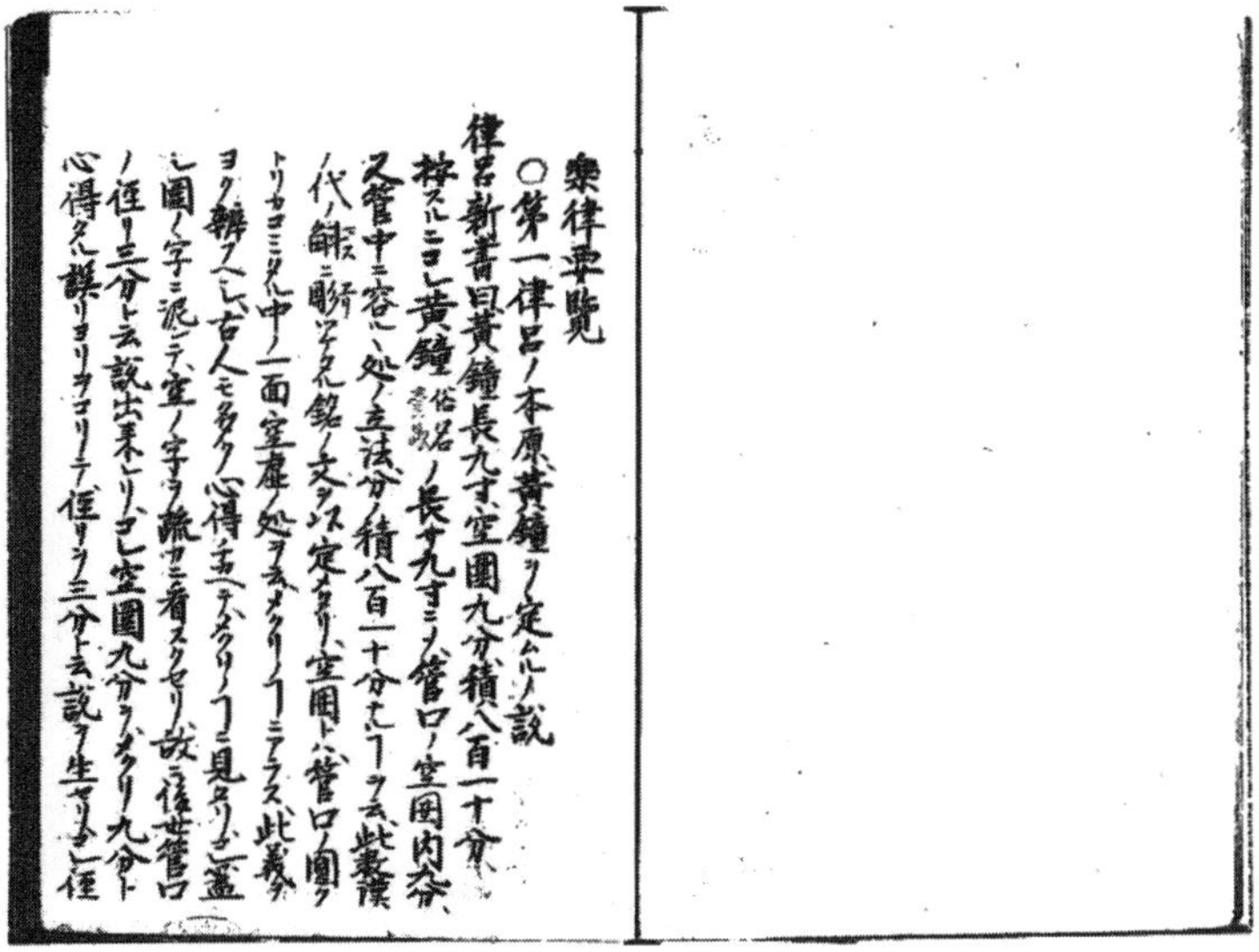
楽律要覧
○第一律呂ノ本原ハ黄鐘ヲ定ムルノ説
律呂新書曰黄鐘長九寸空圍九分積八百一十分ト
按スルニ是レ黄鐘俗名壹越ノ長サ九寸ニシテ管口ノ空圍内径
又管中ニ容ルヽ処ノ立法分ノ積八百一十分ナルヿヲ云此事漢
代ノ斛ニ彫付タル銘ノ文ヲ以テ定タリ空圍トハ管口ノ圍ヲ
トリカコミタル中ノ一面空虚ノ処ヲ云フメクリノヿニアラス此義ヲ
ヨク弁フヘシ古人モ多ク心得チカヘテメクリノヿニ見タリ蓋
シ圍ノ字ニ泥ミテ空ノ字ヲ疎カニ看スクセリ故ニ後世管口
ノ径リ三分ト云説出来レリ是レ空圍九分ヲメクリ九分ト
心得タル誤リヨリワカリテ径リヲ三分ト云説ヲ生セシナリ径

写真　斎藤信斎著・中村習斎筆『楽律要覧』（名古屋市蓬左文庫蔵、3葉表）

にはすでに完成していたことが知られる。

日本古典籍総合目録データベースには同書の所蔵先として、国立国会図書館、京都大学附属図書館（近衛家熙写）、東北大学附属図書館狩野文庫、名古屋市蓬左文庫（『道学資講』巻二五〇）、陽明文庫[6]、下郷文庫、羽塚啓明、宮内庁書陵部、名古屋市蓬左文庫（中村習斎筆）の計九点の情報が登録されているが、このうち、下郷文庫と羽塚啓明の二点は現在では確認できないため[7]、計七点が現存することになる。しかしこれ以外にも、九州大学附属図書館碩水文庫（中院七十三翁景康写）および関西大学図書館内藤文庫にも所蔵が確認できたため、現存するテキストは合計九点となる[8]。ただし、諸本の来歴については不明な部分が多く、この中に信斎による原本が含まれているのかについても明らかではない。また、現存するテキストがすべて写本であり、同書が出版されたとの記録も見られないことから、同書は筆写を繰り返すことにより各地へと伝播していったものと考えられる。そこで、本書では来歴が比較的明らかな、名古屋市蓬左文庫蔵の中村習斎筆『楽律要覧』（請求番号：中―三九九）を底本として使用することにする。

前述のように、『楽律要覧』は信斎が惕斎の『律呂新書』をはじめとする楽律研究の入門書として著わしたものであるが、そのことは同書の序文においても明示されている。

然レトモ其書（引用者注：『筆記律呂新書説』）タル、楽律ニナレズ、數術ニウトケレハ、學者トイヘトモ、容易會暁ヲ得カタシ、況ヤ其他ヲヤ。爰ニ余自ラ量ラス黄鐘ノ本原ヨリ正變十八管ノ律、五声二変八十四聲六十調ニ至ルマテノ數條ヲ、新書並ニ筆記ノ説ニ従テ、序字ヲ以コレヲ解ス。……又律尺考驗ノ畧ヲ挙ケ、巻末ニハ亦竊ニ愚意ノ趣ク所ヲ加ヘ、名ツケテ楽律要覧ト云。……詳ナルコトヲ知ラマク欲セハ、筆記備レリ。此書モシクハ其階梯タランカト心ニ深ク願ヘルコトシカリ（『楽律要覧』、一葉裏―二葉表）。

このように、惕斎の『筆記律呂新書説』は楽律や数術に関する知識を有するものでなければ簡単には理解することができないため、信斎は同書の内容をわかりやすく解説するとともに、惕斎の度量衡研究の成果である『律尺考験』や信斎自身の見解も加え、『楽律要覧』を完成させたのである。そして、この序文は「此書モシクハ其階梯タランカト心ニ深ク願ヘルコトシカリ」(9)として、『楽律要覧』が惕斎の『律呂新書』研究の入門書とならんことを希求する信斎の言葉で締めくくられている。

さて、『律呂新書』の理論を示す「律呂本原」は全一三章から構成されているが、『楽律要覧』ではその内容を再構成し、全六章に分けて解説をほどこしている。その構成は、次のとおりである。

第一　律呂ノ本原黄鐘ヲ定ムルノ説

第二　律尺考験ノ畧幷古尺ノ説
第三　十二律三分損益シテ往テ返ラサルノ説
第四　變律幷五聲二變六十調ノ説
　附四清聲八十四聲ノ説、嬰羽嬰商ヲ用ル誤、及ヒ今ノ箏調ノ論
第五　雅楽燕楽ノ論
　附唐宋明幷我　邦ノ律ノ辨
第六　音楽ノ大意

このように、第一から第四までは、『律呂新書』に直接関係のある理論についての解説であり、第五と第六については、楽そのものに関する論述である。注目すべき点は、前半部分（第一から第四）の構成である。ここでは、初めに「第一　律呂ノ本原黄鐘ヲ定ムルノ説」において黄鐘の定め方が論じられたのち、続く「第二　律尺考験ノ畧幷古尺ノ説」において度量衡の検討が行なわれている。前述のように、『律呂新書』では黄鐘（楽律）から度量衡が生じるとの立場をとるため[10]、度量衡に関する内容は「律呂本原」全一三章の中でも、最後の三章（第一一から第一三）に配当されている。しかし、信斎の師である惕斎は、日本に残る中国由来の古尺に依拠すれば理想とする楽律を復元することができるとの考えにもとづき、『律呂新書』とは異なる度量衡から黄鐘律管を求める方法を積極的に推奨している。つまり、『律呂新書』の著者である蔡元定と中村惕斎とでは、度量衡に対する評価が逆転しているのである。この点に着目して『楽律要覧』を見ると、同書でもやはり惕斎の主張を継承し、度量衡に関する議論を前半に置くなど、度量衡を重視する傾向が見られる（後述）。

また、『律呂新書』が重視した候気術のとらえ方からも、『楽律要覧』における中村惕斎の影響が確認できる。『律

呂新書』では、律管の正確性を判断する方法として、気の思想を背景とする候気術が重視されていたのだが、惕斎はこの候気術を論理的には肯定しつつも、その実現性については疑義を挟むなど、懐疑的な見解を示している。そして、この点に着目して『楽律要覧』を見ると、同書ではそもそも候気術が取り上げられていないことがわかる。その理由について『楽律要覧』には具体的な説明は見られないが、同書が惕斎の楽律研究の入門書として著述されたことを念頭に置くと、惕斎が候気術に対して示していた懐疑的な態度を信斎は受け継ぎ、惕斎の楽律研究の入門書である『楽律要覧』には候気術は不必要であるとの判断を下したものと考えられる。

以上のことから、『楽律要覧』に見られる『律呂新書』の理解は、蔡元定の原文をそのまま理解するのではなく、師である惕斎の影響を受け、若干の変更を加えているといえる。

第三節　中村惕斎との比較

本節では、斎藤信斎『楽律要覧』と中村惕斎『筆記律呂新書説』との比較を通して、両者間における研究の継承と異同について検討し、斎藤信斎の楽律研究の特徴について明らかにする。

『楽律要覧』については、遠藤徹「中村惕斎と近世日本の楽律学をめぐる試論」が、惕斎の楽律研究の意義を理解する手掛かりとして同書を活用し、分析を行なっている(11)。このような観点からの分析は、信斎が『楽律要覧』を著述した意図とも合致するものであり、惕斎の楽律研究を理解する方法としては有意義な方法であるといえる。しかし、『楽律要覧』が惕斎の楽律研究の入門書として書かれたものであるとしても、その著者が斎藤信斎である限り、惕斎と信斎の楽律研究に関する理解には何かしらの差異が見られるのではないかとも考えられる。

そこで、本節では同書に見られる信斎の見解と惕斎の見解を比較することにより、両者の異同を論じ、信斎がいかに惕斎の楽律研究を継承したのかについて検討してみたい。

一、人声

前述のとおり、『律呂新書』では楽律の展開が「数の自然」という語により説明されているが、中村惕斎はこの「数の自然」については必ずしも評価しておらず、むしろ楽律の展開を決めるのは「人声」であるとする独自の主張を行なっている。そして、この点に着目して『楽律要覧』を見ると、同書でもやはり「人声」を重視する傾向が継承されていることがわかる。『楽律要覧』「第四變律幷五聲二變六十調ノ説」には次のようにある。

ソレ律ハ天地ノ中聲ニシテ、其準ハ人聲ニアリ。故ニ人聲ノ高下宜キヲ本トス（『楽律要覧』、二〇葉裏）。

このように、『楽律要覧』では楽律の基準が「人声」であることが明確に示されている。また、「第六　音楽ノ大意」では『尚書』舜典を引用し、楽律の基準が「人声」であることを示している。『楽律要覧』が引用する『尚書』の原文は次のとおりである。

夔、命汝典樂、教冑子、直而温、寛而栗、剛而無虐、簡而無傲。詩言志、歌永言、聲依永、律和聲。八音克諧、無相奪倫、神人以和（『尚書正義』、九三―九五頁）。

（夔、汝に命じて樂を典らしむ、冑子に教え、直にして温、寛にして栗、剛にして虐げること無く、簡にして傲ること無し。詩は志を言い、歌は言を永くし、聲は永きに依り、律は聲を和す。八音克く諧いて、倫を相い奪うこと無ければ、神人以て和す、と。）

この一節に対する『楽律要覧』の解釈は非常に長いため、ここでは「詩言志」以下の内容に限定して見ておきたい。

まず、「詩言志」については「心ノユク処アレハ、必コトハヲ以テイヒノフ、是詩ナリ」（三三葉表）とし、「歌永言」については「詩ニ言フ処ノコトヲナカクミシカクフシヲツケテウタフ、是歌ナリ」（同）とし、「声依永」については「詩ヲ咏嘆スルニヨリテ、必五聲ノメリカリアルヲ云」（同）という。そして、続く「律和聲」については「蓋シ人ノ詩ヲ詠スル、ソノ五聲旋宮ノ次第ニヨツテ、各コレニ應スル律アリ。故ニ其應スル律管ヲ吹テ、人ノ五聲ヲシラヘヤハラク。コレニヨリテ其聲ヨクアヤヲナスナリ」（三三葉裏）と述べ、人間が五声により「詩」を詠じれば、それに応じる楽律があるといい、人声と律管を合わせることにより、一層精確なものになるという。そして、この引用文を解説した後、『楽律要覧』は「コレヲ以観レハ、律モ人ノ聲ニ本クコトヲ知ルヘシ」（同）と総括している。これより、『楽律要覧』でも惕斎が主張する「人声」を重視する考えが継承されていることが確認できる。

二、度量衡

『律呂新書』では度量衡を基準として楽律を探求することを厳しく戒めているが、前述のとおり、中村惕斎はその方法を積極的に推奨している。そして、このような姿勢は、『楽律要覧』においても継承されている。このことは、「第一　律呂ノ本原黄鐘ヲ定ムルノ説」の黄鐘に関する議論と、「第三　十二律三分損益シテ往テ返ラサルノ説」の三分損益法による十二律の算定の間に、「第二　律尺考験ノ畧幷古尺ノ説」として度量衡に関する議論が挿入されている同書の章構成からも明らかである。これはつまり、「第一　律呂ノ本原黄鐘ヲ定ムルノ説」において理論的に求めた黄鐘の妥当性を、「第二　律尺考験ノ畧幷古尺ノ説」において歴史的な遺物による検証により確定しようとする意志の表われであるといえる。そして、このようにして得られた黄鐘にもとづき、「第三　十二律三分損益シテ往テ返ラサルノ説」において十二律の算定方法が論じられているのである。

ここで、『楽律要覧』が楽律と度量衡の関係をどのように考えていたのかについて見てみたい。「第二　律尺考験ノ畧幷古尺ノ説」の冒頭において、信斎は伶倫による十二律の制定[12]をめぐり、次のように述べている。

> 蓋シ古ヘ律ヨリ以前ニ尺アリテ、其尺ヲ以律ヲ截タルニハアラス。律定マテ《ママ》後ニ、其長サヲ九ニ分チ、一ヲ加ヘテ始メテ尺出来レリ（『楽律要覧』、六葉表）。

このように『楽律要覧』では、古来、楽律（律）が定められたのち、その楽律を基準として度量衡（尺）が定められてきたという。さらに、楽律から度量衡を求める方法については、「律定マテ《ママ》後ニ、其長サヲ九ニ分チ、一ヲ加ヘテ始メテ尺出来レリ」として、基本となる黄鐘の長さを九分に分け、さらに一分を加えて一尺を求めるという方法が示されていることから、楽律と度量衡の関係については、『楽律要覧』は『律呂新書』と同様に、楽律から度量衡が生じる（以律出度）との認識を有していたことがわかる。

しかし、実際に律管を製作する段階になると、『楽律要覧』でも惕斎と同様に度量衡に依拠して求めることが許容されることとなる。

> 然ルヘキハ律定リテ後ニ、尺ヲ生スルコトナレトモ、今律ヲ截テ中聲ヲ試ントナラハ、既ニ成タル古尺ニ依テ、

コレヲ截リ試ムニシクハナシ（『楽律要覧』、六葉裏）。

このように、信斎は古尺から楽律を制定することが伝統的な方法ではないことを認識しつつも、古尺を使用した方が正しい楽律を得られる可能性が高いことから、度量衡に依拠して楽律を求めることを肯定している。そして、信斎は実際に度量衡にもとづいて律管を製作している。

余往歳コノ古尺[13]ノ九寸ニヨリ、口径本法ニ従テ、黄鐘一管ヲ截リテココロムニ、聲ノ上下自由ニシテ、ツギガタカラス。所謂中聲ヲ得ルモノニ近シ。仍テ遂ニ正律十二管、變律六管ヲ截テ、家ニ藏ム（『楽律要覧』、一二葉表）。

「古尺ノ九寸」にもとづき黄鐘律管を製作したところ、「中聲」に近い音を得ることができたため、この黄鐘律管を基準として正律十二管・変律六管の計十八管、つまり『律呂新書』に即した律管を製作したというのである。

以上のように、『楽律要覧』では惕斎の主張を継承し、度量衡にもとづく黄鐘律管の探求を主張するのみならず、古尺に依拠して『律呂新書』が提唱する十八律の律管を製作するなど、惕斎の研究を継承・発展しつつ、『律呂新書』にもとづく古楽の復興を実現しようとしていたことがわかる。

三、嬰音

中村惕斎は『律呂新書』研究を通して、日本雅楽に見られる律名と調名の混同、そして、嬰音の使用が本来の雅楽には見られない理論であるとして、その誤りを改めるように主張しているが、『楽律要覧』においてもこの問題を取り上げ、検討が行なわれている。

まず、律名と調名の混同について見てみよう。「第三　十二律三分損益シテ往テ返ラサルノ説」には次のようにある。

> 本朝ニテ、十二律ノ名ニ用フル、壹越平調等ノ名ハ、モト調ノ名ナルヲ、イツノ此ヨリカ、此邦ニテ、律ノ名ニ兼用ヒタルモノト見エタリ（『楽律要覧』、一六葉表—一六葉裏）。

このように、『楽律要覧』では日本雅楽において律名と調名に同一の呼称が使用されるようになった原因を、そもそも調名として使用されていた壱越・平調等の名称が、その後、律名としても兼用されるようになったからであるという。この考え方は、「今人誤以調名律、而遂以其起調畢曲之律為宮」(14)（今の人誤まりて調を以て律に名づけ、而して遂に其の調を起こし曲を畢るの律を以て宮と為す）とする惕斎の見解とも一致するものである。しかし、『楽律要覧』ではこの問題について、さらに次のように述べている。

> 今　本朝ニテ、十二律ノ本名ヲ用ヒスシテ仁智要録ニ、律ノ本名ヲ用フ、律ト調子トノ名ヲ、渾シテ用フルコト、ソノイワレヲシラス。コノ紛レヨリ、ココロヘチカフル人多シ。本名ヲ用ヒタキモノナリ（『楽律要覧』、一七葉裏）。

ここで信斎は、平安時代末の箏譜である『仁智要録』では、十二律の律名に中国式の名称が使用されているといい(15)、かつては日本でも黄鐘・大呂等の中国式の律名が使用されていたことを指摘する。そして、この中国式の律名こそが「本名」であるものの、いつの頃からか日本では調名と律名の混同が始まり、それが定着してしまった結果、律名と調名は共通するものだと「ココロヘチカフル人多シ」という状態になってしまったという。ここでもまた『楽律要覧』では、律名と調名の混同について中村惕斎の主張を継承しつつも、さらに詳細な検討を行なっていることになる。

次に、嬰音の使用について取り上げてみる。「第四　變律幷五聲二變六十調ノ説」には次のようにある。

今ノ七聲ニ、嬰羽嬰商ト云コトヲ用ルハ、大イナル誤リナリ。古キ楽書ノ中ニモ、嬰羽嬰商ト云コトハ見エス
（『楽律要覧』、二三葉表）。

このように、『楽律要覧』でも惕斎と同様に、日本雅楽において嬰音が使用されていることは「誤リ」だとし、その原因は「コレ調子ノ名ト律ノ名トヲ渾セルユヘニ、曲ヲ畢ルノ律ヲ宮トココロエタル誤リヨリ出タリト見ユ」[16]として、律名と調名を混同するからであるという。その上で、同書ではこの「誤リ」について、『事林広記』にもとづき検討を行なっている。『事林広記』後集・巻一二「楽星図譜」では、八十四調の調名とともに、それに対応する俗名が記載されているのだが、『楽律要覧』ではその中から日本雅楽でも使用されている五つの調名（越調・双調・平調・黄鐘調・盤渉調）を取り上げ、それに対応する八十四調の調名が示されている。それを整理すると、次のようになる。[17]

日本名	中国名
越調	無射商
双調	夾鐘商
平調	仲呂羽
黄鐘調	無射羽
盤渉調	黄鐘羽

このように、日本の調名に対応する中国の調名を示した上で、『楽律要覧』は平調・黄鐘調・盤渉調の三調[18]では、音階中に嬰音（宮、商、嬰商、角、徴、羽、嬰羽）が使用されているという。たとえば、盤渉調（黄鐘羽）は次のようになる。

盤渉調	律名（日）	律名（中）	黄鐘羽
嬰商	壱越	黄鐘	宮
	断金	大呂	
角	平調	太簇	商
	勝絶	夾鐘	
徴	下無	姑洗	角
	双調	仲呂	
羽	鳧鐘	蕤賓	変徴
嬰羽	黄鐘	林鐘	徴
	鸞鏡	夷則	
宮	盤渉	南呂	羽
	神仙	無射	
商	上無	応鐘	変宮

この表からも明らかなように、盤渉調では壱越（黄鐘）と黄鐘（林鐘）に嬰音が配当されている。このように、音階中に嬰音が使用されるのは、平調および黄鐘調でも同様であるが、その理由について、『楽律要覧』では次のように説明している。

蓋此七聲ハ古ヘヨリアリタルヲ、起止ノ律ヲ直ニ宮ト思ヒタルタカヒニヨリ七聲出サルヲ憂テ、此五聲二嬰ノ作為ヲ設タリト見ユ。モトヨリノ七聲正カラサルニハアラサルナリ（『楽律要覧』、二四葉裏―二五葉表）。

このように、平調・黄鐘調・盤渉調の三調において嬰音が使用されることになったのは、楽曲の起止の律をそのまま宮（主音）と考え、さらに、調名と律名とを混同して音階を組成したからだという。つまり、盤渉調の場合、それに対応する中国の黄鐘羽と比較すると、五声二変の体系では対応しない音が生じるため、二嬰（嬰商・嬰羽）が導入されて五声二嬰になったのである。

ところが、越調と双調[19]の場合には、上述の解釈では説明がつかない。たとえば、『楽律要覧』では越調について、次のように述べている。

越調即壹越調ニシテ、宮ハ神仙ナリハ今ノ七声《ママ》ニモ二変アレトモ、モト無射商ノ調ナリ。無射調ナルユヘニ、楽中無射神仙ノ聲多シ。モシ黄鐘壹越ヲ宮トスレハ、無射神仙ハ七聲ノ中ヵニアタラス。然ルニ今ノ壹越調ノ楽ニ、シハシハ無射神仙ノ律アルスンハ、黄鐘壹越ヲ宮トシタル調ニアラサルコトアキラケシ（『楽律要覧』、二五葉表）。

このように、越調では嬰音が使用されておらず、五声二変だけで音階が組成されているため、一見すると問題がないかのように思われるが、詳細に検討してみると、越調とそれに対応する無射商とでは五声二変に配当されている楽律が異なることがわかる。次の表は、越調と無射商の七声を比較したものである。

このように、越調と無射商とでは、使用している七声に微妙なズレが見られることがわかる。さらに、「無射調ナルユヘニ、楽中無射神仙ノ声多シ」とあるように、越調の楽曲では無射（神仙）が多用されているという。そのため、「黄鐘壹越ヲ宮トシタル調ニアラサルコトアキラケシ」というのである。結局のところ、この問題も楽曲の起止の律をそのまま宮（主音）と考え、さらに、調名と律名とを混同して音階を組成した結果生じたものであるといえる。

以上のように、『楽律要覧』では、『筆記律呂新書説』よりも詳細かつ具体的に例を挙げながら、嬰音の問題点、さらに、嬰音が使用されることとなった背景について検討を行なっている。ここからも、斎藤信斎が中村惕斎の『律呂新書』研究を発展的に継承しようとしていたことが知られるのである。

無射商	律名（中）	律名（日）	越調
商	黄鐘	壱越	宮
	大呂	断金	
角	太簇	平調	商
	夾鐘	勝絶	
変徴	姑洗	下無	角
徴	仲呂	双調	
	蕤賓	鳧鐘	変徴
羽	林鐘	黄鐘	徴
	夷則	鸞鏡	
変宮	南呂	盤渉	羽
宮	無射	神仙	
	応鐘	上無	変宮

四、先王の楽と世俗の楽

前述のように、『楽律要覧』は中村惕斎の楽律研究の入門書であるため、基本的には惕斎の主張を平易に解説することに重点が置かれている。しかし、日本雅楽に対しては、『楽律要覧』の方が惕斎よりも積極的な評価を与えている。『楽律要覧』では、「第五　雅楽燕楽ノ論」において雅楽および燕楽に関する分析が行なわれているが、そこでは『孟子』梁恵王下から「曰、王嘗語荘子以好樂、有諸。王變乎色、曰、寡人非能好先王之樂也、直好世俗之樂耳」[20]（曰く、王嘗て荘子に語ぐるに樂を好むことを以てすること、有りしや諸れ、と。王色を變じて、曰く、寡人能く先王の樂を好むに非ず。直だ世俗の樂を好めるのみ、と）を引用し、「先王ノ楽」と「世俗ノ楽」に関する定義が行なわれた後、日本雅楽が「先王ノ楽」ではなく「世俗ノ楽」であること、さらに、日本雅楽が黄鐘を九寸とせず四寸半とすることについて検討が行なわれている。

まず、『楽律要覧』における「先王ノ楽」と「世俗ノ楽」に関する定義についてであるが、「先王ノ楽」については、次のようにある。

先王ノ楽トハ、古ヘノ聖人天下ニ王トナリテ、下ヲ治メ玉フ、其徳ヲ象テ作レル楽ヲ云。黄帝ノ楽ヲ雲門ト云、帝堯ノ楽ヲ咸池ト云、帝舜ノ楽ヲ大韶ト云、大禹ノ楽ヲ大夏ト云、成湯ノ楽ヲ大濩ト云、武王ノ楽ヲ大武ト云ナリ（『楽律要覧』、二六葉裏）。

このように、「先王ノ楽」とは古代の聖王たちの功徳を象徴して作られたものであるという。この「先王ノ楽」の一部は六国末まで伝わったとされるが、そのほとんどは秦代までに失われてしまった、と『楽律要覧』はいう。

また、漢代になると雅楽が再興されることとなるが、この雅楽についても「其楽古ヘノ先王ノ楽ニ相叶ヘリト云コトヲ聞ス」（『楽律要覧』、二五葉裏）として、漢代に再興された雅楽は「先王ノ楽」ではないという。つまり、「先王ノ楽」は失われてしまったというのが、『楽律要覧』の見解である。

では、「世俗ノ楽」については、どのように定義できるのであろうか。

世俗ノ楽トハ、ナクサミノ楽ニシテ、古ヘノ雅楽ニハアラス。後世ノ燕楽ノ類ナリ（『楽律要覧』、二六葉裏―二七葉表）。

つまり、「世俗ノ楽」は後世では燕楽と呼ばれるものであり、古代の雅楽とは明確に異なるものであるという。このことは、「燕楽ハ又別ニ制シテ、ナクサミノミニ用ヒタリ」[21]と述べていることからも明らかである。

そして、日本雅楽が「先王ノ楽」と「世俗ノ楽」のどちらの系統に属するのかについて、検討が行なわれる。

今此　邦ニ傳リタル楽ハ、南北朝ヨリ以来、多クハ隋唐ノ世ノ燕楽ニシテ、雅楽ニハアラス（『楽律要覧』、二八葉表）。

このように、『楽律要覧』は日本雅楽を中国隋唐代の燕楽だとする。これと同様の見解はすでに惕斎も示していることから、[22]『楽律要覧』が惕斎の主張を継承していることが確認できる。

次に、日本雅楽における黄鐘律管の長さについて、『楽律要覧』では日本雅楽において使用する黄鐘の音高に着目し、次のように分析している。

竊ニ考ルニ、今ノ黄鐘ハ、大槩　本朝曲尺ノ四寸半ニ當ル。曲尺ハ上宮大子ヨリ傳ルトコノ舊物ナル故ニ、當時此尺ノ九寸ヲ以テ、律造ルトイヘトモ、甚濁レルヲ以テ、其半聲ヲ用ヒタル欤安季尚既ニ此ノ説アリ。（『楽律要覧』、三一葉表）。

ここで信斎は、日本雅楽において使用されていた黄鐘は曲尺の四寸半に相当するものであり、九寸ではないことを指摘する。そして、日本で使用している曲尺自体は、上宮太子より伝わる由緒正しいものであるといい、当初はこの曲尺の九寸を用いて黄鐘律管を製作していたのではないかという。しかし、曲尺九寸の律管を実際に鳴らすと、音が低く濁りすぎていたため、日本ではその半分の長さである四寸半を黄鐘の長さとして使用することになったのではないかと述べている。なお、『楽律要覧』においても言及されているように、これと同様の見解が、安倍季尚の『楽家録』巻三三「本朝律管」にも示されている。

曰本邦律用半寸如何。曰凡人聲音有上中下三聲、律亦然。或全寸或半寸或再半、雖其律聲則同、而有合於人聲音、有不合、直用九寸律則甚下、用再半管則甚上、共不合其可。用半聲四寸五分、則其調合於人聲音、而能爲節奏得其中聲矣。故用之耳（『楽家録』三、九九八頁）。

（曰く、本邦の律、半寸を用いるは如何。曰く、凡そ人の聲音に上中下の三聲有り、律も亦た然り。或いは全寸、或いは半寸、或いは再半、其の律と聲と則ち同じと雖ども、而して人の聲音に合うもの有り、合わざるもの有り、直ちに九寸の律を用いれば則ち甚だ下く、再半の管を用いれば則ち甚だ上《たか》く、共に其の可《よ》きに合わず。半聲の四寸五分を用いれば、則ち其れ人の聲音に調合し、而して能く節奏を爲し其の中聲を得。故に之を用いるのみ。）

安倍季尚は人声には上・中・下の三つの高さがあるといい、楽律にも同じく全寸・半寸・再半寸の三つの長さがあるという。そして、一般的には人声と楽律は同様のものとして扱われるが、実はこの二つは必ずしも一致しないとする。具体的には、全寸（九寸）の律管に合わせて人声を発すると、人声が低くなりすぎて合わず、再半寸（四寸五分の半分）の律管に合わせて人声を発すると、人声が高くなりすぎて合わない。そこで、半寸（四寸五分）の律管を使用したところ、人声と楽律が一致したため、日本では半寸が使用されることになったという。このように、日本において黄鐘律管の長さが四寸半になったことに関する『楽律要覧』の説明は、ほとんど安倍季尚の説と一致していることがわかる。

以上の見解によれば、隋唐時代の燕楽を起源とし、四寸半の黄鐘を使用する日本雅楽と、儒者が理想とする「先王ノ楽」との間には大きな隔たりがあることになる。このような日本雅楽について、惕斎は改良することにより、理想とする雅楽に近づけるべきとの見解は示しているものの、日本雅楽それ自体については、具体的な評価を下すことはなかった。しかし、信斎は『楽律要覧』において次のように述べ、日本雅楽を高く評価している。

今我　邦ニ殘レル楽ハ、古楽ニアラストイヘトモ、亦風雅ニシテ俗情ニ遠キモノナレハ、是カナラス古ヘノ遺音ナルヘシ。モロコシテハ、此楽失タルニ、我　邦ニハ、今ニ存セルコト、大幸タルコト甚シ。豈コレヲ軽センヤ（『楽律要覧』、三二葉裏）。

このように、信斎は日本雅楽が古楽ではないことを知りつつも、それが風雅で俗情に遠いものであることから、古の遺音と認めてよいという。そして、中国ではすでに失われてしまった古楽が、日本では現在まで継承されていること自体が大いなる幸いであるとし、日本雅楽を重視すべきだと主張している。
このように『楽律要覧』では、日本雅楽を古の遺音として積極的に評価しようとしているのである。

小結

本章では、中村惕斎の『律呂新書』研究を継承し、その普及と発展に尽力した斎藤信斎について、その著作である『楽律要覧』を中心として検討してきた。

その結果、斎藤信斎は中村惕斎の『律呂新書』研究の特徴である人声や度量衡の重視、さらには日本雅楽における嬰音の問題などを一通り取り上げ、師説を継承するとともに、より一層詳細な検討を行なっていた。また、惕斎が積極的に評価しなかった候気術については、『楽律要覧』ではそもそも取り上げず、逆に、惕斎が評価した度量衡については、『楽律要覧』の前半部分において取り上げるなど、明らかに蔡元定が意図した『律呂新書』の読み方とは異なる文脈で理解していることも知ることができた。

中村惕斎においては蔡元定の意図を理解すべく、原文に忠実に、かつ実証的に行なわれていた『律呂新書』研究は、信斎に至ると、蔡元定の原文よりも、師である中村惕斎の『律呂新書』理解の方が重視されることになる。もちろん、『楽律要覧』は惕斎の『律呂新書』研究の入門書であるため、惕斎の『律呂新書』理解を中心として議論が展開されるのは当然ではあるが、その師説に対して信斎が異議を唱えることはなく、また蔡元定の原文と惕斎の理解との比較も行なっていないことを考えると、基本的には信斎の『律呂新書』理解は、惕斎を範とするものであるといえよう。このように考えると、師である中村惕斎の理解を敷衍して『律呂新書』の理解を試みる信斎の研究は、まさに「中村惕斎の『律呂新書』学」の研究であるということができるだろう。そして、信斎の『律呂新書』

研究が「中村惕斎の『律呂新書』学」であるからこそ、後世の学者たちは惕斎の『筆記律呂新書説』とともに信斎の『楽律要覧』を読み、研究を行なっていたのである。しかしながら、惕斎には見られない日本雅楽を積極的に評価しようとする姿勢や、楽律研究を土台として楽を論じようとする姿勢は、楽律研究という専門的な学問をより一般的な楽研究へと還元しようと試みたものとして、信斎の特筆すべき功績として挙げられるだろう。信斎が「中村惕斎の『律呂新書』学」の普及と発展において果たした功績は、やはり高く評価しなければならないのである。

【注】

(1) 前述のように、惕斎の『律呂新書』研究は前期と後期に分けられ、そのうち後期については、惕斎が晩年になり斎藤信斎を弟子として得たことに端を発するものとされている（本書一一一―一一三頁を参照）。この晩年については、およそ元禄年間であると推定されるため、元禄五年（一六九二年）七月に著わしたとする「藤子修字説」は、信頼性の高い資料であるといえる。

(2) 名古屋市蓬左文庫蔵、中村習斎『読律呂新書記』上（『道学資講』巻二四五所収、請求番号：四〇―一）。

(3) 前掲の景康の識語では、信斎の屋号は「鼡屋」であるとされているが、中村習斎『読律呂新書記』では「帋屋」となっており一致しない。この二字（鼡と帋）は似ているため、書き間違えたものと推定されるが、どちらが正しいのかについては判断できない。

(4) 『惕斎先生行状』、一〇葉表。

(5) 『楽律要覧』、二葉表。

(6) 筆者未見。

(7) 下郷文庫の蔵書については、『増訂版　国書総目録』第八巻「補遺」（岩波書店、一九九〇年）に「戦災焼失」（八五一頁）とある。

（8）山寺三知「校点『筆記律呂新書説』（附訓読）」（四）によると、上野学園日本音楽史研究所にも、九州大学附属図書館碩水文庫に所蔵されている「中院景康」の奥書を附した『楽律要覧』が所蔵されているようであるが（二頁）、筆者未見のため、ここではその情報のみを記すに止める。

（9）『楽律要覧』、二葉表。

（10）「黄鐘者……長九寸、圍九分、積八百一十分、是爲律本。度量衡權、於是而受法。十一律、由是而損益焉」（『律呂新書』、一四六九―一四七〇頁）。

（11）遠藤徹「中村愓斎と近世日本の楽律学をめぐる試論」、二五一―二五八頁を参照。

（12）「黄帝使泠綸、自大夏之西、昆侖之陰、取竹之解谷生、其竅厚均者、斷兩節間而吹之、以爲黄鐘之宮。制十二筩以聽鳳之鳴、其雄鳴爲六、雌鳴亦六、比黄鐘之宮、而皆可以生之、是爲律本。至治之世、天地之氣合以生風。天地之風氣正、十二律定」（『漢書』、九五九頁）。

（13）ここでいう「古尺」とは、愓斎が新たに定めた新制の古尺であり、その長さは「本朝通行ノ曲尺ノ七寸七分八厘強ニ比ス」（『楽律要覧』、七葉表）ものである。

（14）『筆記律呂新書説』上、二三葉裏。

（15）『仁智要録』巻一には、「假令大蔟為宮者、須蕤賓為角、夷則為変徴、大呂為変宮也」（六葉表―六葉裏）として、十二律の律名として中国式の名称が使用されている。なお、本書では宮内庁書陵部蔵『仁智要録』（請求番号：鷹・五九三）を使用する。

（16）『楽律要覧』、二四葉表。

（17）『楽律要覧』では、壱越調のことを越調としている。本書でもこれに従う。

（18）この三調を、日本雅楽では「律旋」と称す。

（19）この二調を、日本雅楽では「呂旋」と称す。

（20）『四書章句集注』（中華書局、一九八三年）二一三頁。

（21）『楽律要覧』、二八葉裏。

（22）これについては、本書（一四九―一五二頁）頁を参照。

第五章　蟹養斎による楽研究―『道学資講』所収の資料を中心として―

名古屋市蓬左文庫蔵『道学資講』（一八五一年）は尾張藩士である中村得斎（生没年不詳）が崎門学派の著作を集成した叢書として知られているが、楽に関する部分、とりわけ楽律論に関する部分を見ると、崎門学派に属さない中村惕斎『筆記律呂新書説』や斎藤信斎『楽律要覧』が収録されていることがわかる。そこで、『道学資講』に惕斎らの著作が収録されることとなった背景について関連する資料を精査したところ、崎門三傑の一人である三宅尚斎（一六六二―一七四二）の弟子の蟹養斎（一七〇五―一七七八）が、斎藤信斎を通して中村惕斎の『律呂新書』研究を受容したことが明らかとなった。

本章では、蟹養斎が斎藤信斎を介して中村惕斎の『律呂新書』研究を受容した過程について検討するとともに、『道学資講』に収録されている楽関連の著作の分析を通して、蟹養斎の楽研究について考察してみたい。

第一節　蟹養斎について

蟹養斎（一七〇五―一七七八）、字は子磋・子定、名は次重・維安、号は養斎・東溟。養斎は阿波もしくは安芸で誕生した後、宝永七年（一七一〇）に尾張の布施氏の養子となった。享保一一年（一七二六）、養斎は京都へ出て三宅尚斎の門人となるが、享保一七年（一七三二）に尚斎が培根堂・達支堂の二私塾を開設する頃になると、養斎は師の私塾を支える五舎長の一人に数えられるほど、尚斎門下において重用されるようになっていた。その後、養斎は尾張に戻ると、延享元年（一七四四）には尾張藩から月俸を賜る用人支配になるとともに、私塾として観善堂を開設して講学を行なっていたが、寛延元年（一七四八）二月一〇日、尾張藩第八代藩主徳川（松平）宗勝より巾下堀留に新たな校舎および邸宅が与えられ、寛延二年（一七四九）には宗勝の親筆による「明倫堂」との扁額を賜るなど、尾張藩の教学を支える人物として重視されていた。しかし、宝暦元年（一七五一）になると、一転して養斎は明倫堂の退去を命じられることとなり、以後、京都・大阪・桑名・阿波などの地を転々とした。そして、安永七年（一七七八）八月一四日、伊勢浦田において死去した。

さて、蟹養斎に関する先行研究はそれほど多くはないが、それらの研究を概観すると、主に養斎の教育観や教育思想に焦点が当てられていることがわかる。(1)しかし近年、養斎が儀礼の実践、とりわけ『家礼』の研究と実践にも力を注いでいたことが明らかにされつつある。(2)これにより、蟹養斎には従来の研究で指摘されてきた教育者としての側面以外にも、儀礼を研究・実践する儒者としての側面もあったことが徐々に認識されつつある。

ところで、儒教では一般的に礼は楽と対を成して「礼楽」として語られることが多く、養斎についても、その礼に関する研究が徐々に解明されつつある。その一方、楽に関する研究については、その存在自体が論じられてこなかった。しかし、『道学資講』巻三七九所収の「養斎先生著述目録」(3)を見ると、養斎の著作として名前が挙がっている全五五点の中に、楽に関する著作も含まれていることがわかる。これより、養斎は礼のみならず、楽にも関心を持ち研究を行なっていたことが確認できる。

だが、礼の研究と楽の研究の間には大きな違いがある。礼の研究の場合は、文献（『礼記』や『儀礼』など）を解読し、その成果にもとづき儒者が礼の実践を行なうこととなるが、楽の研究の場合は、文献（楽書や楽律書など）が解読できたとしても、それを実践するためには専門的な訓練が必要となるため、儒者が単独で実践までをも射程に入れた研究を行なうことは困難である。つまり、日常的に楽人たちと交流できる状態になければ、実践を前提とする楽の研究を行なうことは困難なのである。実際、中村惕斎の場合も、楽人たちと親しく付き合うのみならず、楽人から直接楽器の演奏方法を学ぶなど、楽の中でもとりわけ日本雅楽を理解するべく、楽人たちとも交流していたようである。このように、実践的な楽の研究を行なうためには、楽人たちとの結びつきと、雅楽に触れることができる環境が必要になるのである。

では、蟹養斎が活躍した尾張では、雅楽が行なわれていたのであろうか。この問題については、清水禎子氏の研究[4]があるため、本書でも氏の研究を参考にして、尾張における雅楽の実施状況を整理したい。

尾張では古くから熱田神宮や真清田神社において舞楽を行なう習慣があったようであるが、どちらも中世に断絶した後、熱田神宮の舞楽は文政年間（一八一八―一八三〇）に、真清田神社の舞楽については寛永八年（一六三一）になり再興されている。また、元和二年（一六一六）に造営された名古屋東照宮でも、寛永七年（一六三〇）より舞楽が行なわれており、翌八年（一六三一）には三代将軍徳川家光（在位：一六二三―一六五一）の命により、一三人の楽家が任命されている。これについて清水氏は、「尾張藩における東照宮祭礼に伴う「楽人」の設置は幕府における紅葉山楽人の設置よりも早かった[5]」とし、また、当初より「尾張藩士は東照宮附楽役を尾張藩の楽人として認識して[6]」いたことを指摘している。さらに、楽人たちは東照宮の行事以外にも、尾張藩の私的な場でも奏楽を行なっていたことから、「東照宮附楽人は東照宮の行事だけでなく、尾張徳川家に関わる行事において重要な位置づけが為されていたと考えられる[7]」のである。

ここまで見てきたように、尾張では将軍の命により紅葉山よりも早く楽家が設置され、雅楽が重視されてきたことがわかるが、このような雅楽の振興策がとられた背景には、好学の士であり音曲を好んだ初代藩主徳川義直（在位：一六〇七―一六五〇）、そして、第二代藩主徳川光友（在位：一六五〇―一六九三）、第三代藩主徳川綱誠（在位：一六九三―一六九九）と、音楽に理解のある藩主が続いたことの影響が大きかったといえる。とりわけ、初代藩主である徳川義直が儒教を好んだことはよく知られており、林家の先聖殿建設に私財を投じるなど、儒礼についても理解のある人物であったことが知られている。よって、尾張における雅楽の振興においても、このような藩主たちの気質が多分に影響を与えているものと考えられる。[8]

以上のことを総合すると、尾張という土地は雅楽が盛んな江戸や三方と同様に、楽研究を行なうのには理想的な環境を備えていたといえる。そのため、養斎の楽に関する議論も机上の空論ではなく、実際に見聞きした経験にもとづくものであったと考えるべきであろう。

第二節 『道学資講』と中村惕斎の『律呂新書』研究の受容

崎門学派の叢書である『道学資講』は全四〇〇巻から構成されているが、このうち楽学および楽律学に関係があると考えられるのは、巻二四二から巻二五一までに収録されている計七点である（表1）。この七点のうち、巻二四二から巻二四四までの三点が蟹養斎の著作であり、巻二四五から巻二四六は蟹養斎の弟子である中村習斎の著作である。そして、巻二四七から巻二四九は崎門学派ではない中村惕斎の著作であり、巻二五〇は惕斎の弟子である斎藤信斎の著作である。さらに、巻二五一の養蘭堂主人とは、蟹養斎と交流のあった尾張の医師である山本彦中の著作である。これらの著者の関係を整理すると次の図のようになるが、この図からも明らかなように、『道学資講』に収録されている楽律関連の著作は、中村惕斎と蟹養斎の系統の二つに大別することができる。

では、なぜ崎門学派に属さない中村惕斎の著作が『道学資講』に収録されることとなったのであろうか。その理由の一つとして考えられるのが、蟹養斎と中村惕斎の関係である。養斎が楽学の重要性について説いた『楽学指要』の序文には、次のような記述が見られる。[9]

巻数	書名	著者名
巻242	制律捷法 楽学指要	東溟　次重（蟹養斎）
巻243	読律呂新書記　一	尾張　藤次重（蟹養斎）
巻244	読律呂新書記　二	
巻245	読律呂新書記　上	中村蕃政（習斎）
巻246	読律呂新書記　下	
巻247	筆記律呂新書説　上	中村惕斎
巻248	筆記律呂新書説　中	
巻249	筆記律呂新書説　下	
巻250	楽律要覧	斎藤信斎
巻251	律呂新書筆記 日本楽説	養蘭堂主人（山本彦中） 布施惟安（蟹養斎）

表1　『道学資講』所収の楽学および楽律学関連文献

> ワカ師尚斎先生、吾黨ノ楽ニ志スモノナキヲウレヘ、予ニ命シテソノ傳ヲ得セシム（『楽学指要』、一七葉裏）

このように、養斎が楽研究を行なうこととなったのは、自派における楽学の不在を憂えた師である三宅尚斎の命を受けたことによるものであることがわかる。ただし養斎によると、楽研究の必要性を認識していたのは三宅尚斎ひとりではなかったようである。

> 吾山嵜先生、モトヨリココニ志アリトイヘトモ、イマタココニイトマアラス（『楽学指要』、一七葉裏）。

このように、尚斎の師であり崎門学派の祖である山崎闇斎も、楽研究を行なおうとする志があったのだと養斎はいう。ただし、山崎闇斎と蟹養斎の生存年代は重複しておらず、また一般的に崎門学派では自派・自説の正統性を主張する際に、学統を持ち出すことがよく行なわれるため、闇斎に言及するこの言説についても、養斎の言

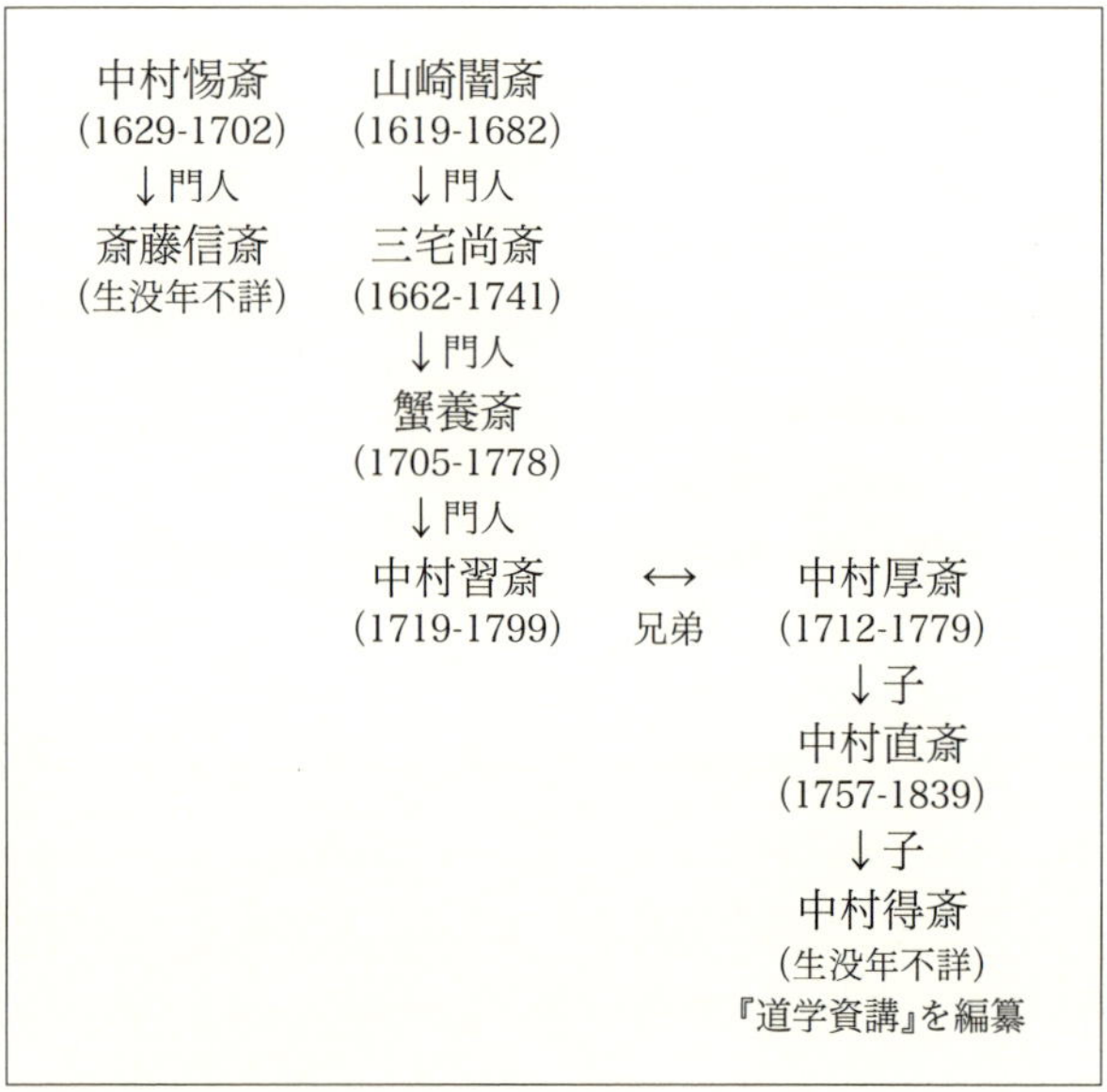

図　『道学資講』収録本の著者の関係図

葉をそのまま鵜呑みにすることは憚られる。[10] しかし、養斎が楽研究の不在を崎門学派における共通課題として認識し、自身こそがその問題を解決しようという意識を持ち、研究に取り組んでいたことは間違いないだろう。

　さて、楽研究を志した養斎ではあったが、そもそも崎門学派には楽に通じる人物が無く、かつ、依拠すべき著作もない状況において、一から楽研究を始めることはきわめて困難であった。そこで、養斎は同じ朱子学者である中村惕斎の『律呂新書』研究を利用しようと考えたのである。

　幸ニ中村惕斎コノ学ニ志シ、古尺ヲカンカヘ、古章ヲヲシ、マコトニ蔡氏以来ノ一人ニシテ、日本生民アツテヨリ、イマタコレアラシ……其傳ヲ得タルモノハ、斎藤信斎ナリ（『楽学指要』、一七葉裏）。

このように、養斎は楽律のみならず古尺（度量衡）

の研究をも行ない、古楽の復興を志していた惕斎を「マコトニ蔡氏以来ノ一人ニシテ、日本生民アツテヨリ、イマタコレアラシ」として非常に高く評価している。(11) ところが、惕斎はこの当時すでに死去しており、養斎が惕斎から直接教えを請うことは叶わない。そこで、養斎が目をつけたのが、惕斎の弟子である斎藤信斎であった。

予イマタ信斎ヲミサルニ、豫シテ一巻ヲ作リ、為ニ律呂提要ト云フ。後信斎ニマミヘテ、フタタヒコレヲミルニ、ソノアヤマチアリ。イマタ全然ナラス。ヨツテ、其篇ヲトリ、又コレヲ正シ、小子ニ示シ、ソノ始ニ書スルコト如此ト云（『楽学指要』、一七葉裏―一八葉表）。

これによると、養斎は信斎の知遇を得るより前から楽律研究を開始しており、『律呂提要』と題する著作を著わしていたようである。しかし、信斎と対面した後に同書を再び検討してみたところ、養斎はみずからの誤りに気付いたという。そこで、同書の内容を修正することにより完成したのが『楽学指要』である。

以上のことを総合すると、『道学資講』に中村惕斎系統の著作が収録されたのは、崎門学派における楽研究の振興という使命を担った蟹養斎が、学派は異なるものの、同じ朱子学者である中村惕斎の『律呂新書』研究を高く評価し、弟子である斎藤信斎を通して惕斎の『律呂新書』研究を受容したためであることがわかる。つまり、『道学資講』に見られる楽律研究は、中村惕斎の『律呂新書』研究を源流とするものであるといえる。

第三節　『楽学指要』

『楽学指要』は、楽学の重要性が正しく認識されていなかった状況に変革を来すべく、養斎が問答形式を用いて楽学の必要性を説いた著作である。現存するテキストは、名古屋市蓬左文庫蔵『道学資講』巻二四二所収本（以下、道学本と略称）と、龍谷大学図書館写字台文庫（以下、龍谷本と略称）の二点である。同書の成立年代については明らかではないが、龍谷本の巻末に「寛延辛未初秋九日謄写終　松内武雄」とあることから、寛延四年（一七五一）までには完成していたことがわかる。また、道学本には本文の冒頭に「楽学指要上」との記述が見られ、最終頁には「下巻伝ワラズ。書シテ以後ノ疑ヲ□」とあることから、下巻が存在していた可能性も考えられるが、龍谷本では下巻の存在についてまったく言及されていないため判然としない。さらに、道学本と龍谷本を比較すると、両本には文字の異同のみならず、文章の大幅な削除や変更などの相違点が数多く確認できる。よって、どちらを底本とするのかについては判断が難しいが、本章では『道学資講』を中心として考察を行なうため、ここでも道学本にもとづき分析を行なう。

さて、『楽学指要』では全三四葉のうち約六葉を費やした序文に続き、一七問からなる問答を設け、楽学の重要性および必要性が説かれている。(12)

一、楽ノ学タル何如。

二、子イフ、楽学ノ急ニ講スヘク、又シハラクモヲコタルヘカラスト。コレナニノ拠アリテ云ヒ、ナニノ義ニシテシカルヤ。

三、楽ノヨツテヲコル所ハ何如。

四、子ガ所言ミナ拠アリヤ。
五、正楽、邪楽ノワカルルハナニヲ以シカルヤ。
六、後世ノ楽、マタ正ヲ得タルモノアリヤ。
七、楽ノ正邪アルハ、ナニヲ以シカル。マタ、正ナラハ正、邪ナラハ邪ナルヘシ。邪ニシテマタ正アルハイカン。
八、子ノ言、ソノヨリトコロハイカン。
九、聖人ノ楽ヲトリ用ヒ玉フ所以ト、其正楽ヲ作リテ、人ニ教テコレヲ弄ハシメ、邪楽ヲ禁シテモテアソハシメサルハイカン。
一〇、俗見アヤマリハ、既キキヌ。然ラハ、ナニヲ以楽ハ人ヲ教ル具トナリ、礼ト楽ト車輪羽（引用者注：両）翼ノコトキヤ。
一一、正楽ヲ用ヒ、邪楽ヲ禁スルハ何也。
一二、子ノ非トスル所モ、傳中アルイハコレヲイフ。シカラハ、傳記モ亦非欤。且、郊廟・朝廷・郷党ノ楽ハ娯楽ヲ主トスルニ非スヤ。
一三、古楽ハ静ニシテ面白カラヌモノナリ。或曰、古楽ハ面白ナクサミニナルモノナリ。イツレカ是ナルヤ。
一四、予カツテ聞、楽タタ鐘鼓ヲ云ニアラス。和ヲ以楽ト云フ。今、子ノ異ナルハナンソヤ。
一五、世人、子ノ云処ヲシラサルニ非ス。然ルニ士人楽学ヲツトメス、ソノ病根イカン。
一六、絃歌セストイヘトモ、読書心ヲ養フヘク、舞踏ナシトイヘトモ、静坐血脈ヲ養フヘシ。アニナンソ緒餘土苴ニ拘拘タラン。且、見識浅陋道ヲ任スルノ心ナシ。故ニココヲマナハスト。イカナル心ソヤ。
一七、古楽ノ大概如何。

これらの問いを概括すると、同書の目指すところが楽学の意義を明らかにし、楽の正邪を明らかにした上で、日本において古楽を復興する筋道をつけようとするものであることがわかる。ただし、この全一七の問答に見られる論理展開の構図は、すでに序文の中に見出すことができる。

そこで、ここでは「楽学指要序」を基礎として、適宜問答を参照することにより、養斎の考える楽学の意義、楽の正邪、そして日本における古楽の復興について検討したい。

一、楽学の意義

「楽学指要序」では、その冒頭部分において、楽学の前提となる学問を行なう上での矜持が示されている。朱子学者である養斎は、学問の目的を「修己治人」であるとするが、「楽学指要序」を見ると、養斎が「修己」と「治人」の関係を次のように考えていたことがうかがえる。

其次第ヲイヘハ、先己ヲサメテ人ヲサムルトイヘトモ、志ヲイヘハ、修己トキ治人ヲモヒ、治人ノトキ《ママ》亦修己ニツトムル。車ノ兩輪ノコトク、鳥ノ兩翼ノコトクス。コレ聖賢大学ノ道ナリ（『楽学指要』、一三葉表）。

このように、順序としては「修己」の後に「治人」に取り組むこととなるが、両者の関係自体は車の車輪や鳥の両翼のように、一対となることにより効果を発揮するものだという[13]。しかし、養斎は「修己」と「治人」をめぐる当時の人々の認識について、次のように批判している。

今ノ人、修身ナクシテ治人ヲツトムルハ、功利タルハシレリ。治人ノ志ナクシテ、修身ニノミ志サスヲ却テヨキコトトヲホヘテ、ソノ人欲ノハナハタシキヲシラス（『楽学指要』、一三葉裏）。

このように、当時の人々も「修身」を経ずして「治人」を行なうことは、「功利」を目的とするため慎むべきだということは理解しているが、「治人」を目的とせずに「修身」のみに心を尽くすことも、本来であれば人欲の甚だしいものであるため慎むべきであるが、当時の人々はむしろ良いことだと考えているとして、養斎は批判している。そして、このように学問の目的を「修身」、つまり、個人に限定するようになったことが、結果的には礼楽の衰退を招くことになったという。

己レカ用ニ立コトノミヲヨリテスルコトトヲホヘ、日用ニ拘拘トシテ固陋、浅近ニトトコホリ……故ニ礼楽ノ学ニ於テ志ヲ用ルコトヲシラス。甚哉礼楽ノヲトロヘルコトヤ（『楽学指要』、一三葉裏―一四葉表）。

このように、「修身」のみを偏重するようになった結果、「治人」にまで広がるような学問については次第に顧みられなくなり、礼楽も衰退してしまったという。

しかし、学問としての礼楽は、まったく行なわれなくなったわけではない。

朱子家礼ノ篇ハ、日用常行タルヲ以講スルヲシレリ。ソノ儀礼ニ至テハ、講スルモノ尤マレニシテ、蔡氏新書ニ至テハ、ヨムモノ弥スクナシ。其心ニヲモヘリ、家礼ハ日用ノコト、律呂ハ日用ニアラスト（『楽学指要』、一四葉表）。

このように、『家礼』は日常生活に関するものであることから、講義も学習も行なわれているが、『儀礼経伝通解』は国家の儀礼に関する著作であることから、同書の講義や学習を行なう者は少なくなり、『律呂新書』に至ると、日常生活に関係ないと考えられていることから、そもそも手に取る者すら稀になるという。

さらに、養斎は日本において楽学が講じられない原因を、次のように分析している。

> 古楽已ニ亡ト云フニナツミ、楽ハタタヲコサレヌコトト思、コレ一ツ。又、聖人ノ楽モ今ノコトク、タタ心ヲナクサムルコトトヲホヘ、ナクサムルニワルウ《ママ》、ナクサメヌ為ニシタモノ、有テモ無テモスムコトノヤウニヲモヘハ、コレ一ツ。礼楽ハ人ヲヲサムル具ニシテ、我学ノ助ニナルコトニ非ス。是皆楽ノ本ヲシラス、楽ノ教ニアツカルコト大ニシテ、ナクンハアラサルヲシラス（『楽学指要』、一四葉裏）。

ここで養斎は、人々が①古楽はすでに失われていると言われていることに慣れ、再興することができないと考えていること、②聖人の楽と一般の楽とを同一視し、楽の意義を心の慰み程度にしか考えていないこと、③礼楽は治人の道具であり、自身の学問修養には役立たないと考えていることの三点が、楽学不振の原因であるとする。このうち、①については後述するため、ここでは②と③について見てみたい。

養斎は世間の人々が、②聖人の楽と一般の楽とを同一視し、楽の意義を心の慰み程度にしか考えなくなったのは「ナクサミニナルコトヲ楽トヲホユルユヘニ、必シモ古楽テナク、読書モナクサミト云様ニ了簡カツヒテ、古楽ノタツトクシテ、楽ノナクンハアルヘカラサルヲシラス」[14]というように、楽の意義が心の慰みであると考えるようになった結果、慰みを得るためには必ずしも古楽を用いる必要はなく、読書でも慰みを得ることができると考え、次第に古楽の重要性や必要性が理解されなくなっていったという。また、次のようにも言う。

絃誦ノ功、読書ヨリ大キナル、舞蹈ノ功、静坐ヨリフカキハ、君子モトヨリシルトコロナリ。然トモ礼楽ノ自ラ作ルヘカラサルハ、天地ノ当然。故読書シテ絃誦ニカヘ、静坐シテ舞蹈ニカヘルハ、コレヤムヲ得サルノ挙ナリ。又天也。故ニ天ニ逆フテ今作ルヘシト云ニハ非ス（『楽学指要』、四三葉表—四三葉裏）。

このように、楽や舞蹈の効果が読書や静坐の効果よりも深遠であることは君子も理解しているが、礼楽は君子自身が制作するものではないため、正しい礼楽が実施できない以上、楽や舞蹈の代替として読書や静坐を用いるのも仕方のないことだという。しかし、それでもなお礼楽の重要性を主張する理由を、養斎は次のように述べている。

シカルニ、イツクンソ百年ノ後、聖賢出サルヲシランヤ。若聖賢出ハ、必礼楽ヲヲコスヘシ。……今ノ楽学ヲ講スルハ、百年ノ後ヲマツノミ。シカルニ、百年ヲマツト、一時ニホトコスト、其功コトナラン。……ワカ講スルノ楽学ヲソノ日ニ奉ラハ、ヨロコフニタヘサランヤ（『楽学指要』、四三葉裏—四四葉表）。

このように、礼楽を今日において講ずることの重要性は、百年後におとずれるかもしれない聖賢の出現、そして礼楽の再興に備え、その拠り所となる礼楽を準備することにあるという。

以上のように、養斎は読書や静坐で満足することなく、あくまでも理想とする礼楽を復興し、一層大きな効果を得るため、楽学、ひいては礼楽を講じることの重要性を主張するのである。そして、この考えに従えば、当然③礼楽は治人の道具であり、自身の学問修養には役立たないとする考えは否定される。また、養斎は「修己」と「治人」の説明に用いた車輪と鳥の翼の比喩を礼楽にも援用し、次のように述べている。

夫礼ト楽トハ、人ヲ教ルノ具ニシテ、車ノ兩輪、鳥ノ兩翼ノコトシ。カタカタカクヘカラス、カタカタヲモンスヘカラス。体ハ本、手足ヲイヘトモ、体トイヘハ一身ノ惣名トナル。礼楽ハ一事ノコトシトイヘトモ、礼楽トイヘハ教ノ全体ヲスフルナリ。コレ聖人ノ楽ヲ用ルノ体ハ則如此（『楽学指要』、二八葉裏―二九葉表）。

このように、礼楽においても「修己」と「治人」の時と同様に、礼楽を一つのものとして用いることの重要性を主張している。そして、礼楽は教え（教化）を統べるものであるからこそ、聖人は楽を教化に使用したのだという。これらのことを総合すると、楽学が「修己」の観点からも、「治人」の観点からも重要なことは明らかである。よって、養斎は楽と礼を合わせて礼楽とし、この礼楽を儒者たちが広く学習・実践するためには、一刻も早く日本において理想とする楽を興さなければならないと考え、楽学の必要性を主張するのである。

二、楽の正邪

養斎は楽学の振興を主張し、日本においても楽が実践されることを目標としているが、その際に重要となるのは、正しい楽を使用することである。この「正」（正しい）の意味について、養斎はその対極となる「邪」を引き合いに出し、次のように述べている。

人心ノ邪正ニヨリテ、内ヨリ発スルモノニ善悪アリ。内ヨリ発ル《ママ》ニ善悪アレハ、外ヨリ感スルニ邪正アリ……内ヨリ発ル《ママ》ノ邪ヲトトメ、ソノ外ヨリイル邪ヲフセキ、ソノ内ヨリ出ルモノハ、モトヨリ正ヲヲモニシテ、ソノ外ヨリイルルモノモ、マタソノ正ヲキクコトナリ（『楽学指要』、一五葉表―一五葉裏）。

このように、自身の内側から出る「邪」を止め、外から入ってくる「邪」を防げば、その内側より生ずるものは「正」となり、外から入ってくるものについても、「正」を選り分けることができるという。

養斎は楽の成り立ちについて、「楽ノ本ハ詩ニヲコル。情アリ、云ハスンハ有ヘカラス。言ヘハ必永シ、永ケレハ必節奏アリ、節奏アレハ、器ヲ以テコレヲウツセハ、情弥ノヒテホトケルナリ」[15]として、『尚書』舜典の「詩言志、歌永言」[16]（詩は志を言い、歌は言を永くす）を想起させる考えを示しているが、楽の根本が人間の内側から出てくる詩であるとすると、正しい楽を得るためには、人心を「正」に保つことが重要となるのである。そして養斎は、このような「正」にもとづく楽が、古代においては行なわれていたという。

昔者、聖人ノ詩楽ヲ治ル、ミナ内ヨリ発スルモノ正ニシテナリ。必コレヲ朝廷ニ奏シテ、臣人ヲ化シ、コレヲ廟中ニ奏シテ、鬼神ヲカンス。コレソノ大用ナリ。故ニソノ外ヨリイルル、ミナ正シ。ヨツテ、以教トシテ、天下ノ民ヲ化ス（『楽学指要』、一六葉表）。

つまり、聖人が詩楽を統括していた時代には、聖人の心は「正」であるため、朝廷において楽を奏すれば臣下を感化することができ、宗廟において楽を奏すれば鬼神を感応させることができたのである。また、外から入って来るものも「正」のみを選り分けられることから、聖人の楽は天下の人々を教化することができたという。

以上のことから、養斎は正楽、すなわち聖人の楽と同様に人々を教化することができる楽を得るためには、まず、自身の心を正しい状態に保つことが肝要であると考えていたようである。

三、日本における古楽の復興

養斎が『楽学指要』を著わした目的は、日本において当時重視されていなかった楽学を振興し、礼楽を確立するためである。しかし、すでに検討してきたように、当時の人々は古楽がすでに滅びたということに慣れ、もはや復興することはできないと考えており、その結果、楽学も次第に顧みられなくなったという。だが、養斎は「必シモ古楽ニ非ストイヘトモ、古楽ニ近キヲ求メスンハアラサルヲ不知[17]」と述べ、古楽が滅びたとして諦めるのではなく、古楽そのものではなくとも、古楽に近いものを求めなければならないと主張する。その上で、司馬光の楽律論や朱熹「琴律説」は「世俗ノ楽」をもととして古楽に近いものを求めようとしたとして評価する。

中華ニハ相応ニ世俗ノ楽アリテ、ソノ音必中和ナラストイヘトモ、聖人ノ遺法ニヨリ常ヲ正シ、八音ヲソナヘ、□□[18]ヲ歌ヘハ、ソノ一変シテ中和ヲ得ヘシ。温公ノ律ヲ論シ、朱子ノ琴ヲモテアソヘル、ミナミルヘシ（『楽学指要』、一六葉裏―一七葉表）。

このように、中国には聖人が定めた中和の楽は残されていないものの、世俗の楽が残されているため、聖人の遺法に従い常（五声）を正し、八音を備え、雅頌を歌えば、世俗の楽は一変して中和を得た楽になるという。つまり、中国では世俗の楽を利用すれば、理想とする雅楽を探求することができるというのが養斎の主張である。その上で、養斎は日本でも当時伝承されていた楽を使用することにより、古楽が復興できる可能性を示唆する。

日本ハ幸ニ漢唐ノ古楽ツタワリテ、朱蔡トイヘトモキカサルヲナケカルル処ノ古章ノツタワル国ニ生ルレハ、明日ニモ天子ノ勤アリテ、古楽行ハルル日ニハ、三代ノ遺章ヲ得テ、中和ノ楽ヲ制セラルル国ナリ（『楽学指要』、一七葉表）。

このように、養斎は日本には朱熹や蔡元定でさえも聴くことが叶わなかった古楽が伝承されていると述べた上で、この日本に伝承されている古楽を、いつの日にか現われるであろう聖人が使用すれば、中和の楽を再興することができるという。[19] つまり、日本では中国のように世俗の楽に依拠することなく、古楽をそのまま利用して理想とする雅楽を復興できるというのが養斎の主張である。そして、この日本に伝承されている古楽について、養斎は次のように述べている。

日本ノ楽ハ隋唐ヨリ傳ル千秋・夜半楽、ミナ唐楽ナリ。陵王ハ隋楽ナリ。武徳ハ漢楽ナリ。敬徳ハ韶楽ノ余声ト云。シカラハスナハチ、日本ノ人、尤不可不講者明也。ソノ律・調・節奏・舞踏、ミナ古ニ近フシテ、タタ歌詠存セサルノミ。楽学ヲ志サス人、講セスンハアルヘカラス（『楽学指要』、四二葉裏）。

このように、隋唐時代に中国から日本へと伝来した楽には、漢楽（武徳）、隋楽（蘭陵王）、唐楽（千秋楽・夜半楽）が含まれており、韶楽（敬徳）の流れを汲む楽も伝わっていると養斎はいう。また、日本に残る律・調・節奏・舞踏は、すべて古楽に近いものであり、唯一不足しているものは歌詠だけであるとする。そのため、このような条件が整う日本でこそ、儒者が理想とする雅楽の復興が可能になるというのが養斎の主張である。

さて、日本雅楽の中に漢楽や韶楽が含まれているとの主張は、養斎が参照する中村惕斎や斎藤信斎さえも述べていない非常に大胆なものであるが、養斎はあくまでも日本雅楽が古楽を探求する際の手掛かりとして活用できる点を評価しているのであり、決して日本雅楽に古楽と同等の評価を与えているのではない。このことは、「後世ノ楽、マタ正ヲ得タルモノアリヤ[20]」という問いに対して、「曰、ナンソコレアラン。タタ、コレカレヨリヨキノミ。朝廷ノ楽ヲ第一トス。ソノ他ハ論スヘキモノナシトイヘトモ、小歌・ヲトリハ彼是ヨリヨシ。謡・浄瑠璃・平家ノ類ハ、モトヨリニクムヘキノ甚シ。其説甚永シ。他日コレヲ論スヘシ[21]」と述べ、日本雅楽（朝廷ノ楽）は他の楽（小歌・ヲトリ・謡・浄瑠璃・平家）よりは良いと述べるに止まっていることからも明らかである。

以上のように、養斎は日本には古楽の流れを汲む楽が残されていると考え、これを活用すれば古楽を復興することができることから、日本において楽学を振興することを主張しているのである。

第四節　『日本楽説』

『日本楽説』は、その名のとおり日本音楽全般に関する養斎の見解を示した著作である。日本古典籍総合目録データベースには『日本楽説』の所蔵先として、名古屋市蓬左文庫と羽塚啓明氏の二点の情報が登録されているが、羽塚啓明氏の蔵書は戦災により焼失したとされているため、現存するのは名古屋市蓬左文庫の一点だけである。この名古屋市蓬左文庫に所蔵されている『日本楽説』とは、『道学資講』巻二五一所収のもの（全一二葉）であるため[22]、本節でも同書にもとづき検討を行なう。なお、『日本楽説』には序文・跋文および成書年代を示唆するような記述が見られないため、同書の成立年代については不詳である。ただし、『日本楽説』が『楽学指要』の「其説甚永シ。

他日コレヲ論スヘシ[23]」との記述を受けて著述されたものであると考えると、『日本楽説』の成立は『楽学指要』よりも後ということになるだろう。

さて、『日本楽説』では日本音楽全般に関する論評とともに、雅楽の重要性と俗楽の弊害が説かれているが、とりわけ養斎は俗楽の弊害を厳しく断罪している。

今ノ俗樂ノ根着スル所ナキモノハ、百年コレヲ弄フトイエトモ、唐樂ノ彷彿ヲサエ得ヘカラサレハ、古ヲ慕フノ君子、イツレヲステ、イツレヲトルヘキヤ（『日本楽説』、三七葉裏）。

つまり、俗楽は古楽に依拠した楽ではないため、どれだけ俗楽に親しもうとも燕楽である唐楽の片鱗さえもうかがうことができないのである[24]。そのため、君子たる者は俗楽を遠ざけなければならないと養斎は考え、俗楽の弊害を厳しく断罪するのである。また、養斎は次のようにも述べている。

俗樂ハ百害アツテ一益ナシ。カリニモタツサハルヘカラサルトコロナリ。然ルニ唐樂俗樂一様ニ心得、或ハカレコレヨリヨキマテノヤウト心得ルハ甚誤也（『日本楽説』、三九葉表）。

このように、養斎は俗楽を「百害アツテ一益ナシ」と断じ、前述の引用文と同様に、親しむことすらあってはならないという。さらに、同書の最後でも、養斎は俗楽に対する強い懸念を示している。

コノ篇ニ俗樂ヲソシル。俗樂モト論スルニ足ルモノニハ非サレトモ、世人ハコレノミヨクキキナレテヲル故ニ、コレニツイテイイキカセ子ハ、合点ユキカタク、マタコレヲクツサ子ハ、古樂ハモトサレヌコト（『日本楽説』、四六葉表）。

このように、雅楽の振興を目指す養斎にとって、俗楽とはそもそも論ずるに値するものではない。しかし、世間一般の人々は俗楽に親しんでいるため、まずはその問題点を弁明しなければ、人々が俗楽の非を理解できないだろうと考え、養斎は幾度も俗楽の問題点を糾弾しているのである。では、養斎が理想とする雅楽とは、どのような楽なのであろうか。

凡樂ニ雅樂アリ、燕樂アリ。三代ノ雅樂ハ所謂雅頌コレナリ。燕樂ハ所謂風ナリ。ミナ教トナルヘシ（『日本楽説』、三五葉裏）。

このように、楽には朝廷において祭祀儀礼を行なう際に演奏する「雅頌の楽」、つまり雅楽と、各地方の楽である「風の楽」、つまり燕楽があるが、これらの楽はどちらも教えとなる有益な楽であると養斎はいう。しかし、時代の経過とともに、雅楽と燕楽には差が生じることとなる。

後世ニ至テハ、其雅樂ハ皆君子ノ作ル所ニテ、古ニ近カランコトヲ求ム。故ニ其声モ器モ、全クハ古樂ニ非ストイヘトモ、古樂ニ彷彿アルヘシ。ソノ燕樂ハ、多ハ伶人ノ手ニ成ツテ、今ヲ悦ハスルヲ主トスレハ、其声モ器モ、古樂ヲ去ルコト遠シ（『日本楽説』、三五葉裏―三六葉表）。

つまり、雅楽は君子が古楽に近づくことを目的として制作し、使用する楽器・楽律も古楽と同一ではないものの、古楽を彷彿とさせるものであるため、本来の雅楽の形を留めている一方、燕楽は多くが伶人により制作されることとなり、その制作の目的も娯楽を主とするものであるため、本来の燕楽からも遠く離れてしまったという。よって、後世において有用な楽となるのは、雅楽だけになってしまったのである。

ところで日本雅楽については、中村惕斎が隋唐時代の燕楽であるとの見解を示しているが、惕斎の『律呂新書』研究を継承した養斎も、基本的にはこの見解を踏襲している。では、燕楽である日本雅楽を、養斎はどのように評価しているのであろうか。

朱蔡二公、深ク樂ニ心ヲ用ユトイエトモ、唐樂ヲキカサルヲ残念トセリ。幸ニ吾邦ニ唐樂ヲ伝フ。古樂ノオモカケノコレルモノハ、宇宙ノ間ニ、コノ物ヨリ外ナシ（『日本楽説』、三七葉裏）。

このように、養斎は日本に残されている唐楽（日本雅楽）を、朱熹および蔡元定も聴くことができなかった楽であると述べ、「古樂ノオモカケノコレルモノハ、宇宙ノ間ニ、コノ物ヨリ外ナシ」として高く評価している。前述のように、中村惕斎も古楽を探求するための基礎として日本雅楽の有用性を認めているが、惕斎の場合には、この「燕楽」に依拠しなければ日本では古楽を探求する術がないという消極的な評価であった。この点において、惕斎と養斎の見解には相違が見られるが、惕斎の『律呂新書』研究を養斎に教授した斎藤信斎も日本雅楽を積極的に評価していることを考えると、信斎の日本雅楽に関する評価が養斎にも影響を与えた可能性が考えられる。ただし、養斎の日本雅楽に対する評価は、単純に信斎の見解を踏襲したものではない。

予嘗テ律呂ノ学ヲコノミ、二礼三史ノ樂学ニ及フモノハ、反覆玩味。ココニ数年、又唐樂ヲコノミ、コレヲ考フルニ、ソノ声調節奏、古ニチカキコト昭昭矣（『日本楽説』、三八葉表―三八葉裏）。

このように、養斎は「律呂ノ学」や「二礼三史」[25]などの文献から得られる知識のみならず、実際に演奏される雅楽にも親しんでいたようである。だからこそ、養斎は楽学を興し、この日本に残された古楽を活用して、理想とする雅楽の復興を目指すべきだと主張するのである。

以上のように、『日本楽説』では楽を雅楽・燕楽・俗楽に分け、日本雅楽は燕楽ではあるものの、朱熹および蔡元定も聴くことができなかった古楽の流れを汲むものであるとして、理想とする雅楽の探求に有益なものだとして高く評価する。一方、俗楽については「俗樂モト論スルニ足ルモノニハ非（ス）」、「百害アツテ一益ナシ」として厳しく断罪している。しかし、世間では養斎が糾弾した俗楽が好まれており、楽の役割についても慰みのためのもの、つまり娯楽に供するためのものとしか認識されていないことから、養斎は世間の人々の楽に対する意識改革を行なうことを目的として、『楽学指要』および『日本楽説』を著わし、楽学の振興を試みたのである。

第五節　『制律捷法』

『制律捷法』は、正しい律管の製作方法を記した著作である。日本古典籍総合目録データベースには、『制律捷法』の所蔵先として名古屋市蓬左文庫（『道学資講』巻二四二）との情報が登録されており、管見の限りではこれ以外の版本が見られないため、現存するものはこの一点だけであろう。同書の成立時期については、序文に「享保辛亥」とあることから、享保一六年（一七三一）頃であると考えられる。

さて、同書は序文も含めてわずか一三葉足らずの小著ではあるが、その志は『律呂新書』に依拠して理想とする楽律を興そうとするものであり、礼楽の復興を希求し、実践についても積極的な姿勢で臨む蟹養斎の面目躍如たる著作であるといえる。ただし、同書を分析する上で注意しなければならないのは、養斎が同書において目指したのが精巧な律管の製作ではなく、あくまでも実用に耐え得る程度の律管であったことである。このことは、序文において明確に示されている。

今因遺法、別立一例。其欲簡而捷也、法不必妙而声則可生、律不師古而教則相合。数合声生、雖不中而未遠矣。

（『制律捷法』、一葉表―一葉裏）

（今、遺法に因りて、別に一例を立てる。其れ簡にして捷なることを欲するや、法必ず妙ならずして声則ち生ずべし、律、古を師とせずとも教則ち相い合う。数合いて声生ずれば、中らずと雖も遠からず。）

ここで『制律捷法』が「遺法」とするのは『律呂新書』の楽律論であるが、『制律捷法』では『律呂新書』の楽律論を手本としつつも、それとは別に簡便かつ捷径な方法を設けることにより、律管を製作しようとしている。また、『制律捷法』が示す律管の製作方法は、神妙ではないものの正しい声が生じ、古を師とせずとも律呂の数と合致するものであるという。そのため、得られた声と数がそれぞれ適当なものであれば、そのようにして製作した律管は、正しい律管とも大差のないものであるという。このように『制律捷法』では、『律呂新書』に依拠しつつ、実践的に使用できる律管を製作しようとしていたようである。

次に、『制律捷法』の構成から『律呂新書』の影響を見てみよう。

序
新制律捷法
求材 求黄律 生十一律 生十一半律 生変律十二 生変半律六
假設律呂法附
定度 求材 求黄律

この構成を見ると、「新制律捷法」の中に「生変律十二」と「生変半律六」が見られるが、この「変律」という概念は『律呂新書』が提唱したものである。よって、ここからも『制律捷法』における『律呂新書』の影響を確認することができる。また、「假設律呂法附」については、「コレマコトノ律呂ニハ非サレトモ、其律ノ長短、声ノ高下、マツコノ様ニワカルルト、大分ヲミスル為ナリ。必マコトノ律呂ト思フヘカラス」(26)とあり、あくまでも律管の長短と、音の高低を大掴みに理解するための方法であったことがわかる。そのため、ここでは主に「新制律捷法」、とりわけ、その中でも重要な諸律の根源となる黄鐘律管を求める「求材」と「求黄律」の二つに対象を絞り、理論書である『律呂新書』がどのようにして実践的に解釈されていったのかについて明らかにしたい。

一、求材

まず、律管の材料を求める方法について書かれた「求材」を見てみよう。

矢ノ竹ノ至極カタキ、マツスクナル、其ウトロノマワリ兩方ソロウテ、大概ハ曲尺五、六分ヨリ一寸二、三分マテタンタンニ数十本、其兩フシノ間ヲアリタケニキリテ、コレヲヨクカラスヘシ（『制律捷法』、二葉表）。

これによると、律管の材料になるのは、矢の材料ともなる硬く真っ直ぐな竹であり、その中でも両端の太さが揃っているものを一節分使用するという。この時、曲尺の五、六分から一寸二、三分まで順次長さの異なる竹を数十本切り出し、それらの竹を乾燥させる。ここで竹を乾燥させるのは、竹の中に含まれる水分を無くすことにより、竹の形状を安定させるためであろう。そのため、「サイワイカレ竹ナラハ、カラスニ及ハス」(27)として、すでに枯れている竹があれば、そちらを使用してもよいとしている。

また、律管の材料となる竹の太さと長さの関係についても、次のように述べている。

兩フシノ間ハ、マハリノフトヒホト長クイルコトナリ。五、六寸カラ一尺余ナリ。マハリノ十倍ニ長サハイルコトナリ（『制律捷法』、二葉表）。

このように、竹の両節間の長さは太さに比例するといい、竹の太さ（円周）の一〇倍が長さになるという。このような記述は『律呂新書』には見られないが、円周率を三、律管の直径を三分として円周を計算すると、その解は九分となり、これを一〇倍すると九〇分、つまり九寸となることから、この方法はある程度、理に適ったものであるといえる。

二、求黄律

「求材」により律管の選定が終了すると、その次に行なうのは、基準となる黄鐘律管の確定である。「求黄律」では、その方法が具体的に検討されている。

右ノ竹、ヨクカレテ後、数十本トモニ、内ノ其フトミヲヨク吟味シ、イツレモ其長ヲ其フトミノサシワタシノ三分一ヲヘテシテ、其十倍ニキルヘシ（『制律捷法』、二葉裏）。

これによると、竹の直径を測定し、その直径から三分の一を減じた数を一〇倍し、その長さになるように律管を切断するという。たとえば、直径が九分の律管の場合、三分の一を減ずると六分となるため、それを一〇倍した六寸（六〇分）になるように律管を切断する。なお、『制律捷法』では律管に使用する竹の太さが均一であることを求めるため、「フトミヲヨク吟味」する必要があるが、その方法についても、次のように述べられている。

フトミヲ吟味スル法ハ、至極カタキ木ヲ長一尺斗《ママ》ニ、先ヲ曲尺ノ五分マハリ程ニ丸フケツリ、タンタンニフトシ《ママ》テ、本カラ一、二寸サキマテニ、一寸二、三分マハリニナルホトニ、随分マルクケツラスヘシ（『制律捷法』、二葉裏）。

ここで最初にすべきことは、太さを確認するために円錐状の棒を作ることである。この棒は全長が一尺、先端部分は円周が五分の太さになるように削り、棒の根元に向かうに連れて徐々に太くなるようにし、根元から一、二寸の位置で円周が一寸二、三分になるように削る。そして、このようにして作成した棒は、次のようにして律管の太さを確認するのに使用する。

> 扨、右ノ矢ノ竹ノ内、尤ホソキウツロヘ、右ノ木ヲ入レテミテ、其ユルカラス、ツヨカラス、キツチリトハイル処ニ、小刀ニテスシヲ引テ、又カタ一方ヘイレテミヨ。両方ソロハスハ、ヨノ竹ヲ又如此セヨ（『制律捷法』、三葉表）。

このように、律管の中に棒を挿入し、棒がそれ以上入らなくなった時点で、棒に小刀で筋をつけ、もう一方から棒を挿入した時に、その筋の位置が一致した律管のみを使用するという。これにより、太さが均一な律管を得ることができるのである。そして、最後に紙を使用して、律管の長さを確定する。

> 両方ソロフタラハ、長一尺ハカリ、巾五分ハカリニ、ヒスミナクタチタル紙ヲ以テ、其小刀ノ処ヲクルリトマハイ《ママ》テミルト、其マワリカミヘルナリ。ソノマワリヲ紙テトリテヲイテ、ソコニ筋ヲツケ、其トヲリヲ、十タヒタタシテハ、丁ト十倍ノ長サニナル（『制律捷法』、三葉表）。

ここでは、長さ一尺、幅五分の紐状の紙を用意し、その紙を小刀で筋をつけた部分に巻きつけて一周させ、一周した部分に印をつけてその長さを紙に写し取る(28)。そして、印をつけた部分で折り返す作業を一〇回繰り返すことにより、円周の一〇倍の長さを求めることができるという。そして、この紙を竹に当て、その紙の長さに合わせて竹を切断することにより、円周の一〇倍の長さを有する律管を得ることができるのである。

ただし、この段階で得られた黄鐘律管は、あくまでも黄鐘律管の候補でしかない。そのため、「新制律捷法」においても『律呂新書』と同様に、これらの律管を実際に吹いて「中声」を確認し、律管を地中に埋めて「中気」を確認する検証の実施を求めている。「中声」の確認については、次のようにある。

声ニ通シタ人ニ、右ノ竹ノ声ヲイツレモ吹シテミテ、イツレカ中声ナルト吟味シ、中正トヲホシキ竹トモニハ、シルシヲシテヲクヘシ。若人ナクハ、ナサストモ可ナリ（『制律捷法』、四葉表）。

このように、『制律捷法』でも律管を順に吹き「中声」を確認することを求めているが、「中正トヲホシキ竹トモニハ、シルシヲシテヲクヘシ」とあるように、「新制律捷法」では「中声」を確認できたとしても、すぐさまそれを正しい黄鐘律管だとは見なさない。また、「若人ナクハ、ナサストモ可ナリ」と述べ、「中声」を聴き分けられる人がいなければ実施しなくてもよいとする。このように、聴覚により「中声」を得る方法が必要条件ではあるものの、絶対条件とされていないことは、『律呂新書』とは異なる「新制律捷法」の特徴であるといえる。

では、正しい黄鐘律管はどのようにして確定するのであろうか。そこで重要となるのが、候気術により「中気」の反応を確認する方法である。

扨右ノ数十本、イツレモ地ヘイケルコト、古法ノコトクニシテミヨ……右ノ通リニシテ、其中ニ十一月冬至ノ氣ノ応シテクル律アルヘシ。コレヲ黄律トタツヘシ（『制律捷法』、四葉裏）。

このように、『制律捷法』では黄鐘の候補となる律管を地中に埋め、候気術により十一月・冬至の気に応じる律管が、正しい律管だとしている。しかし、養斎は候気術が実施可能な検証方法だとして信頼こそしていたものの、その原理については十分に理解していなかったようである。

氣ノ応スルコト、又新書ニアリ。〇中声ナラヌ律ニ氣応セハ如何。曰、ソレモ亦ハカラレス。然トモ中声トオホシキ律ニ必応スヘキコトナリ。若応セヌナレハ、ソレヲ察スル人ノクワシカラヌナリ。ココテ先ツ中声ヲ吟味シ、ソレテ安ンセスニ氣ノ応スルヲミルコトナリ。氣応シタ上テ、又吟味シテ用ルヘキコトナリ。シカレトモ、声ヲ知ル人ナクハ、氣応スルヲ以黄律トタテヨ。アタラストイエトモ遠カラス（『制律捷法』、四葉裏―五葉表）。

ここからも明らかなように、養斎は候気術が実施可能であるとの前提にもとづき議論を展開しているが、その根拠はみずからの経験によるものではなく、『律呂新書』に記載されているからというきわめて薄弱なものであることがわかる。その証拠に、「中声」を得た律管以外の律管に気が応じる可能性については、『律呂新書』でも想定されていないため「ソレモ亦ハカラレス」として見当がつかないと述べた上で、「然トモ中声トオホシキ律ニ必応スヘキコトナリ」として、原理原則を述べるに終始している。また、候気術の反応が見られない可能性についても、「ソレヲ察スル人ノクワシカラヌナリ」として観測者に責任を転嫁している。つまり、養斎にとって候気術とは当然起こり得る現象ではあったものの、なぜ起こるのかということについては、十分に理解していなかったことがわかる。

以上のように、『制律捷法』では『律呂新書』を基礎として「箇而捷」（箇にして捷）であることを目指して、独自の律管製作法を提示していることがわかる。そのため細部においては異同が見られるものの、その全体構造を概観すると、諸律の根源となる黄鐘律管を最重要視し、その確定方法として「中声」と「中気」の一致を求めるなど、『律呂新書』の根幹となる考えが継承されていることが読み取れる。このように、『律呂新書』を実施可能な楽律論として運用した点は、惕斎には見られない、『制律捷法』の特色として指摘できるだろう。

第六節　『読律呂新書記』

『読律呂新書記』は、蟹養斎の『律呂新書』研究の成果をまとめた注釈書である。全二巻からなる『読律呂新書記』は、『律呂新書』律呂本原の解説を行なう上巻と、問いを設けてそれに回答する問答形式の下巻から構成されている。[29]そのため、『読律呂新書記』は中村惕斎『筆記律呂新書説』のように、『律呂新書』律呂本原および律呂証弁を網羅的に解説する注釈書ではない点には注意が必要である。[30]

日本古典籍総合目録データベースには『読律呂新書記』の所蔵先として、名古屋市蓬左文庫『道学資講』巻二四三―二四六、名古屋市鶴舞中央図書館（以下、鶴舞本と略称）、宮内庁書陵部（以下、宮内庁本と略称）、土佐山内家宝物資料館蔵『読律呂新書記』（以下、土佐本Aと略称）、土佐山内家宝物資料館蔵『律呂新書筆記』（以下、土佐本Bと略称）の計五点の情報が登録されている。これら五点はすべて写本であるため、『読律呂新書記』は転写を繰り返すことにより伝播していったことがわかるが、成書年代や筆写年代、そして筆写者などの書誌情報がほとんど記載されていないため、同書の成立過程等の詳細については明らかではない。

ここで、五点の写本について簡単に整理してみたい。

『道学資講』には、巻二四三―二四四と巻二四五―二四六の二回に分けて内容がほぼ同じ『読律呂新書記』が収録されているが、巻二四三―二四四は「尾張藤次重」こと蟹養斎の著作（以下、蟹本と略称）であり、巻二四五―二四六は弟子の中村習斎が蟹本に自身の解説を加えたもの（以下、中村本と略称）である。このうち、ここで検討するのは蟹本である。

鶴舞本は上巻一冊のみが伝わっており、下巻は見られない。また、上巻は「候気第十」の途中で文章が切れているため完全ではない。同書の前付には「序至上巻終　読律呂新書記」とともに「青書ハ丁丑秋」との書き入れが見られることから、丁丑の年に当たる宝暦七年（一七五七）もしくは文化一四年（一八一七）頃に作成されたものと考えられる。[31]

宮内庁本は蟹本と同様に上下両巻が伝わっている。そのうち、上巻の前付けには、鶴舞本と同様に「序至上巻終　読律呂新書記」との記述が見られる。これ以外にも、下巻の前付には「發端至第三章　読律呂新書記」との記述が見られる。宮内庁本は、現存する写本の中では唯一『道学資講』蟹本と同様に上下巻が完備されている写本であるが、両本の内容を比較すると、「虫損」とされている箇所、又は空欄となっている箇所が一致しないため、両本は別の系統に属するものであると考えられる。ただし、宮内庁本についても虫損による欠損ではない空白が認められることから、同本もまた何らかの版本を謄写したものであると考えられる。

土佐山内家宝物資料館には、外題が『読律呂新書記』のもの（請求番号：ヤ七六〇—二〇、土佐本A）と外題が『律呂新書筆記』のもの（請求番号：ヤ七六〇—四七、土佐本B）の二点が所蔵されているが、いずれも上巻のみである。両書の関係については判然としないが、土佐本Aは文字が崩れており読み難く、訂正が幾度も繰り返されている一方、土佐本Bは丁寧な文字で書かれており、訂正なども行なわれていないことから、土佐本Aは土佐本Bを清書したものであると推定される。[32]また、鶴舞本や宮内庁本の上巻の前付けに見られた「序至上

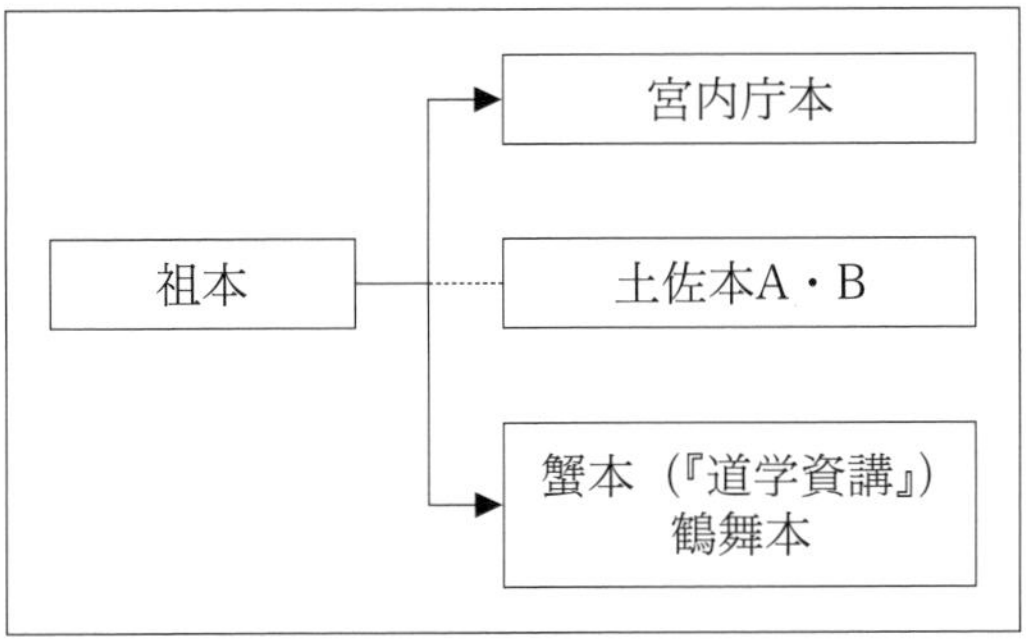

表2　『読律呂新書記』の伝播状況

巻終　読律呂新書記」との記述は、土佐本A・Bには見られない。

以上のことから、現存する『読律呂新書記』は宮内庁本、土佐本A・B、そして蟹本・舞鶴本の三つの系統に分けられると考えられる（表2）。

『読律呂新書記』の構成は、次のとおりである。

・『読律呂新書記』（上巻）

律呂新書序

序

上巻

黄鐘第一、黄鐘之実第二、黄鐘生十一律第三、第四章、第五章、律生五声図第六、第七章　変声第七、第八章

八十四声図、第九章　六十調第九、第十章　候気第十、（審度第十一）、嘉量第十二、謹権衡第十三

・『読律呂新書記』（下巻）

問答（全五三条。「律呂新書序」から「黄鐘生十一律第三」まで）

上巻は宮内庁本・鶴舞本の前付などに「序至上巻終　読律呂新書記」とあるように、『律呂新書』の序文から「律呂本原」（全一三章）までを対象として分析が行なわれている。上巻には二種類の序文が収録されているが、前者の

「律呂新書序」は蟹養斎によるものであり、後者の「序」は、『律呂新書』に収録されている朱熹の序文を解説したものである。前掲の目次を見ても明らかなように、上巻では『律呂新書』に見られる「黄鐘第一」のように、章名が「章題＋序数詞」という表記方法では統一されていない。また、「審度第十一」については、内容の解説は行なわれているものの、章名は記載されていない。

下巻は、宮内庁本の前付に「發端至第三章」とあるように、朱熹による序文から律呂本原「黄鐘生十一律第三」までを対象としたものであるが、「十二律之実第四」以降についても継続して注釈が作成されていたのかについては明らかではない。また、下巻の各問答がそれぞれどの章のどの部分に対応するのかについて、宮内庁本には具体的な記述は見られないが、『道学資講』蟹本の上巻には「別本」との書き入れとともに、下巻の問答に対応する番号が書かれている。そのため、本書でもこの書き入れを手掛かりとして検討を行なう。

一、楽律研究および『律呂新書』

前述のように、『読律呂新書記』は『律呂新書』の注釈書であるが、その注釈自体は惕斎らを越えるような独創的なものではない。しかし、養斎が楽律および『律呂新書』をいかに認識し、いかなる価値を見出していたのかについては、同書の記述が参考になる。そこで、まずは養斎の楽律研究に関する認識について見てみたい。

律呂ノ為物、学問ノ急務、政事根本ナリ。ナセトイヘハ、夫人ノ学ヲスル道ヲ以標トス。ソノツトムル所ハ、コレヲ已ニ知テ行ニアラハシ《ママ》、達スレハコレヲ生民ニ施シ、窮スレハコレヲ一家ニ行フ……ソレ道ハ理ニ本ツイテ、氣ニアラハル。ソノアラハルル所ハ礼樂ノミ。礼樂ノ本ハ、律ナリ。豈学問ノ急務ニアラスヤ（「蟹本」下、一葉表―一葉裏)。

ここでは、楽律の探求は学問の急務にして、政治の根本であるとして、その重要性が説かれている。養斎は学問を行なう際には道を目標とし、知識として得たことを行動に移し、上においてはその成果を人民に施し、下においては家を治めるのに用いるとする。また、その道は理にもとづき、気によって現われるといい、その現われた所が礼楽だという。そして、この礼楽の根本が楽律であるからこそ、楽律の探求が学問の急務になるのだという。さらに、楽律が「政事ノ根本」であることについても、養斎は次のように述べている。

律タタ樂ノ本ノミニアラス、度量権衡ミナコレヲ以本トス。政事ノ根本タル、ココニ於テカマスマス明矣(「蟹本」下、一葉裏)。

このように、楽律は(礼)楽の根本であるのみならず、度量衡の根本にもなるからこそ、政治とも密接にかかわり、その根本となる。よって、楽律研究は学問的にも、政治的にも重要な意義を有することとなるのである。では、楽律研究の重要性を主張する養斎は、そもそも律呂(楽律)についてどのように考えていたのであろうか。

律呂ハ聖人ノ作リ玉ヘルモノニテ、天ヨリフリ、地ヨリワキタルモノニ非ス……スナハチ、十二月ノ氣ニ応スルモノ、天地自然ニアルヲ、聖人ノ神知ヲ以、コレヲ律ニアラハシテ、十二律トタテタマヒ、ソノ声ヲアラハセハ、スナハチソノ氣ノアラハルルソ(「蟹本」上、一葉裏―二葉表)。

つまり、律呂とは自然発生的に存在するものではなく、聖人が天地自然の中から神知を用いて、十二月の気に応じる十二律を選び出したものであるという。そのため、十二律に従い声を発すれば、その気が現れるのである。この考えに従うと、楽律の決定権は聖人にあるため、聖人が存在するか、あるいは聖人が残した楽律が正しく伝承されている限り、正しい楽律は存在し続けることとなる。しかし、聖人はいつの世にも絶えず存在するわけでもなく、また、正しい楽律を伝承し続けることも容易ではない。そこで必要となるのが、楽律学である。

神知アレハ、モトヨリコレヲ作ルヘク、神知ナシトイヘトモ、コノ数ヲ以制シテ、聖人ノ古律ヲ以合セ考テ、律呂ツクラルルコト、周亡、樂亡フ、神知アル人ナク、古律モタシカナラストイヘトモ、数ノミノコレリ（「蟹本」上、二葉裏）。

このように、神知を有する人物がいなくとも、楽律を求める数の理論と古律を考え合わせることにより、正しい楽律を求めることができるという。また、古律については、時の経過とともに失われたり、来歴がわからなくなったりすることもあるが、数の理論については、文献などにより連綿と伝承されているという。よって、数の理論を探求する楽律研究こそが、正しい楽律を得るための、唯一の手段となるのである。

では、楽律研究を行なえば、本当に神知により定められた楽律と同様のものを得ることができるのであろうか。これについて、養斎は次のように述べている。

神知ハ聖人ニアラサレハ得カタシトイヘトモ、全体ノ神知ハ聖人ニ非スンハアタハシ。サレトモ、樂ニノミ心ヲ用レハ、樂ノ方ヘノ神知ハ、聖ニアラストイヘトモ、ヒラケテヲルコトナリ。聖サヘマナンテイタラルルレハ、況ヤ樂一スシノ神知ハテテクルナリ（「蟹本」上、三葉表―三葉裏）。

ここで養斎は、全体を対象とする神知は、聖人でなければ得られないものの、楽にのみ傾注して探求すれば、聖人ではなくとも神知に近づくことができるという。その根拠として「聖サヘマナンテイタラルルレハ、況ヤ樂一スシノ神知ハテテクルナリ」として、「聖人可學而至」[33]（聖人學びて至るべし）を想起させる理由を挙げている。そして、このように楽に傾注して神知に近づこうとする動きは、道学者たちにより開かれたという。

神知ノ人ヲコシラヘ天下泰平、神知ノ樂人テキテクルソ。ココテサタムルコトハ、程張ニ至テ始テ明ニ、蔡氏ニ至テ、ソノ意ヲ以漢以来ノ大マトヒヲサラリトヒラカルルソ（「蟹本」上、三葉裏）。

このように、神知を有する人物を養成しようとする動きは、二程および張載より始まり、蔡元定により完成したと養斎はいう。よって、養斎は元定が漢以来混迷をきわめてきた楽律論を解決へと導いたとして高く評価している。

さて、『律呂新書』については、養斎が「新書」の意味を解釈する過程において、次のように評価している。

新書トハ古来カラアリ来ラス、私ノ意ヲ以、新ニエラミアツムル書ト云ノ心ナリ。コレ謙退ノ意ニテ、ソノ中ニ自任スル意アリ（「蟹本」上、一葉裏）。

養斎によると、「新書」とは古来より伝わるものではなく、恣意的に編纂した新たな書という意味であるという。また、養斎は蔡元定がこのような書名を冠したのは「謙退ノ意」、すなわちみずからの業績を謙遜したものであるとし、内に込められた意味は別にあると考える。では、同書が「自任」する内に込めた意味とは一体何であろうか。

私書トミルカラハ謙退ナレトモ、千古ノ旧惑ヲサリテ、中正ノ新義ヲトカルルトコロニ自任ノ意アルソ（「蟹本」上、三葉裏―四葉表）。

つまり、諸説が入り乱れて定論がなかった楽律論において、その問題とされていたもの、すなわち「往きて返らず」に一定の解答を与え、「中正ノ新義」を示したというのが『律呂新書』の「新書」たる所以であるという。以上のように、養斎は楽律の探求を学問および政治の根本であるととらえ、その探求の必要性を主張するとともに、これを探求する手段として、蔡元定『律呂新書』の重要性を主張していることがわかる。

二、候気術

前述のとおり、養斎は『読律呂新書記』において惕斎を上回るような独創的な見解を示すことはなかったが、『律呂新書』において「中気」を確認し、正しい律管を得る手段の一つとして重視されている候気術については、惕斎らとは異なる独自の見解を有していた。

中村惕斎は基本的に、理論的には候気術が可能であるとしつつも、実践することは困難であるとの立場をとっている。そして、候気術に対する惕斎のこのような姿勢は、弟子である斎藤信斎の『楽律要覧』に至ると、そもそも候気術を取り上げないというように変化している。このように、中村惕斎や斎藤信斎は候気術について消極的な態度を示していたといえよう。

一方、養斎は候気術について丁寧な解説を行なっており、とりわけ候気術の具体的な方法が記述されている『律呂新書』律呂本原「候気第十」については、『読律呂新書記』において語句の単位で注釈を施すなど、原文を忠実に理解しようとしていたことがわかる。しかし、養斎の注釈を詳細に分析すると、その注釈はあくまでも意味の解説に止まっており、候気術の当否および実践の可否についていては、まったく検討されていないことがわかる。

候氣ハ律ヲ地ヘイケ、ソレニハイヲイレ、十二月ノ氣ノ升ヲウカカフナリ。丁ト十二律ノ長カ十二月ノ氣ノノホリタケニアフタル。ソレテ氣カノホレハ、灰カチルナリ。コノ氣ノウカカヒ様ハ、コノ章ニアル通ニテ、ナニノ為ニコレヲスルナレハ、時序ヲ正スカ本通解ヲミヨ。又、ソノ灰ヲウコカストコロノ大小ヲ以、人事ノ善悪ノ感応ヲサツスル用モアリトミユ（「蟹本」上、八九葉裏）。

このように、養斎は候気術について大要を示した上で、候気術を実施する目的については「時序ヲ正ス」ことや、「人事ノ善悪ノ感応ヲサツスル」ためであるとしている。しかし、これらの記述は、すべて候気術が理論として正しく、実践することも可能であるとの前提にもとづくものであり、候気術が実践可能かどうかについては「コノ氣ノウカカヒ様ハ、コノ章ニアル通ニテ」と述べるに止まり、具体的な検討は行なわれていない。また、『制律捷法』においても、養斎は候気術を重視しているものの、やはり実践可能かどうかについては客観的に検証することなく、『律呂新書』の記述を唯一の根拠としている。

以上のことから、養斎は「声気の元」を獲得する方法として、候気術の重要性については認識していたものの、惕斎のようにみずから候気術を実施し、律管による気の観測を行なったことはなかったのではないかと考えられる。

第七節　尾張における『律呂新書』研究

本節では、蟹養斎により受容された楽律研究の文化が、その後どのように継承されていったのかについて明らかにするため、『道学資講』に収録されている中村習斎『読律呂新書記』および養蘭堂主人『律呂新書筆記』の二点を取り上げ、検討してみたい。

一、中村習斎『読律呂新書記』

中村習斎（一七一九―一七九九）、名は蕃政、習斎は号。尾張藩士である中村政順（生没年不詳）の次男である。習斎は兄の厚斎（一七一二―一七七九）と共に小出侗斎（一六六六―一七三八）のもとで学び、その後、蟹養斎の門人となった。習斎も養斎と同様に著作を数多く残しており、その内容も経学を始めとして礼学・文学・天文学・地理学など多岐にわたるものであるが、音楽についても習斎は著作を残している。それが、『読律呂新書記』である。管見の限り、現存する習斎の『読律呂新書記』（中村本）は『道学資講』巻二四五―二四六に収録されている一点のみであるため、ここでも同書をもとに分析を行なう。中村本の成立過程については、下巻の最後に「以上、乙未ノ歳七月十一日考ル所ノ者、天明乙巳ノ春、再考補訂シテシルスコト如右。二月六日夜蕃書[34]」とあることから、安永四年（乙未・一七七五）に初稿が完成した後、天明五年（乙巳・一七八五）に補訂されたことがわかる。

では、蟹本と中村本にはどのような差異が見られるのであろうか。中村本では、蟹本において上巻（律呂本原に対する注釈）と下巻（上巻に対応する問答）に分かれていたものが章ごとに整理され、下巻の問答がそれに対応する箇所に挿入されている。これにより、中村本では蟹本の内容が「律呂新書序」から「黄鐘生十一律第三」までの上巻と、「十二律之実第四」から「謹権衡第十三」までの下巻に再編成されている。また、中村本には習斎による按語（蕃按）以外にも、養蘭堂主人『律呂新書筆記』からの引用などが追加され、内容の充実が図られている。[35] そのため、中村本は蟹本の改良版であるのみならず、尾張藩における『律呂新書』研究の集大成として評価することができよう。

さて、中村本において、習斎は「蕃按」としてみずからの見解を示しているが、全体を通してみるとその数は決して多くはなく、また、内容についても独創性は見られない。しかし、「謹権衡第十三」の後に附された三葉半にわたる按語は、楽律に関する習斎の考えを示す興味深い文章だといえる。そこで、ここでは三葉半の按語のうち約二葉が費やされている候気術に関する記述を取り上げて検討してみたい。

まず、候気術に関する習斎の基本的な姿勢について確認したい。

又按ニ候氣ノ法ニ随テ中氣ヲ候フニ、律管カナハサレハ、翌年ヲ俟テ又制シテ候フニ、又カナハス。如此スルコト数回ストイヘトモ、終ニカナハスンハ如何スヘキ（「中村本」下、九三葉裏）。

このように、習斎自身は幾度か候気術を試みたようであるが、結局「中気」を観測することはできなかったという。つまり、習斎は養斎のように『律呂新書』の記述を鵜呑みにするのではなく、実践可能かどうかをみずから検証していたのである。また、習斎は『律呂新書』が提唱する十八律と候気術の対応関係についても検討している。

黄律冬至ノ中氣ヲ得テ、コレカ寸ヲ定メ、コレヨリ三分損益シテ十二律ヲ得テ、一歳十二月ニワタレハ、復タ冬至ノ中氣ノ黄律ニ復ルヘクシテ復ラス。是変律ノナカルヘカラサル所以ナリ。天氣ヲウツセル所ノ律管如此ナレハ、天地運行ノ氣、亦如此ニシテ、復ラサルコト明ナリ（「中村本」下、九一葉表―九一葉裏）。

ここで習斎は、候気術により「中気」を得た黄鐘律管を基準として、三分損益法により十二律を求めても「往きて返らず」の問題があるため、結局、最初の黄鐘には戻らないという。そのため、この問題を解決するためには六変律が必要になるのだという。さらに、候気術により「中気」を得て作られた十二律が循環しないのであれば、天地運行の気が循環しないことも明らかだという。だが、習斎は「往きて返らず」の問題が生じること自体は、仕方のないことだという。

聖人ノ樂ヲ作ルノ始ニハ、十二月ノ中氣ヲ候テ、天地ト相悖ラスト雖トモ、数十百年ヲ歴テ後ハ、必天地ト人トハ生生変化シ、楽ハ数十百年前ノ天地自然ノ氣ニ恊ヘル律ヲ用レハ、ソノ樂ハ天地生生ノ変化ノ氣ト悖レル道アリ。是聖人制スル所ノ者トイヘトモ、季世ニ及ンテ樂廃レ、世ノ乱ルル者、亦自然ノ勢ナリ（「中村本」下、九一葉裏）。

このように、聖人が楽を作る際には、十二月の「中気」と合致するようにして楽律を定めるが、時間の経過とともに天地も人も変化するため、次第に十二律と十二月が合わなくなってくることがあるという。つまり、聖人がいくら正しい楽律を定めようとも、時間の経過とともにズレが生じてしまうのは仕方のないことだとする。同様に、聖人が定めた楽であっても、時の経過とともに変化するため、末世に至れば楽が廃れ、世が乱れてしまうこともあるが、習斎はこれを「自然ノ勢」だという。しかし、だからといって、毎年律管を新たに作り改めることも問題である。

毎歳、毎月、中氣ヲ候テ、年年律管ヲ制サレハ、天地ノ和応スルノ妙ヲ得ルコトアタハサルヘクシテ、古人ノ論、ココニ及ヘルモノアルヲキカス。蓋シ聖人天命改革ノナカルヘカラサル所以ナリ（「中村本」下、九二葉表）。

ここでは、毎年、各月の観測結果に従い律管を改めるようになると、「天地ノ和応スルノ妙ヲ得ル」ことができなくなるとして、そのような方法を否定している。そのため、古代より毎年律管を改める方法は実施されてこなかったのである。だからこそ、習斎は天命改革により新たな聖人が登場し、その時の「中気」に適った楽律を制定することが必要なのだと主張する。このように、正しい楽律を求める方法として精緻な楽律論の研究を展開するのではなく、新たな聖人の登場こそが必要だとする発想は、百年後に現われるかもしれない聖人のために、楽学を振興して礼楽を実践する土壌を作ろうとする蟹養斎にも通じるものがあるといえるだろう。

以上のように、習斎も養斎と同様に精緻な楽律論の研究ではなく、楽論を形成する一つの要素として楽律研究をとらえていたことがわかる。また、古楽の復興についても、惕斎らのように実証的な研究を積み重ねていくのではなく、聖人の出現により解決されると考え、それに備えて古楽の復興の基礎を構築しようとする点は、養斎の影響を受けたものであると考えられる。ただし、習斎は養斎のように『律呂新書』を鵜呑みにするのではなく、実施可能なものについてはみずから検証している点は、養斎には見られない姿勢であるといえよう。これらのことを総合すると、習斎の研究は養斎の研究を継承しつつ、発展させたものであるといえる。

二、養蘭堂主人『律呂新書筆記』

『律呂新書筆記』は、養蘭堂主人による『律呂新書』の注釈書であるが、成書年代については不詳である。日本古典籍総合目録データベースには、『律呂新書筆記』の所蔵先として、名古屋市蓬左文庫所蔵『道学資講』巻二五一、東京芸術大学附属図書館（「律呂新書記聞」）、東北大学附属図書館狩野文庫、土佐山内家宝物資料館、羽塚啓明氏の計五点の情報が登録されており、著者名の欄には「鈴木蘭園」と記載されている。しかし、ここに挙げられた各本を確認すると、名古屋市蓬左文庫所蔵『道学資講』巻二五一は著者が養蘭堂主人の『律呂新書筆記』であり、それ以外の東京芸術大学附属図書館（「律呂新書記聞」）、東北大学附属図書館狩野文庫、土佐山内家宝物資料館の三点については、鈴木蘭園弁解・藤原正臣（山本清渓）識『律呂新書筆記』であることがわかる。つまり、日本古典籍総合目録データベースの情報は、『律呂新書筆記』という書名のもとに、実際には著者および内容が異なる二点の著作が同一のものとして誤って登録されていることがわかる。

さて、ここで検討する養蘭堂主人『律呂新書筆記』は、日本古典籍総合目録データベースによると名古屋市蓬左文庫所蔵『道学資講』巻二五一所収の一点のみである。しかし、宮内庁書陵部所蔵の林品美『律呂資講』を見ると、前付に「養蘭堂主人之記　新書上下巻」とあり、さらに、内題に「律呂新書筆記」とあることから、同書が養蘭堂主人『律呂新書筆記』を筆写したものであることがわかる[36]。よって、現存する養蘭堂主人『律呂新書筆記』は、名古屋市蓬左文庫所蔵『道学資講』巻二五一と宮内庁書陵部所蔵の林品美『律呂資講』の二点となる。

また、『律呂新書筆記』の著者である養蘭堂主人については、『道学資講』巻三七九所収の『養斎先生文集』記類「養蘭堂記」に次のような記述が見られる。

嘗同学于故先生者、唯一人。曰、山本氏、字彦中。彦中医業而儒行、自号其堂、曰養蘭。問之則曰、凡子弟門人、遊斯堂者、養芳芳之心、不為世医之媿行。此吾願也（『養斎先生文集』、三七葉裏）。

（嘗て故先生に同学する者、唯だ一人。曰く、山本氏、字は彦中。彦中は医業にして儒行し、自ら其の堂に号して、養蘭と曰う。之を問えば則ち曰く、凡そ子弟門人、斯の堂に遊ぶ者、芳芳の心を養い、世医の媿行を為さず。此れ吾の願いなり。）

このように、養蘭堂主人とは、嘗て養斎と同じく三宅尚斎の門人であった儒医の山本彦中であり、養蘭堂とは山本彦中が所有する堂の名前であったことがわかる。

ところで、『律呂新書筆記』の内容であるが、同書は『律呂新書』上下巻を対象とした注釈書ではあるものの、すべての章について順次注釈を施すのではなく、適宜、語句や人名などについて典拠を挙げながら注釈を施している。そのため、同書は山本彦中（養蘭堂主人）が『律呂新書』を読む際に使用していたノートであると考えられ、体系的な思想を読み取ることは難しい。よって、ここでは内容の分析については省略し、紹介するに止めたい。

小結

本章では、『道学資講』に収録されている文献、とりわけ斎藤信斎から中村惕斎の『律呂新書』研究を継承した蟹養斎の著作を中心として検討を行なってきた。

崎門学派の叢書である『道学資講』に中村惕斎らの著作が収録されたのは、崎門学派における楽研究の振興という使命を担った蟹養斎が、自派における楽研究の不在を埋めるべく、同じく朱子学者である中村惕斎の『律呂新書』研究を高く評価し、弟子である斎藤信斎を通して惕斎の『律呂新書』研究を受容したためであることがわかった。

よって、中村惕斎の『律呂新書』研究は蟹養斎の楽研究の源流ということができるだろう。惕斎と養斎の楽（律）研究に対する姿勢を比較すると、惕斎が『律呂新書』の内容理解と数理論の検証などの専門的な側面に重点を置き、楽律学の観点から研究を展開していたのに対して、養斎は楽の意義・効用などの思想的な側面に重点を置き、楽学の振興を目指していたことがわかる。そこで、養斎が楽律学ではなく、楽学の振興を主張した背景について検討すると、当時の人々が「修身」にのみ傾注し、「治人」へとつながる楽学の重要性・必要性を認識しなくなっていたという状況があったことが明らかとなった。そのため、養斎は専門的な楽律学ではなく、より一般的かつ道徳的な楽学を振興することにより、世間の人々の「修養」にのみ傾注する姿勢を改めようと考え、さらに、人々に親しませるべき音楽を一刻も早く定めるべく、惕斎や信斎よりも積極的に、日本の雅楽を評価したものと考えられる。

また、『道学資講』に収録されている中村習斎『読律呂新書記』と山本彦中（養蘭堂主人）『律呂新書筆記』については、その内容自体は特筆すべきものが無いが、尾張において『律呂新書』研究が連綿と継承されていったことを示す資料としては、非常に興味深いものであるといえる。

以上のように、中村惕斎の『律呂新書』研究は、斎藤信斎を介して蟹養斎へと継承されることにより、京都から尾張へと伝播するとともに、専門的な楽律研究からより一般的・道徳的な楽研究へと展開していったのである。

【注】

（1）高木靖文「蟹養斎教授法の一考察」（『新潟大学教育学部紀要（人文・社会科学編）』第二六巻第二号、新潟大学教育学部、一九八五年）、白井順「蟹養斎の講学―九州大学碩水文庫を主たる資料に仰いで―」（『哲学年報』七〇輯、九州大学大学院人文

科学研究院、二〇一一年）、高橋恭寛「蟹養斎における『小学』理解から見た初学教育への視線」（『道徳と教育』第五九巻、日本道徳教育学会、二〇一五年）などを参照。

（2）松川雅信「蟹養斎における儒礼論―「家礼」の喪祭儀礼をめぐって―」を参照。

（3）ただし、この目録には遺漏が見られる。たとえば、楽に関する著作について検討すると、「養斎先生著述目録」には『猿楽用捨説』『学楽《ママ》指要』の二点が記載されているが、『道学資講』にはこれ以外にも、『読律呂新書記』『日本楽説』『制律捷法』などの著作が見られる。これより、「養斎先生著述目録」は養斎の著作を網羅的に取り上げた完全な目録ではないことがわかる。

（4）岸野俊彦『尾張藩社会の総合研究』第二篇（清文堂出版、二〇〇四年）所収、「第十二章　尾張における奏楽人の活動について」（清水禎子氏担当部分、三一六―三四四頁）。

（5）岸野俊彦『尾張藩社会の総合研究』第二篇、三一七頁。

（6）同前、三一八頁。

（7）同前、三一八頁。

（8）本文では取り上げないが、清水氏の論考では、平岩元珍、吉見幸和（一六七三―一七六一）、河村益根（一七五六―一八一九）などについても考証が行なわれている。そして、尾張藩における雅楽について、次のような見解が示されている。ここで記述されていることは、蟹養斎と同じか、少し後の時代のことを指すものであると考えられるが、尾張における雅楽の特徴について理解する上で重要であるため、少し長くなるが引用する。

尾張において儒学と国学とが融合した実践的な雅楽研究が盛んで、尾張の実証学的楽風を身に付け、尚且つ雅楽の素養がある者、又は雅楽に対して理解のある者が存在し、彼らは尾張という地域に止まらない多彩な学問的交流を行っていたのである。専門家である三方楽人も、雅楽の普及に理論と実践が不可分との認識を持ち、理論的に楽書を著す能力を持った門人の存在を重視した。それ故に、楽書の著者を擁した尾張において雅楽の普及が一層進み、新たな門人の獲得にも繋がったと推測されるのである（三二八頁）。

（9）本章では、基本的に『道学資講』巻二四二所収本にもとづき分析を行なう。

（10）これについては、高木靖文「蟹養斎教授法の一考察」が崎門学派の学徒たちを指して「祖師闇斎の没後「同門異戸」（稲葉黙斎）の傾向を強め、世俗的には「崎門之絶交」という語に象徴せられる分派的状況を呈する」（四八六頁）と述べ、「それだけに学徒は、自らの出処進退を明確にし、師への学統的忠実さ（正統性）を闡明にすることが要求されたと思われ、養斎も折にふれて関説している」（同）として、養斎の「学準」を引用しつつ、養斎が自身の学問的正統性を主張するために学統を持ち出している例を挙げている。『読律呂新書記』に見られる闇斎への言及も、これと同様であろう。
(11) 養斎は『家礼』を範とする葬祭儀礼書の『居家大事記』においても、惕斎の研究を参照していたようである（松川雅信「蟹養斎における儒礼論―「家礼」の喪祭儀礼をめぐって―」、一四九頁）。
(12) 道学本では、適宜改行を行なうことにより、各問答の区分が示されている。筆者の分類も、おおむねそれに従ったものである。
(13) この車の車輪と鳥の両翼の比喩は、『朱子語類』巻九「学三・論知行」の「涵養、窮索、二者不可廢一、如車兩輪、如鳥兩翼」（『朱子語類』一、一五〇頁）を意識したものと考えられる。なお、本書では『朱子語類』（中華書局、一九八六年）を使用する。
(14) 『楽学指要』、二七葉裏。
(15) 同前、一五葉表。
(16) 『尚書正義』、九五頁。
(17) 『楽学指要』、一四葉裏―一五葉表。
(18) この二字は欠字。龍谷本では「雅頌」に作る。
(19) 養斎は朱熹と蔡元定の楽学上における功績について、「秦火ノ後、楽律不明千有余歳ニシテ、朱蔡氏出テ律古ニ復シ、楽モマタヲコラントス。然ニ、五代ノ乱ヲヘテ、声音大ニミタル。二公ノ大徳英才ヲ以、ナヲイマタ全ヲ得サランコトヲウレエ玉フハ、コレヲ以ナリ」（『楽学指要』、四二葉表―四二葉裏）と述べ、朱熹と蔡元定により楽律は古《いにしえ》の形に近付き、それにもとづく楽も行なわれるようになったものの、両者の力をもってしても、大きく乱れてしまった楽を完全に正すことは叶わなかったという。
(20) 『楽学指要』、二四葉裏―二五葉表。
(21) 同前、二五葉表。
(22) 同書の著者名には、蟹養斎ではなく布施惟安が用いられている。布施氏の養子となった養斎が蟹に復姓するのは宝暦九年（一七五九）のことであるから、『日本楽説』が著述されたのは、それ以前であると考えられるが判然としない。
(23) 『楽学指要』、二五葉表。

(24) 俗楽とは、ここでは基本的に雅楽以外のすべての楽を指す。

(25)「二礼三史」については、標注（誰の注かは不明）に「二礼ハ周礼、儀礼」（『日本楽説』、三七葉裏）、「三史ハ漢隋唐」（『日本楽説』、三八葉表）とあることから、『周礼』『儀礼』と『漢書』（『後漢書』もか？）『隋書』『唐書』（『旧唐書』もか？）であることがわかる。

(26)『制律捷法』、一〇葉表。

(27) 同前、二葉表。

(28)「新制律呂法」では、紙を使用する理由について、「糸忽ノ度ワカレカタク、三分ノ法タカヒヤスシ。故ニ予紙ヲ以三分損益スレハ、其寸ハヲノツカラワカルルナリ」（『制律捷法』、九葉表―九葉裏）と述べ、紙を折れば、三分損益法により生じる微妙な数値にとらわれることなく、各律の長さを求めることができるとしている。

(29) ただし、『読律呂新書記』には上下巻を区分するような記述は見られず、『道学資講』において便宜的に『読律呂新書記』一（巻二四二）・『読律呂新書記』二（巻二四三）として区分されているだけである。そのため、本書では混乱を避けるために、『読律呂新書記』一を「上巻」、『読律呂新書記』二を「下巻」とする。

(30) ただし、上巻において『律呂新書』「律呂本原」の解説を行なう際に、適宜、該当する「律呂証弁」の箇所を参照するように指示されているため、「律呂証弁」がまったく意識されていないわけではない。

(31) 仮に丁丑の年が宝暦七年（一七五七）であるとすると、『読律呂新書記』は養斎が五〇歳頃の著作となる。さらに、蟹本と鶴舞本を比較すると、蟹本において「虫損」とされている箇所と、鶴舞本において空欄になっている箇所がおおむね一致しているため、両本は同系統の版本であると考えられる。

(32) なお、『律呂新書筆記』（請求番号：ヤ七六〇―四七、土佐本B）については、同じく土佐山内家宝物資料館に所蔵されている鈴木蘭園弁解・藤原正臣識『律呂新書筆記』（請求番号：ヤ七六〇―四七）にも同じ番号が附されているが、内容はまったく別である。

(33)『近思録』巻三（『呂祖謙全集』第二冊所収、浙江古籍出版社、二〇〇八年）一三頁。

(34)「中村本」下、九三葉表。

(35) 高木靖文「蟹養斎教授法の一考察」は、崎門学派の特徴として、「闇斎系朱子学の徒は師説を筆記によって相い伝えたこと」（四八七頁）を挙げ、「養斎自身、自著に繰り返し補訂を加えて完璧を期した」（同）と述べているが、習斎が養斎の著作と同名の『読律呂新書記』という著作を残しているのも、あるいは師である養斎の『律呂新書』理解を「箏記」で継承し、完成度を高めるべく内容の再構成や参考文献の追加等を行なった結果なのではないかと考えられる。

（36）なお、謄写時期については、巻末に「嘉永五年」とあることから、嘉永五年（一八五二）であることがわかる。

第六章　内堀英長の『律呂新書』研究

―『律呂新書』研究の象数学的展開―

江戸時代後期の儒者である内堀英長の『律呂新書私考』および『律呂新書解』は、『律呂新書』に見られる象数学的要素に着目している点において、日本における『律呂新書』研究の基礎を築いた中村惕斎などとは様相を異にする。

本章では、内堀英長の二冊の著作の分析を通して、「河十洛九」を用いた『律呂新書』の理解や、『律呂新書』に対する疑問などについて検討し、内堀英長の『律呂新書』研究の特徴を明らかにしたい。

第一節　内堀英長について

内堀英長（一七七四―一八三二）は、大津出身の儒者である。管見の限り、内堀英長について言及した先行研究はなく、また、その生涯について記された資料も少ない。そこで、本節では英長についてまとまった記述が見られる『近江人物志』[1]にもとづき、その生涯をトレースしたい。

内堀英長は寛政二年（一七九〇）に大津代官職[2]を代々世襲していた石原家の石原清左衛門正範（在職：一七七六―一七九五）に出仕し、その後、石原庄三郎正通（在職：一七九五―一八二一）、石原清左衛門正修（在職：一八二一―一八四三）に仕えたが、文政一一年（一八二八）に正修との意見の違いを理由に石原家を去る。その後、小浜藩の第一一代藩主である酒井忠順（在位：一八二八―一八三四）に京都の小浜藩邸宅へと招かれ、天保五年（一八三四年）、同地にて逝去した。

儒学については、同じく石原家に仕えた儒者の川島栗斎[3]（一七五五―一八一一）に学んでいるが、川島栗斎の師を順にたどると、西依成斎（一七〇二―一七九七）、若林強斎（一六七九―一七三二）、浅見絅斎（一六五二―一七一二）へとつながることから、崎門学派に連なる儒者であるといえる。また、『近江人物志』では、「神道は之れを山崎垂加翁に學べり[4]」とあるが、英長と山崎闇斎（一六一九―一六八二）の生没年を考えると、英長が闇斎から直接指導を受けたとは考えられないため、その意味するところは、英長が学んだ神道が闇斎の垂加神道であったということであろう。さらに『近江人物志』では、英長の学問を継承した弟子として、上原立斎[5]（一七九四―一八五四）および佐土原藩士である宮崎弁蔵[6]が挙げられている。

さて、崎門学派における『律呂新書』研究については、すでに第五章において三宅尚斎の弟子である蟹養斎による研究を取り上げて分析しているが、養斎が中村惕斎の弟子である斎藤信斎を通して惕斎の『律呂新書』研究を受容していたのに対して、本章において検討する内堀英長は惕斎との直接的な関係がなく、さらには、惕斎らが言及しなかった『律呂新書』と象数学との関係に着目して研究を展開した点において独自の価値を有する。

そこで本章では、この点を念頭に置きつつ、内堀英長の『律呂新書』研究について検討したい。

第二節　著作について

日本古典籍総合目録データベースには、いずれも写本である『小運考』（一八一九年）、『律呂新書私考』（一八三一年）、『律呂新書解』（一八三一年）の三冊が、内堀英長の著作として登録されている。これ以外にも、英長自身の著作ではないものの、九州大学附属図書館碩水文庫に所蔵されている『御鎮座次第記抄』（一八一二年写）および『御

書名	所蔵機関
『小運考』	京都大学数学教室図書館
『律呂新書私考』	長崎県立長崎図書館楠本文庫
『律呂新書解』	長崎県立長崎図書館楠本文庫 京都大学数学教室図書室
『御鎮座次第記抄』	九州大学附属図書館碩水文庫
『御鎮座次第記秘伝』	九州大学附属図書館碩水文庫

表1　内堀英長の著作とその所蔵先一覧

鎮座次第記秘伝』（一八二一年写）は、英長が川島栗斎および奥野寧斎の蔵書を筆写したものである。[7] これらの所蔵状況を整理すると（表1）、内堀英長の著作は基本的に京都大学数学教室図書館、長崎県立長崎図書館楠本文庫、九州大学附属図書館碩水文庫の三か所に所蔵されていることがわかる。[8] 以下、内堀英長の『律呂新書』研究の成果である『律呂新書私考』と『律呂新書解』について紹介する。

一、『律呂新書私考』

『律呂新書私考』は、乾・坤の上下二冊からなる写本であり、朱筆による訂正や、付箋が多数あること、さらに、同書が長崎県立長崎図書館楠本文庫にしか所蔵されていないことから、他人に公開するためのものではなく、内堀英長がみずからの考えを整理する際に使用していたノートであると考えられる。『律呂新書私考』の乾・坤はそれぞれ、『律呂新書』の「律呂本原」・「律呂証弁」に対応している。

さて、『律呂新書私考』乾・坤の最終頁[9]には、次のような記述が見られる。

・『律呂新書私考』乾

文政十三年庚寅六月十一日（朔）[10]、於若狭国小濱寓舎（始業）、十一日卒業焉。讀律呂新書而稿其義。蓋六月朔始業、十一日卒業。廿五日帰国。（然後）與一二之朋友校論、而今茲正月、於若狭国主京師之第浄写、而以備異日之遺忘云。

天保二年辛卯二月二日

（文政十三年庚寅六月十一日（朔）、若狭国小濱の寓舎に於て（業を始め）、十一日に業を卒ぅ。律呂新書を讀みて其の義を稿す。蓋し六月朔業を始め、十一日業を卒ぅ。廿五日帰国す。（然る後に）一二の朋友と校論し、而して今茲の正月、若狭国主の京師の第に於て浄写して以て異日の遺忘に備ぅと云ぅ。

天保二年辛卯二月二日）

・『律呂新書私考』坤

文政十三年庚寅六月十五日、於若州小濱始業、而廿日発駕帰国。又七月少開業、有事故而止焉。八月廿日再始業、廿三日卒功焉。

（文政十三年庚寅六月十五日、若州小濱に於て業を始め、而して廿日駕を発して帰国す。又た七月少しく業を開くも、事故有りて止む。八月廿日再び業を始め、廿三日功を卒ぅ。）

このように、『律呂新書私考』には、①『律呂新書』研究の開始時期、②初めて『律呂新書』を読んだ場所、③京都への到着日、④『律呂新書私考』著述までの経緯などが記されている。しかし、乾・坤両冊の記述には矛盾する点が多く、さらに、坤には著述した年月日が記されていないため、上記の情報を確定することができない。そこで、『律呂新書解』の記述を参考に、この部分の内容の確定を試みたい。

二、『律呂新書解』

『律呂新書解』は、長崎県立長崎図書館楠本文庫（以下、長崎本と略称）および京都大学数学教室図書室（以下、京大本と略称）に所蔵されている。長崎本は上巻（外題：律呂新書解　上、内題：律呂新書上）のみであり、表紙には朱字で「欠本」と記されている。一方、京大本は上・下の二巻本である（〈上巻〉外題：律呂新書解　上、内題：律呂新書上・〈下巻〉外題：律呂新書解　下、内題：なし）が、その内容は長崎本を上下二巻に分けたものである。

『律呂新書解』は長崎本、京大本ともに『律呂新書』の上巻に当たる「律呂本原」について書かれたものであり、下巻に当たる「律呂証弁」については見られない。しかし、長崎木の表紙に見られる「欠本」という文字、そして『律呂新書私考』が「律呂本原」および「律呂証弁」の双方に注釈を行なっていたことを考慮すると、「律呂証弁」について書かれた「下巻」があったのではないかと考えられるが、現在では明らかではない。

さて、『律呂新書私考』と同様、『律呂新書解』の最終頁にも同書の成書過程が、次のように記されている。

文政十三年庚寅夏、於若狭國小濱寓舎讀律呂新書、稿所考而以歸國六月朔日始業、十一日卒業、廿五日歸國。然後與一二之同志校論其義、而今茲正月於若狭國主京師之第浄寫如此也。

天保二年辛卯二月九日　湖南　内堀英長記

天保二年辛卯初夏望　宓水　奥埜就熙書(11)

（文政十三年庚寅夏、若狭國小濱の寓舎に於て律呂新書を讀み、考える所を稿して以て歸國す六月朔日業を始め、十一日業を卒へ、廿五日歸國す。然る後に一二の同志と其の義を校論し、而して今茲の正月若狭國主の京師の第に於いて浄写すること此の如きなり。

天保二年辛卯二月九日　湖南　内堀英長記
天保二年辛卯初夏望　　宓水　奥埜就熙書）

ここで注意しなければならないのは、長崎本では「天保二年辛卯二月九日　湖南　内堀英長記」との署名しか見られないが、京大本では内堀英長の署名に続いて「天保二年辛卯初夏望　宓水　奥埜就熙書」との署名が見られることである。これより、京大本は長崎本よりも後に筆写されたこと、つまり、京大本が長崎本の写本である可能性が考えられる。

では、『律呂新書解』を手掛かりとして、『律呂新書私考』と『律呂新書解』の成書過程について検討してみよう。『律呂新書解』によると、①内堀英長が『律呂新書』研究を開始したのは、文政一三年（一八三〇）六月一日（朔）であり、同月一一日まで研究を行なっていたことが読み取れる。この点については、『律呂新書私考』乾の記述（追記分）とも一部一致する。なお、『律呂新書私考』乾に「讀律呂新書而稿其義」（『律呂新書』を讀みて其の義を稿す）との記述が見られ、『律呂新書解』にも「讀律呂新書、稿所考」（『律呂新書』を讀み、考える所を稿す）との記述が見られることから、この段階ですでに『律呂新書私考』および『律呂新書解』の原型となるノートのようなものがあったと考えられる。ちなみに、この時に英長が読んだ『律呂新書』の版本については明らかではないが、『律呂新書解』「候気第十」に「唐本性理大全ノ中ノ律呂新書[12]」とあり、『律呂新書私考』坤「度量権衡第十」にも「惕斎ノ修正ノ律呂新書」とあることから、少なくとも中国で刊行された『性理大全』所収の『律呂新書』と中村惕斎『修正律呂新書』の二つについては見ていたことは間違いないだろう。

次に、英長が初めて『律呂新書』を読んだ場所については、②若狭国小浜藩の寓舎であることがわかる。この点は、各資料に共通してみられることから、ほぼ確実であるといえる。その後、③六月二五日に京都へと到着したとされているが、『律呂新書私考』坤には、二〇日に駕籠に乗り帰国したとあることから、二〇日に若狭国小浜藩を出発し、二五日に京都へ帰京したものと考えられる。帰京後の経過については、④七月に研究を再開するものの、一度中断し、八月二〇日に再び始め、同月二三日に研究を終えたということが、『律呂新書私考』坤に記載されている。そして、数名の仲間とともに『律呂新書』について議論を交わし、天保二年（一八三一）正月、かねてから滞在していた京都の小浜藩邸において、これらの著作を清書したものと考えられる。

なお、各本の署名を手掛かりとして、これらの著作の成立順序を考えると、次のようになる。

書名	成立年月日
『律呂新書私考』	天保二年（一八三一）二月二日
『律呂新書解』（長崎本）	天保二年（一八三一）二月九日
『律呂新書解』（京大本）	天保二年（一八三一）初夏

以上のように、小浜で『律呂新書』を読んだ内堀英長は、まず、『律呂新書私考』を著わした後、『律呂新書解』（長崎本）を著わし、その後、奥埜就熙によって、『律呂新書解』（京大本）が作成されたものと考えられる。よって、本章で成立時期が早い長崎本にもとづき分析を行なう。

第三節　内堀英長の『律呂新書』研究

本節では、内堀英長が行なった『律呂新書』研究について検討する。前述のとおり、内堀英長の『律呂新書』に関する著作としては『律呂新書解』と『律呂新書私考』があるが、『律呂新書私考』において朱筆で訂正された文章が『律呂新書解』で採用されていること、および『律呂新書私考』の文章にもとづき『律呂新書解』では追記が行なわれていることから、『律呂新書解』が内堀英長の『律呂新書』研究の完成形と考えられる。そこで、本節では『律呂新書解』を中心として、内堀英長の『律呂新書』研究について検討する。

まず、内堀英長の『律呂新書』に関する認識について見てみると、『律呂新書解』の冒頭に次のような解説が見られる。

宋ニ至リテ、蔡元定ノ累年、力ヲ用ヒテ古書ヲ吟味シテ、古ヘニ泝《せま》リテ、此書二巻ヲ著ハサレテ、古律ノ再ビ世ニ明カニナリタコト(『律呂新書解』、一葉表)。

この評価は、『律呂新書』にある朱熹の序文を踏襲するものであり[13]、基本的には朱熹と同様、蔡元定が行なった古律の復元、すなわち『律呂新書』を高く評価するものである。また、続く一節にも、内堀英長の『律呂新書』理解を知る上で、興味深い記述が見られる。

新書ト云ハ、アタラシイ書ト云コトデハナイ。大學ノ新民ナドノ新デ、本トノ古律ノ昧《くら》ンダヲ新タニスルノ意ナリ。又、前漢ノ賈誼ノ新書ト云モノモアルユエ、古人ニ本ツイテ題号ヲ施サレタモノトミヘル(『律呂新書解』、一葉表)。

ここで英長が「大學ノ新民ナドノ新デ」としているのは、『大学』の「在親民」を「在新民」とする『大学章句』の解釈である。この「新民」に対して、朱熹は「新者、革其舊之謂也[14]」(新とは、其の舊きを革むるの謂なり)との注釈を行なっていることから、英長の「本トノ古律ノ味ンダヲ新タニスルノ意ナリ」も、この朱熹注を受けたものであると考えられる。つまり、「新書」の「新」は「あたらしい」ではなく「あらたにする」で解釈し、古律の明らかでなかったものを新たに明らかにしたとするのが、英長の「新書」という書名に対する理解である。さらに、「新書」を書名とすることについては、前漢の賈誼（前二〇〇—前一六八）『新書』を挙げ、「新書」という名称が古を踏襲したものであるとしている[15]。

このように、内堀英長は基本的に朱熹・蔡元定の原文にもとづき、朱子学という枠組みの中で『律呂新書』を理解しようとしていることがわかる。しかし、英長は必ずしも『律呂新書』の記述を妄信するのではなく、見解が異なる場合には自身の見解を示している。以上のことを踏まえた上で、次に、内堀英長の『律呂新書』研究に見られる特徴について、河十洛九、『律呂新書』への疑問、日本的特徴の三つの観点から分析を行ないたい。

一、河十洛九

前述のように、蔡元定は朱熹の易学研究に重要な示唆を与えており、とりわけ河図の数を十、洛書の数を九とする「河十洛九」を提起したことは広く知られているが、『律呂新書』では「河十洛九」とその楽律論を積極的に結びつけるような記述は見られない[16]。しかし、内堀英長『律呂新書解』ではこの点を意識し、「河十洛九」と楽律とを結びつけた解釈が展開されている。

最初に「河十洛九」に関する記述が見られるのは、『律呂新書』律呂本原「黄鐘第一」の「按天地之數、始於一、終於十[17]」（按ずるに天地の數は、一に始まり、十に終わる）という本注（蔡元定注）についてである。

天地之数云云、コレハ河図ノ数ノ通リゾ。河図デノ僉議ゾ（『律呂新書解』、二葉裏）

このように、『律呂新書』では一から十までの数を「天地の数」というが、『律呂新書解』ではこれを十数図である河図と結びつけて検討することを提案する。その具体的な例が、「黄鐘之実第二」に見られる。ここでは、すべての楽律に共通する表面積（律管の太さ）には十分一寸の法（十進法）を使用し、三分損益法により求められる十一律の管長については九分一寸の法（九進法）を使用するということが述べられているが[18]、これについて『律呂新書解』「黄鐘之実第二」には次のような記述が見られる。

十ハ偶数、九ハ奇数ジャガ、偶数ハスワリテ静ニシテ動ヌモノ、奇数ハ動イテマワルモノ。ソコデ、ソレ動カヌ径囲ノ数ハ偶数デハカリ、相生ジテ動ク長ハ奇数デハカルガ理ノ自然ゾ。カウ云モノユエ、黄鐘ノ管九寸ハ、九十分ヲ以九寸トシタモノ。（『律呂新書解』、八葉表）。

つまり、径囲の数のように、すべての楽律に共通する数は不変の数であるとし、数が変化しないことから「静」であり、偶数の十にもとづく十分一寸の法を使用するという。一方、三分損益法の相生により変化する律管の長さについては、数が頻繁に変化することから「動」であり、奇数の九にもとづく九分一寸の法を使用するという。英長はこのように十分一寸の法と九分一寸の法を使い分けることは「理ノ自然」だとした上で、黄鐘の管長である九寸は諸律の根源となる不変の数であるため、十分一寸の法を使用するとしている。さらに、『律呂新書解』「黄鐘之実第二」では次のようにも述べている。

扨、十ハ河図ノ数、九ハ洛書ノ数ジャガ、河図ハ對待ニシテスワリテアリ、洛書ハ流行ニシテ動ク。河図ハ体、洛書ハ用ジャガ、ソコノ道理モココニミユルコト（『律呂新書解』、八葉裏）。

このように、英長は十を河図、九を洛書と結びつけ、河図には「対待」および「体」という特徴が見られ、洛書には「流行」および「用」という特徴が見られるという。これを整理すると、次のようになる。

十	偶数	河図	静	対待	体	径囲の数
九	奇数	洛書	動	流行	用	三分損益十二律

これより、『律呂新書解』では『律呂新書』における楽律の展開原理として河図（十・黄鐘）と洛書（九・黄鐘以外の諸律）の働きによる「河十洛九」の思想を見出し、その構図を念頭に置き『律呂新書』の理解を試みていることがわかる。

二、『律呂新書』への疑問

『律呂新書解』では、『律呂新書』の内容について詳細な解釈が行なわれているが、その解釈を見ると、『律呂新書』を盲目的に信用するのではなく、見解が異なる場合にはみずからの意見を述べていることがわかる。ここでは、「人声」と「数の自然」、「変声第七」の「少高於宮」、「候気第十」の候気術、「十二律之実第四」の管長の四点から『律呂新書解』が『律呂新書』に呈した疑問の妥当性について考察したい。

（二）「人声」と「数の自然」

『律呂新書』が楽律の展開原理として「数の自然」を挙げ、これに対して中村惕斎が「人声」を尊重する立場から『律呂新書』に疑問を呈したことについてはすでに述べたとおりであるが、『律呂新書解』でも「人声」を重視する立場から、「数の自然」を主張する『律呂新書』に対して疑問を呈している。

近世ノ人ノ説ニ、律十二ニ止ルト云コトヲ、筭数ノ上ニテ謂ハントテ如此説ケドモ、不通ノ論ト云ベシ。十二律ハ國語伶州鳩ガ言ニ、古之神瞽考中声而量之以制、度律均鐘、百官軌儀、紀之以三、平之以六、成于十二、天之道也トアリテ、考中声トハ、人各性質アリテ、声過高ナルアリ。又低下ナルアリ。……六律六呂十二ノモノハ、人声ノ中ヲ正シ、上下ノ限リヲ立テ、過高低下ノ弊ナク、所謂天之道ニシテ、自然ナルモノ也（『律呂新書解』、二二葉表）。

ここからも明らかなとおり、『律呂新書解』では『国語』周語から伶州鳩の言説を引用し、十二律が「人声」に依拠するものであることを示した上で、高過ぎることも、低過ぎることもない中声により定められた十二律を「所謂天之道ニシテ、自然ナルモノ」であるとしている。そして、楽律論における数と三分損益法の役割について、次のように述べている。

此中声ヲ後世ヘ傳ヘンガ為メニ、竹管十二ヲキリテ写之、音律ノ規矩ニ備フ。於是律筭ノ法アリ。三分損益上下相生皆裁管均鐘ノ法ニシテ、人ノ設ケ成ス所也。然ルヲ蔡氏筭法モ亦自然ノ如ニ云ヘルハ怪ムベシ（『律呂新書解』、二二葉表―二二葉裏)。

このように、「人声」により定められた正しい十二律を後世に伝えるため、その音に合わせて十二本の律管が製作され、楽律の基準が定められるようになったという。また、律管が製作されたことにより、十二律を計算により求める三分損益法も整備されることとなるが、この三分損益法はあくまでも便宜上設けられた人為的なものであるというのが、『律呂新書解』の主張である。そのため、『律呂新書』において示されている新たな算法を、蔡元定が「数の自然」という言葉を用いて、あたかも人為の介在しない自然なもののように主張しようとも、中気と中声の一致により求める本来の「自然」な方法とは根本的に異なる。よって、『律呂新書解』では「蔡氏筭法モ亦自然ノ如ニ云ヘルハ怪ムベシ」として、蔡元定が自身の算法に「自然」という表現を用いていることに懐疑的な姿勢を示している。さらに、『律呂新書解』では、蔡氏算法が人為的であることを示すべく、律呂本原「十二律之実第四」の正律が十二律に止まる問題を取り上げる。『律呂新書』では、三分損益法により余りが出ることなく算出されるのが一二番目に算出される仲呂であるため、正律は十二律に止まるとしているが、これについて、『律呂新書解』「十二律之実第四」には、次のような記述が見られる。

仲呂ニ至テ其数行ザルハ、始ヨリ法十二ニ止ル様ニナゼシタモノ也……仲呂ニ至リテ不尽アリテ筭行ザルハ、始メ一ニ三ヲ十一タビ乗ゼシモノユエ、十一筭ニシテ止ル也。(『律呂新書解』、二二葉裏)

このように、『律呂新書』では「黄鐘之実」として三の一一乗である一七七、一四七を設定しているが、この実数を設定した段階で、三分損益法を一一回行なえば仲呂まで算出すると計算ができなくなることは自明であったはずだという[19]。つまり、『律呂新書』では計算ができなくなるとの理由で、正律は十二律で止まるとしているが、内堀英長の説に従うと、結局それは実数の設定方法に問題があるということになる。よって、蔡元定が『律呂新書』において提示した算法自体が人為的なものであるため、「数の自然」という言葉を用いてみずからの算法を天地自然にもとづくものであるかのように扱うことは誤りであると『律呂新書解』は主張する。

以上のように、『律呂新書解』では「人声」を尊重する立場から、数や算法はあくまでも「人声」により定められた律管を後世に伝えるための手段に過ぎないとし、「数の自然」として数に意味を持たせる『律呂新書』に対して批判を展開しているのである。

(二) 律呂本原「変声第七」の「少高於宮」について

『律呂新書』律呂本原「変声第七」の本注(蔡元定注)には、次のような一節がある。

角徴之間、近徴收一聲、比徴少下、故謂之變徴。羽宮之間、近宮收一聲、少高於宮、故謂之變宮也(『律呂新書』、一四九〇頁)。

(角徴の間、徴に近きに一聲を收む、徴に比して少し下る、故に之を變徴と謂う。羽宮の間、宮に近きに一聲を收む、少し宮より高し、故に之を變宮と謂うなり。)

ここでは、五声のうち宮商、商角、徴羽の隔たりが一律であるのに対して、角徴、羽宮の隔たりが二律であることから、角徴、羽宮間に各々一律ずつ変律を追加することを説明している。これを整理すると、次のようになる(表

2)。

表2　黄鐘均宮調

黄鐘	大呂	太簇	夾鐘	姑洗	仲呂	蕤賓	林鐘	夷則	南呂	無射	応鐘
宮		商		角		変徴	徴		羽		変宮

ここで問題になるのは、変徴と変宮である。まず、変徴については角徴間の徴に近い方に設けるため、「比徴少下」（徴に比して少し下る）として、変徴が徴よりも少し低い音になるという『律呂新書』の説明は正しい。同様に、変宮は羽宮間の宮に近い方に設けられるため、「少高於宮」（少し宮より高し）として、変宮は宮よりも「少し」高い音になるという。しかし、表2を見ても明らかなように、『律呂新書』の文章では意味が通らない。この「少高於宮」が誤りでないかということについては、日本や朝鮮において盛んに議論されてきたが[20]、『律呂新書解』の議論は問題点を端的に整理したものであるため、ここで取り上げてみたい。

扨、ココノ角徴之間、近徴収一声、比徴少下ト云ハヨイガ、羽宮之間、近宮収一声、少高於宮ト云ハアタラヌ。黄鐘宮トナレバ、変宮ハ応鐘デ、黄鐘ト応鐘ハ声懸絶スル。然ラバ、少高ノ少ノ字、恐誤字、當作大ト云説ガアルガ、此説ハ尤ナコト（『律呂新書解』、三一葉裏）。

前掲の表2からも明らかなように、変宮である応鐘と、宮である黄鐘の位置関係を見ると、各々が表の両端にあり、大きく離れていることがわかる。そのため、『律呂新書解』では「少高於宮」（少し宮より高し）ではなく、「大高於宮」（大いに宮より高し）とする説を支持するという[21]。また、次のようにも述べている。

黄鐘ヲ宮ニ立レバ、変宮ハ応鐘デ、黄鐘ノ管九寸、応鐘ノ管四寸六分六釐デ、半管程ニナリテアル。然ラバ、応鐘ノ声ハ黄鐘トハ大イニ高キ筈ノコト（『律呂新書解』、三一葉裏—三二葉表）。

このように、律管の長短に即して考えると、宮と変宮の関係は九寸と四寸六分六厘となるため、ほぼ半分の長さになる。そのため、実際に鳴る音の高さも、オクターヴ程度異なり、変宮は宮よりも「大イニ高キ筈」、つまり「大高於宮」になるはずだという。さらに、『律呂新書』の原則に即して考えてみても、『律呂新書』では黄鐘半律を否定し、一つの調で使用する音を五声二変の七声に限定しているため、応鐘の次に来る楽律（一般的には黄鐘半律・清黄鐘）は想定されていない。以上のことから、基音となる黄鐘の宮から「大きく」離れている応鐘の変宮には、『律呂新書解』がいうように「大高於宮」という表現を使用するのが適当であるといえよう。

（三）律呂本原「候気第十」の候気術について

『律呂新書』では正しい黄鐘律管を得る方法として、「吹之而聲和、候之而氣應」[22]（之を吹きて聲和し、之を候いて氣應ずる）、すなわち中声と中気との一致が提唱されているが、このうち中気と律管との一致を確認する方法として『律呂新書』が使用するのが、律呂本原「候気第十」において具体的な方法が示されている候気術である。『律呂新書解』でも、候気術を対象とする同章については詳細な注釈が行なわれているが、その最後の部分には次のような記述が見られる。

愚按此段難曉者多矣。為室三重、而塗釁則室中如暗夜、不点火則不能見。吹灰動素、然風不通則火不保。證辨及諸儒之説、無取明之法且夜中気至之時候之法、而其他亦不可考者有焉。姑記而以俟識者之明解（『律呂新書解』、四四葉裏）。

（愚按ずるに此の段曉り難きもの多し。室を三重に為し、而して釁を塗れば則ち室中暗夜の如くして、火を点けざれば則ち見ること能わず。灰吹きて素動く、然れば風通ぜざれば則ち火保たず。證辨及び諸儒の説、明りを取るの法、かつ、夜中気至の時之を候う法無し、而して其の他亦た考えるべからざるもの有り。姑く記して而して以て識者の明解を俟つ。）

ここで『律呂新書解』が問題としているのは、律管が置かれた部屋の構造である。『律呂新書』では空気の流れが観測結果に及ぼす影響を排除するため、三重の壁により厳重に密閉された部屋の中で候気術を行なうとするが、このような状態では明かりを取り入れることが困難なため、夜に観察を行なう際には火（灯）をつけなければならない。しかし、密閉された部屋の中には酸素が十分に無いため、火をつけてもすぐに消えてしまう。つまり、律管から灰が噴出したとしても、それを確認することができないのである。

確かに、ここに見られる『律呂新書解』の指摘には一考の余地があるように思われるが、筆者は『律呂新書解』がこのような疑問を呈しつつも、決して候気術の実施を否定していないということにこそ、内堀英長の『律呂新書』に対する姿勢が明確に示されていると考える。以上のことから、内堀英長も中村惕斎と同様に、候気術について完全には納得していないものの、その存在自体を否定していなかったという共通性が見出せるのである。

（四）律呂本原「十二律之実第四」の管長について

ここまで、『律呂新書解』が『律呂新書』に対して呈した疑問および批判について検討してきたが、そこで指摘されている内容を概観すると、『律呂新書解』の指摘はおおむね妥当であるといえる。しかし、『律呂新書』律呂本原「十二律之実第四」に見られる全律と半律の長さについては、明らかに事実誤認が認められる。そこで、ここでは南呂の管長「全五寸三分、半二寸六分不用」[23]（全五寸三分、半二寸六分用いず）に対する『律呂新書解』の解釈を例として見てみたい。

扨、ココノ全管截半ノ数ニハ、半管ガ五釐足ラヌ。後ニモ此様ナコトガ有テ、大分ノ差ヒモミヘル。調子ニヨリサフセ子バナラヌコトアルコトト思ハルル。調子ノコトヲ知ラヌユエ、其訣ハ明カナラヌ（『律呂新書解』、一八葉裏）。

ここでは、『律呂新書』に示されている南呂の半管（半律）が五厘程度短いのではないかという疑問が投げかけられている。つまり、南呂の半律は「二寸六分」ではなく、「二寸六分五厘」であると『律呂新書解』はいう。また、このような現象は、他の楽律にも認められるとしている。

しかし、これは九分一寸の法と十分一寸の法を混同した明らかな誤りである。確かに、十分の寸では南呂の全律のうち、五寸の半分が二寸五分、三分の半分が一分五厘となるため、その半律は合わせて二寸六分五厘となるが、南呂の管長は三分損益法により算出されるため、九分一寸の法を用いる。そのため、五寸の半分は二寸四分五厘、三分の半分は一分五厘となり、合わせて二寸六分となる。

以上のことから、五厘短いという『律呂新書解』の主張は、十分の寸と九分の寸の違いを正しく理解していなかったことにより生じた問題であるといえる。

三、日本的特徴

『律呂新書解』「変声第七」には、日本について言及している記述が見られる。

角ノ位モ、今此方デ用ル所ハ異邦トハカハリテアル。ソノコトハ、律原発揮ニ説ガ載テ、吾国ノ人ト異邦ノ人トハ其音ガ水土ニ襲テ差ヒ有ルノジャト云テアル（『律呂新書解』、三二葉裏—三三葉表）。

このように、英長は中根元珪『律原発揮』（一六九二年）の名を挙げ、日本（此方・吾国）と中国（異邦）では角の音が異なるとしている。これについては、『律原発揮』「五音異同」に次のようにある。

異邦所謂五音與本邦五音、所在有異同、其宮商徴羽無異、惟至角有異、異邦以姑洗當本邦下無爲角、本邦以雙調當異邦仲呂爲角。故有一律差、若強以雙調配宮、母調下同黄鐘配商、盤渉配角、壹越配徴、平調配羽、則次序與異邦無異……曰依雙調下無次序、而以雙調配角則音不和、然則當以下無配角、如汝所謂者、唯雙調與下無、名有異而位無異矣。仍知本邦與異邦之人、其音襲水土有差矣（一一三頁）。

（異邦の所謂五音と本邦の五音、所在に異同有り、其の宮商徴羽は異なること無し、惟だ角に至りて異なること有り、異邦は姑洗當に本邦の下無にあたるを以て角と爲し、本邦は雙調當に異邦の仲呂にあたるを以て角と爲す。故に一律の差有り、若し強て雙調を以て宮に配し、母調下同黄鐘を商に配し、盤渉を角に配し、壹越を徴に配し、平調を羽に配せば、則ち次序異邦と異なること無し……曰く雙調下無の次序に依りて、而して雙調を以て角に配せば則ち音和せず、然らば則ち當に下無を以て角に配すべし、汝が謂う所の如きは、唯だ雙調と下無と、名は異なること有りて而して位は異なること無し。仍て本邦と異邦の人、其の音水土に襲ひて差有ることを知る。）

このように、日本と中国の五声を比較すると、中国では下無（姑洗）を角とするが、日本では双調（仲呂）が角になると述べ[24]、その差異が生じる理由を日本と中国の風土の違いに求めている。さらに、英長はもう一点、日本と中国の違いを指摘している。

其上ニ後世ノ歌曲ニハ、嬰羽嬰商トテ商羽ノ下ニ各一声ヲ加ヘテ七声ト共ニ九声ニテ音節ヲナスコト（『律呂新書解』、三三葉表）。

つまり、日本では二変声（変徴・変宮）以外にも、嬰商・嬰羽の二嬰声を用いるとしている。これについては、中村惕斎がすでに指摘しているため、本章ではこれ以上検討しないが、いずれにせよ、英長が日本で最初に平均律について記述した『律原発揮』にもとづいて中国と日本の差異を指摘している点は、非常に興味深いことである。

小　結

本章では内堀英長の『律呂新書』研究について、二冊の著作、とりわけ『律呂新書解』を中心として、そこに見られる内堀英長の『律呂新書』理解の特徴について考察してきた。その結果、『律呂新書』を理解する際に「河十洛九」を意識していたこと、さらに、中村惕斎が提起した問題点との共通点が見られることが明らかとなった。

英長は『律呂新書』の理解に「河十洛九」の考えを持ち込んでいるが、象数学と楽律学を関連づけて論じること自体は特に目新しいことではなく、『律呂新書』に限定しても、中国では明代頃に『律呂新書』を象数学的観点から検討した著作が著わされている。そのため、『律呂新書』の理解に「河十洛九」を持ち込んだという点だけを以て、内堀英長を評価することはできない。また、内堀英長の解釈を見ても、「河十洛九」の考えが『律呂新書』の随所に見られることを指摘しているに止まっており、象数学の枠組みの中で『律呂新書』の理論を検討し、その展開原理を論じるまでには至っていない。しかしながら、少し視点を変えて考えてみると、従来の『律呂新書』研究が音楽的側面に重点を置く実践的なものであったのに対して、内堀英長になると、ようやくその背後にある象数学などの思想的側面にも関心を持つ理論的な研究へと推移することとなったということもできるだろう。ただし、現存する資料からは、内堀英長が開拓した『律呂新書』を象数学的観点から分析する研究が、その後、日本においてどのように展開していったのか、あるいは展開しなかったのかについては明らかではないが、ともかく、内堀英長により『律呂新書』研究が新たな段階へと踏み出した点は、評価することができるだろう。

次に、『律呂新書』に対して内堀英長が呈した疑問についてであるが、本章で取り上げた四つの疑問のうち、「十二律之実第四」の管長における九分の寸と十分の寸をめぐる議論を除けば、基本的に英長の指摘は的を得たものであるといえる。しかし、「河十洛九」の考えを『律呂新書』の中に見出した英長が、『律呂新書』が楽律の展開原理とする「数の自然」を批判し、中村惕斎らと同様に「人声」を重視する立場をとったことは理解に苦しむ。もちろん、「人声」を重視すること自体には何ら問題は無いのであるが、「河十洛九」により象数学の観点から楽律の展開原理を理解しようとしつつも、数により楽律の展開原理を説明しようとする「数の自然」を批判する意図は那辺にあるのであろうか。この点については、今後さらに研究を進めていきたい。

内堀英長が『律呂新書』研究を行なったのは、同研究の先駆者である中村惕斎や、英長も引用する平均律の提唱者である中根元圭から数えても、百余年が経過した後のことである。すなわち、楽律研究においては、典拠となる文献を精査する基礎の段階はすでに完了しており、それをいかにして儒教という枠組みの中で論理的に展開していくのかという応用の段階にあったといえるだろう。この点において、『律呂新書』に見られる象数学的要素に着目した内堀英長の研究には、一定の価値を見出すことができるだろう。

以上のことから、内堀英長の『律呂新書』研究は、中村惕斎から蟹養斎へと継承された京都・尾張系統とは異なる朱子学者による『律呂新書』研究であるとともに、江戸時代後期に行なわれた『律呂新書』研究の在り方を知るものとしても、重要な意義を有するものといえる。

【注】

(1) 内堀英長については、滋賀県教育委員会編『近江人物志』(文泉堂、一九一七年)五八四―五八七頁を参照。

(2)『新修大津市史』第三巻(大津市役所、一九八〇年)によると、大津は秀吉以来、北陸地方の年貢米の集散地として経済の中心地として、また、政治の中心地としても注目されていたことから、江戸時代になると幕府の直轄領とされた。その統治方法は時代の変遷とともに変化するものの、主に、大津代官がその統治を担っていた(二八〇―二八三頁)。

(3) 川島栗斎、名は正臣(後に寛正、直正)、通称は専蔵、号は栗斎・清々翁(『近江人物志』、五四三頁)。

(4)『近江人物志』、五八五頁。

(5) 上原立斎、通称は甚太郎、号は立斎。直接の師は川島栗斎である(『近江人物志』、六四二―六四三頁)。

(6) 宮崎弁蔵については、不詳。

（7）『御鎮座次第記抄』には、「右以清清翁之遺書而謄寫之……内堀英長謹」とあり、『御鎮座次第記秘伝』には、「右借瀧川翁所寫之本而寫之……内堀英長書」とある。つまり、前者は内堀英長の師である「清々翁」こと川島栗斎の蔵書を、後者は内堀英長と同じく石原家に仕えた「瀧川翁」こと奥野寧斎（一七三六―一八〇二）の蔵書を筆写したものである。なお、英長は奥野寧斎から竹林流弓道を学んでいる（『近江人物志』、五八七頁）。

（8）なお、長崎県立長崎図書館と九州大学附属図書館の資料については、ともに楠本端山（一八二八―一八八三）・碩水（一八三二―一九一六）らに代表される楠本家の蔵書である。

（9）同書には多数の資料が添付されており、頁数の確定が困難なため、本章でも頁数は省略する。

（10）括弧内の文字は、後から追記されたものである。以下同様。

（11）「奥埜就熙」の署名は京大本のみ。奥野坦斎（一七八八―一七五四）、名は就熙。奥野淡斎（一七五三―一八一八）の子である（楠本碩水・岡直養編『崎門学脈系譜』、晴心堂、一九四〇年）。前述のように、九州大学附属図書館碩水文庫所蔵『御鎮座次第記秘伝』は、内堀英長が奥野寧斎の蔵書を筆写したものであるが、奥野淡斎はこの寧斎の弟である。

（12）長崎本、四三葉表。

（13）「吾友建陽蔡君元定季通……旁捜遠取、巨細不損、積之累年、乃若冥契。著書兩卷、凡若干言。……其言雖多出於近世之所未講、而實無一字不本於古人已試之成法」（『律呂新書』、一四六四頁）。

（14）『四書章句集註』、三頁。

（15）ただし、この解釈には注意が必要である。そもそも、賈誼の著作に『新書』という書名がつけられたのは、後世のことであると考えられる。そのため、賈誼の事例をもってただちに「新書」が古に由来すると説くことには問題がある。しかし、漢代には書名に「新」を冠することが散見されるため、英長が「古人ニ本ツイテ題号ヲ施サレタモノトミヘル」と述べていること自体は、間違いであるとは言えない。賈誼『新書』については、『国訳漢文大成』経子史部第一八巻「晏子・賈誼新書・公孫龍子」（国民文庫刊行会、一九二四年）の「賈誼新書解題（山口察常著）」を参照。

（16）これについて、田中有紀「何瑭の陰陽論と楽律論―明代後期楽論及び朱載堉との比較を通して―」（『中国哲学研究』第二七号、東京大学中国哲学研究会、二〇一四年）は「蔡元定自身は、楽律理論に対して、河十洛九説を取り入れることはしなかったが、のち、明の李文察は、『律呂新書』に注釈し、蔡元定の理論は『洛書』にもとづいた作楽の理に依拠すると主張した」（三四頁）

ことを指摘している。

(17)『律呂新書』、一四六九頁。

(18)「或曰、徑圍之分、以十爲法、而相生之分釐毫絲、以九爲法何也。曰、以十爲法者、天地之全數也。以九爲法者、因三分損益而立也。全數者即十而取九、相生者約十而爲九。即十而取九者體之所以立、約十而爲九者、用之所以行。體者所以定中聲、用者所以生十一律也」(『律呂新書』、一四七六―一四七七頁)。

(19)実際、『律呂新書』では仲呂に至ると「其の數行なわれず」として三分損益法による計算が継続できないと述べているのにもかかわらず、変律を求める際には、その仲呂の実数に三の九乗=七二九を乗じて計算を継続している。

(20)たとえば、中村惕斎は『筆記律呂新書説』において「謂変宮少高於宮者、非是」(二〇葉裏)と述べており、朝鮮の儒者である丁若鏞(一七六二―一八三六)も『与猶堂全書』第四集「楽書孤存」において、「宮與變宮、其數倍差。其云近收一聲、少高於宮、不亦謬乎……何謂之少高於宮、其説皆違於實也」(一〇二頁)と述べ、宮(八一)と変宮(四二)の数字が倍ほど違うことを根拠に、「少高於宮」が誤りであると述べている。本書では、『校勘・標点定本与猶堂全書』二三(財団法人茶山学術文化財団、二〇一二年)を使用する。なお、管見の限り、明清代の中国においては、この「少高於宮」をめぐる問題についてはほとんど議論されなかったようである。

(21)『律呂新書解』が「大高於宮」の典拠として、どの学者の説を想定しているのかについては判然としない。しかし、この問題に対する日本の識者たちの見解はおおむね一致しているため、『律呂新書解』が採用した「大高於宮」が正しいとする主張自体は、当時の一般的な見解に適ったものであるといえる。また、鈴木蘭園『律呂弁説』「変声第七」を見ると、蘭園が「少高於宮」について「徵為林鐘、則變宮為應鐘。比之黄鐘、其聲懸絶、不可謂之少高」(一五葉裏)と述べ、さらに、『律呂弁説』のもととなった鈴木蘭園講義・中川修張記『律呂新書弁解』(一七九〇年)の「変声第七」を見ると「變宮ハ正宮ヨリ大ニ高シ。蔡氏之ヲ少高シト云フモノハ誤ト謂ベシ」(関西大学図書館蔵、一三葉表―一三葉裏)として、「大高於宮」が正しいとする『律呂新書解』の主張に近い内容が記されている。だが、鈴木蘭園は『律呂新書』に批判的な立場であったため、『律呂新書解』の主張が蘭園の言説にもとづくものであるのかについては不明である。鈴木蘭園の『律呂新書』研究については、拙稿「鈴木蘭園『律呂新書弁解』について」(『東アジア文化交渉研究』第七号、関西大学大学院東アジア文化研究科、二〇一四年)を参照。

(22)『律呂新書』、一四六九頁。
(23) 同前、一四八二頁。
(24)『律原発揮』では、この前の「本邦俗調七音之図」において、宮調では宮が壹越で、角が双調になっている。

結　論

本書では、朱子学を代表する楽律書であり、東アジア近世期において最も正統な楽律書として認識されていた蔡元定『律呂新書』の日本における受容と変容の様相について検討し、その展開過程を明らかにするため、日本における『律呂新書』研究の端緒を開いた中村惕斎をはじめ、林鵞峰、斎藤信斎、蟹養斎、内堀英長らの著作を発掘するとともに、その特色を論じ、日本近世期における『律呂新書』研究という観点から網羅的に検討を行なった。

第一章「蔡元定『律呂新書』—成立と展開—」では、本書の主たる研究対象である蔡元定『律呂新書』について、その成立および展開過程と、三分損益十八律をはじめとする諸理論の特徴について論じた。『律呂新書』は蔡元定が朱熹の助言を受けつつ著わした楽律書であり、後に『朱子成書』および『性理大全』に収録されたことにより朱子学を代表する楽律書としての地位を確固たるものにした。また、『律呂新書』において提唱されている三分損益十八律は、正律十二律に必要最小限の変律六律を追加し、正律十二律がそれぞれ宮声となり調を構成することができる「旋宮」を可能にしたものとして、三分損益法を理論的基盤とする楽律論の中では、中国楽律史上、きわめて完成度の高い理論であった。さらに、諸律の根源として気の思想を背景とする「声気の元」を提示し、秬黍法の使用により混乱していた北宋代までの楽律論を総括するとともに、度量衡から楽律を求める流れを改め、楽律が度量衡の基準となる中国古来の体系を再興したことを明らかにした。

第二章「林家における『律呂新書』研究—林鵞峰『律呂新書諺解』を中心として—」では、林鵞峰とその弟子たちによる『律呂新書』研究、林家における楽の実践、そして、『律呂新書諺解』の成書過程およびその内容について論じた。その結果、林家では『性理大全』所収の『律呂新書』に加点する作業を通して『律呂新書』が注目されたこと、そして、この作業が鵞峰の弟子で、紅葉山楽人でもある狛高庸を中心として実施されたことを指摘した。ただし、高庸は林家の釈菜や私的な催しにおける奏楽も担当していたが、実際の演奏活動においては、『律呂新書』研究により得た知識が応用されることはなかったようである。また、林家における『律呂新書』研究を理解する上で重要な著作である林鵞峰『律呂新書諺解』については、同書が鵞峰の著作ではなく、弟子の小嶋道慶によるものであることが明らかになった。これらのことを総合すると、林家における『律呂新書』研究は、林家やその周辺の人々の間で内々に行なわれた研究であり、日本近世期の楽律研究に与えた影響は限定的であったと考えられるが、その志は儒教・朱子学研究の草創期にあって礼楽を完備せんとするものであり、儒者としての地位や儒教儀礼の確立という流れの中で、必要性を認識して実施されたものと思われる。

第三章「中村惕斎の『律呂新書』研究—日本における『律呂新書』研究の開祖—」では、中村惕斎の『律呂新書』研究について、研究の過程、その成果として著わされた『修正律呂新書』と『筆記律呂新書説』、そして、惕斎が研究成果をもとに日本雅楽を改良し、理想とする古楽の復興を希求していたことについて論じた。その結果、『修正律呂新書』が出版元を代えて何度も出版されることにより、広く全国へと普及していったこと、『筆記律呂新書説』も転写を繰り返すことにより各地へと伝えられていったことを明らかにした。また、惕斎が『律呂新書』の研究に加えて、楽人たちとの交流により獲得した楽器と日本雅楽に関する知識を活用し、日本雅楽を改良して儒者が理想とする古楽の復興を希求していたことも明らかにした。さらに、惕斎は『律呂新書』が禁じる度量衡による楽律の探求を積極的に肯定し、楽律の展開原理についても『律呂新書』が重視する「数」ではなく「人声」を重視する姿勢を見せているが、これは『律呂新書』に基づく古楽の復興を目的として、蔡元定が追及した数的に均整のとれた楽律論よりも、実践可能な楽律論であることを優先したためではないかということを指摘した。

第四章「斎藤信斎の『律呂新書』研究―中村惕斎『律呂新書』研究の継承と『楽律要覧』―」では、これまでほとんど取り上げられることがなかった斎藤信斎に着目し、『修正律呂新書』の刊行や『楽律要覧』の著述など、信斎が惕斎の『律呂新書』研究の普及において果たした役割について考察した。また、信斎は惕斎の『律呂新書』研究の特徴である人声や度量衡の重視といった姿勢を継承する一方、候気術についてはそもそも取り上げず、日本雅楽については儒者が理想とする古楽と同等の評価を与えるなど、師説をさらに大胆にした主張を展開していた。さらに、信斎は楽そのものについても言及しているが、このように楽律研究を土台として楽を論じようとする姿勢は、楽律研究という専門的な学問をより一般的な楽研究へと還元しようとするものとして高く評価できると思われる。信斎が「中村惕斎の『律呂新書』学」の普及と発展において果たした功績は、小さくないといえる。

第五章「蟹養斎による楽研究―『道学資講』所収の資料を中心として―」では、崎門学派の叢書である『道学資講』に中村惕斎や斎藤信斎の著作が収録された要因の一つとして、崎門学派における楽学および楽律学の振興を企図していた蟹養斎が、信斎を通して惕斎の『律呂新書』研究を受容したという学問的な継承関係があったことを解明した。また、惕斎が『律呂新書』の内容理解と数理論の検証などの専門的な側面に重点を置き、楽律学の観点から研究を展開したのに対して、養斎は楽の意義・効用などの思想的な側面に重点を置き、楽学の振興を主張しているが、その背景には「修身」にのみ傾注し、「治人」へと繋がる楽学の重要性・必要性を理解しなくなってしまった当時の人々の意識を改革するため、専門的な楽律学ではなく、より一般的かつ道徳的な楽学の振興を優先したことを指摘した。そのため、養斎は惕斎や信斎よりも積極的に日本雅楽を評価し、世間の人々に親しませるべき音楽を早急に策定しようと試みていたのである。なお、『道学資講』に収録されている中村習斎『読律呂新書記』と山本彦中（養蘭堂主人）『律呂新書筆記』については、その内容自体は特筆すべきものはないが、尾張において『律呂新書』研究が連綿と継承されていったことを示す資料として重要な価値を有すると思われる。

第六章「内堀英長の『律呂新書』研究─『律呂新書』研究の象数学的展開─」では、小浜藩の儒者である内堀英長の『律呂新書』研究について論じた。『律呂新書』の著者である蔡元定は、象数学においても優れた業績を残しているが、元定自身は『律呂新書』において楽律と象数学を積極的に関連づけることはなかった。しかし、中国では明代以降、蔡元定の学問という観点から『律呂新書』と象数学を結びつける研究が登場する。そして、日本においては『律呂新書』を象数学の観点から研究したのが内堀英長であった。このような傾向は、中村惕斎やその後継者たちには見られないものである。だが、内堀英長の『律呂新書』に関する著作は刊行されておらず、また、『律呂新書』の内容に関する解釈にも誤りが散見されるため、惕斎の場合のように全国規模で研究が浸透していくことはなかった。とはいえ、内堀英長の『律呂新書』研究は影響力こそ限定的であったものの、中村惕斎から蟹養斎へと継承された京都─尾張系統の研究とは異なり、象数学的な観点から研究に取り組んだものとして貴重であるといえる。

こうして、日本近世期における『律呂新書』研究は、まず、中村惕斎を中心に展開し、その成果が『修正律呂新書』および『筆記律呂新書説』として整理されることにより、広く知られることとなった。その後、惕斎の研究は斎藤信斎を介して尾張の蟹養斎へと継承され、尾張における『律呂新書』研究の源流になるとともに、崎門学派の叢書である『道学資講』に中村惕斎『筆記律呂新書説』および斎藤信斎『楽律要覧』が収録されるなど、惕斎の研究は京都から尾張へと展開することにより、朱子学派を代表する楽律研究へと発展していったことになる。

また、惕斎らが『律呂新書』研究を行なった目的は、『律呂新書』を基礎として日本雅楽を改良し、儒者が理想とする古楽を復興することであった。そのため、惕斎らは『律呂新書』が否定した度量衡による楽律の制定を積極的に肯定し、同書が諸律の根源とした「声気の元」についても、それを獲得する方法の一つである候気術について、理論としては肯定しつつも、実施することは困難であるとして消極的な態度を示すなど、『律呂新書』の主張とは異なる解釈も示している。なお、惕斎は日本雅楽の改良により古楽の復興を目指すが、日本雅楽それ自体については、隋唐時代の燕楽であるとして雅楽ではないとの認識を明確に示している。しかし、惕斎の研究を継承した斎藤信斎および蟹養斎は日本雅楽をより積極的に評価しており、とりわけ蟹養斎については、人々が雅楽として認識しているのであれば、雅楽と同様の効果が得られるとするなど、日本雅楽の改良から追認へとその方向性が変化していく。

その一方、同じく朱子学者である林鵞峰を中心とする人々や内堀英長も『律呂新書』研究を行なっていたが、林家における『律呂新書』研究は小規模なものであり、『律呂新書諺解』についても後世の学者たちが同書を参照した形跡が見られず、また、内堀英長の研究についても後続の研究が見られないことから、両者の研究の影響は限定的であったといえる。これ以外にも、惕斎とも交流のあった京都方楽人の安倍季尚も『楽家録』において『律呂新書』の理論を受容しているが、『律呂新書』の特徴である「声気の元」や候気術などについては受容されておらず、一口に『律呂新書』の受容とは言っても、そのあり方は一様ではない。ただし、日本近世期における『律呂新書』受容の全体的な傾向としては、蔡元定が追及した数的に均整のとれた理論を追求するのではなく、実践可能な方向へと楽律論を改良していくことを重視していた点が指摘できよう。これはつまり、儒者たちが『律呂新書』研究を単に知識の獲得として考えていたのではなく、日本において古楽を復興し、儒者が理想とする礼楽を日本において実践しようとしていたことの証左であるといえるだろう。そのため、日本では『律呂新書』の理論を精錬していくことよりも、その理論を応用することの方に重点が置かれることとなったのである。

以上のように、日本において受容された『律呂新書』研究は、多様な展開を見せることとなるが、もっぱら古楽を復興することを目的として行なわれていたため、易学などと結びつくことにより哲学的な方向へと展開していった中国との間には差異が見られる。また、朱子学を体制教学とする朝鮮における『律呂新書』研究と比較しても、日本では多種多様な観点から比較的自由な『律呂新書』研究が行なわれている点に、その特徴を見出すことができる。日本における『律呂新書』研究は、実際の雅楽には直接影響を与えることはなかったものの、楽人たちを巻き込み実践的な観点からも研究が行なわれている。この点を考慮すると、日本の儒者たちは儒教を学問としてだけではなく、広く文化・社会全般を貫徹するものとして認識していたといえるだろう。

最後に、今後の展望についていくらか述べておきたい。本書では、これまで明らかではなかった日本近世期における『律呂新書』研究の様相を解明すべく研究を行なってきたが、同時期に隆盛を極めていた楽律研究という観点から見ると、本書で解明した成果は限られた範囲でしかない。しかし、ここに国学者や和算家らによる楽律研究を取り入れ、視野を広げることができれば、日本近世期における楽律研究の全容を解明することができるのである。このことは、単に楽律研究が隆盛したことを示すのみならず、当時の知識人たちが各々の思想的・学問的背景に則した英知を結集し、共通の課題に取り組んだ事例ということになろう。すなわち、音楽という文化の研究を通して、近世期の知の在り方について探求することが可能となるのである。

もう一つの視点としては、東アジアにおける展開というものが考えられる。『律呂新書』を軸として、近世期の東アジア（日本・中国・朝鮮）における楽律研究を総括し、ここに儀礼研究の成果を加えることができれば、東アジア近世期における朱子学的礼楽論について、理論と実践の両面から分析を行なうことが可能となり、これまでの経典解釈を中心とする東アジア近世期の朱子学像とは異なる、より生き生きとした朱子学像を見出すこともできよう。

さらに、本書において検討した、日本近世期の儒者たちによる『律呂新書』への疑問、とりわけ『律呂新書』が楽律論の展開原理とする「数の自然」に対する疑問は、これまであまり注目されてこなかった、いわゆる「蔡氏家学」について検討する上でも重要な手掛かりとなるように思われる。律呂・象数の学に代表される「蔡氏家学」は、同分野に関する朱熹の研究にも影響を与えたことが知られているが、数により万物を理解しようとする蔡元定の世界観と、理気により万物を理解しようとする朱熹の世界観が矛盾なく融合しているのかについては、これまであまり注意されていない。この問題を検討するためには、蔡元定のいう「数の自然」がいかなる意義を有するのかについて検討することが重要となるであろうし、明清代に展開した術数学との関連も視野に入ってくるかもしれない。いずれにしても、数により万物を理解しようとする蔡元定の世界観は、いっそう検討を進める価値があると思われる。

本書ではこれまで明らかではなかった日本近世期における『律呂新書』研究の様相を解明するべく、基本的な文献の発掘を重視し、それらの文献の前後関係や影響関係の分析を中心として行なってきたため、その内容分析やその背後にある各儒者たちの思想との関係については、充分に検討できていない部分もあったかと思われる。これらについては、右に述べた展望とあわせて、今後の研究の課題としたい。

あとがき

本書は、二〇一六年に関西大学大学院東アジア文化研究科に提出した博士学位論文「日本近世期における楽律研究―『律呂新書』を中心として―」をもとに、加筆修正を施したものである。このたび、関西大学校友会（寺内俊太郎会長）のご支援を賜り出版に至った。

当初、出版のお話を頂戴したとき、私はお断りしようと考えていた。理由は、博士論文の内容が今後、私が研究を展開していく上で必要となる資料の基礎的な分析に止まっており、日本思想史や中国哲学、さらには音楽学などの枠組みの中で十分に検討できていないと考えていたからである。しかし、東アジア文化研究科の先生方や諸先輩方、そして友人たちと話し合う中で、ほとんど先行研究が存在しない未開拓の分野においては、基礎的な情報を提供することにも一定の価値があると考えるようになり、最終的に出版のお話をお受けした次第である。

私が日本近世期における『律呂新書』研究に取り組むこととなったのは、本書の第五章でも取り上げた名古屋市蓬左文庫蔵『道学資講』に収録されている楽学・楽律学関連の著作に出会ったことに始まる。もっとも、同書は私自身が探し当てたものではなく、関西大学文学部総合人文学科中国語中国学専修在籍時に受けた卒業論文の口頭試問において、吾妻重二先生と陶徳民先生から「蓬左文庫に面白い本がある」とご教示いただいたことによるものである。こうして、口頭試問の終了後しばらくして、私は蓬左文庫に赴き、無事に『道学資講』を閲覧することができたのであるが、学部を卒業したばかりの私にはその内容は難しく、ほとんど意味が分からなかった。そこで、先行研究を求めて方々探したものの、当時は日本近世期における『律呂新書』研究のみならず、日本近世期の楽律研究に関する先行研究自体、ほとんど見られない状況であった。そこで、修士課程に入学後は、『道学資講』の中でも中村惕斎の『筆記律呂新書説』と『修正律呂新書』を中心として内容の理解と分析を行ない、二〇一三年に関西大学大学院東アジア文化研究科に修士論文「『律呂新書』の日本における受容と展開―中村惕斎を中心として―」を提出した。

幸いなことに、私は二〇一三年度の日本学術振興会特別研究員（DC1）に採用されたため、関西大学大学院東アジア文化研究科の博士課程に入学時から三年間、研究支援を受けることができた。特別研究員への応募にあたり、私には博士課程での研究の方向性について、二つの考えがあった。一つは、修士論文と同様に中村惕斎を対象とし、関連する資料を補足しながら惕斎による『律呂新書』研究の意義を明らかにするとともに、惕斎の学問および思想における『律呂新書』の位置づけを示すことであった。そして、もう一つは、日本近世期に行なわれた『律呂新書』に関する研究を網羅的に取り上げ、それらの系統関係や主な特徴を整理することであった。私は結果的に後者を選択したのであるが、それは、日本近世期に行なわれた『律呂新書』研究の全体像や学問的意義を示すことなく研究を進展させていくことが、この先新たに研究を始めようとする研究者や、この分野における研究成果を活用しようと考える研究者にとって大きな障壁となると考えたからである。よって、この分野の研究を今後活性化させるためにも、個別の研究を深化させるのではなく、まずは研究の全体像を示すことが必要ではないかと考えた。

以上のような経緯から、私は博士課程における研究課題を「日本近世期における楽律研究―『律呂新書』を中心として―」とし、日本近世期における『律呂新書』研究の全容を解明するべく受容と変容の様相が比較的顕著な事例に絞って分析を行なった。そのため、全体的な印象として、各々の著作ならびに人物に関する分析が十分ではなく、基礎的な研究になってしまっている感は否めない。この点については、今後、個別の研究を深化させるとともに、関連する分野の研究を活用することにより、内容を充実させていきたい。

博士論文、そして本書を執筆するにあたっては、多くの先生・先輩方、ならびに友人たちから数々の有益な示唆をいただいたが、とりわけ指導教授である吾妻重二先生には、文献の扱い方から論文の書き方まで、学部・修士課程・博士課程と長きにわたり丁寧かつ温かな御指導を賜った。朱子学の研究者として十分な学識と研究業績を持ちつつも、それに満足することなく日本・中国・韓国（朝鮮）・ベトナムなどを視野に入れた研究を展開される先生の姿は、まさに私が理想とする研究者像そのものである。今後、私も自身の研究を広い視野に立ち展開できるように精進していきたい。

また、国学院大学北海道短期大学部の山寺三知先生、東京学芸大学の遠藤徹先生には、研究上重要な指摘や情報を数多く頂戴した。さらに、京都市立芸術大学日本伝統音楽研究センターの武内恵美子先生には、研究代表者を務められる同研究所主催の共同研究「近世日本における儒学の楽思想に関する思想史・文化史・音楽学的アプローチ」に参加する機会を頂戴し、同研究会に参加される先生方から数多くの御意見を頂戴する機会を設けていただいた。ここに記して御礼申し上げたい。

編集担当の川崎道雄さんには、具体的な打ち合わせもできぬまま、私が北京に行くこととなってしまったため、本当に多くのご迷惑をおかけした。本書をこうして無事に出版することができたのは、日本と中国で離れつつも、メールを通して出版までの日程管理をしてくださったこと、そして、読みにくい原稿を丁寧に校正していただき、私も気づかなかったような誤りを指摘していただいたことによるものである。心より感謝申し上げる。

最後に、貴重書の掲載を許可していただいた国立国会図書館、国立公文書館、名古屋市蓬左文庫、国文学研究資関西大学校友会の寺内俊太郎会長、そして関西大学大学院東アジア文化研究科の先生方に、改めて御礼申し上げる。

二〇一七年二月二〇日

榧木　亨

参考文献

日本語

〈原典〉

・『惕斎先生文集』（九州大学附属図書館碩水文庫蔵）
・安倍季尚著、正宗敦夫編『楽家録』（日本古典全集刊行会、一九三五年）
・犬塚印南『昌平志』（国立国会図書館蔵）
・内堀英長『律呂新書解』（長崎県立長崎図書館楠本文庫ほか）
・内堀英長『律呂新書私解』（長崎県立長崎図書館楠本文庫ほか）
・蟹養斎『楽学指要』（龍谷大学写字台文庫蔵）
・蟹養斎『読律呂新書記』（名古屋市鶴舞中央図書館蔵ほか）
・河内屋利兵衛『増益書籍目録』元禄九年・元禄十一年版（関西大学図書館蔵）
・小出永庵点『新刻性理大全』（国立公文書館内閣文庫蔵）
・斎藤信斎『楽律要覧』（名古屋市蓬左文庫蔵）
・鈴木蘭園『律呂弁説』（関西大学図書館蔵）
・鈴木蘭園講義、中川修張記『律呂新書弁解』（関西大学図書館蔵）
・中村惕斎「米川幹叔実記」（五弓雪窓編『事実文編』二所収、関西大学出版部・広報部、一九七九年）
・中村惕斎『律尺考験』（滝本誠一編『日本経済叢書』所収、日本経済叢書刊行会、一九一四年）
・中村惕斎『修正律呂新書』（関西大学図書館内藤文庫蔵ほか）
・中村惕斎『筆記律呂新書説』（土佐山内家宝物資料館蔵ほか）
・中村得斎『道学資講』（名古屋市蓬左文庫蔵）
・林鵞峰『律呂新書諺解』（国立公文書館内閣文庫蔵）

・林鵞峰著、山本武夫校訂『国史館日録』（続群書類従完成会、一九九八年）
・林品美『律呂資講』（宮内庁書陵部蔵）
・原念斎著、源了圓・前田勉訳注『先哲叢談』（平凡社、一九九四年）
・日野龍夫編集・解説『近世儒家文集集成　第一二巻　鵞峰林学士文集』（ぺりかん社、一九九七年）
・藤原師長『仁智要録』（宮内庁書陵部蔵）
・増田立軒『愓斎先生行状』（九州大学附属図書館碩水文庫蔵）
・松平定信『俗楽問答』（江間政発編『楽翁公遺書』所収、八尾書店、一八九三年）
・三上景文著、正宗敦夫編『地下家伝』（日本古典全集刊行会、一九三七年）
・山口察常「賈誼新書解題」（『国訳漢文大成』経子史部第一八巻「晏子・賈誼新書・公孫龍子」所収、国民文庫刊行会、一九二四年）
・渡邉義浩・小林春樹編『全訳　後漢書』第三冊（汲古書院、二〇〇四年）

〈書籍〉
・『関西大学所蔵内藤文庫リスト』（関西大学図書館、一九八九年）
・『酒井家文庫総合目録』（小浜市立図書館、一九八六年）
・『尊経閣文庫国書分類目録』（ゆまに書房、一九九九年）
・『帝国図書館和漢図書書名目録』（汲古書院、一九八三年）
・『東京古展会創立一〇〇周年記念 古典籍展観大入札会目録』（東京古典会、二〇一一年）
・『東北大学附属図書館所蔵狩野文庫目録 和書之部 美術・工芸・技芸』（丸善、一九九四年）
・『名古屋市蓬左文庫漢籍分類目録』（名古屋市蓬左文庫、一九七五年）
・『日本音楽大事典』（平凡社、一九八九年）
・『日本学士院蔵 和算図書目録』（臨川書店、一九八一年）
・『補訂版 国書総目録』（岩波書店、一九八九―一九九一年）

・吾妻重二『朱子学の新研究―近世士大夫の思想史的地平―』（創文社、二〇〇四年）
・吾妻重二『宋代思想の研究―儒教・道教・仏教をめぐる考察―』（関西大学出版部、二〇〇九年）
・吾妻重二『家礼文献集成　日本篇』一―六（関西大学出版部、二〇一〇―二〇一六年）
・市古貞次編『国書人名辞典』（岩波書店、一九九三年）
・市古夏生編『元禄・正徳板元別出版書総覧』（勉誠出版、二〇一四年）
・井上隆明『改訂増補近世書林板元総覧』（青裳堂書店、一九九八年）
・揖斐高『江戸幕府と儒学者―林羅山・鵞峰・鳳岡三代の闘い―』（中公新書、二〇一四年）
・岩橋遵成『近世日本儒学史』（東京宝文館、一九二七年）
・宇野茂彦『林羅山・（附）林鵞峰』（明徳出版社、一九九二年）
・大津市『新修大津市史』（大津市役所、一九八〇―一九八一年）
・笠谷和比古編『公家と武家Ⅲ―王権と儀礼の比較文明史的考察―』（思文閣出版、二〇〇六年）
・楠本碩水編、岡直養訂補『崎門学脈系譜』（晴心堂、一九四〇年）
・岸野俊彦『尾張藩社会の総合研究』第二篇（清文堂出版、二〇〇四年）
・岸辺成雄博士古稀記念出版委員会編『日本古典音楽文献解題』（講談社、一九八七年）
・吉川英史『日本音楽の歴史』（創元社、一九六五年）
・衣川強『宋代官僚社会史研究』（汲古書院、二〇〇六年）
・木村礎等編『藩史大事典』（雄山閣出版、一九八九年）
・小島康敬編『「礼楽」文化―東アジアの教養―』（ぺりかん社、二〇一三年）
・滋賀県教育委員会編『近江人物志』（文泉堂、一九一七年）
・柴田篤・辺土名朝邦『中村惕斎・室鳩巣』（明徳出版社、一九八三年）
・須藤敏夫『近世日本釈奠の研究』（思文閣出版、二〇〇一年）
・関儀一郎・関義直編『近世漢学者伝記著作大事典　附系譜年表』（井田書店、一九四三年）
・高山大毅『近世日本の「礼楽」と「修辞」―荻生徂徠以後の「接人」の制度構想―』（東京大学出版会、二〇一六年）

・竹治貞夫『近世阿波漢学史の研究』（風間書房、一九八九年）
・田中有紀『中国の音楽論と平均律─儒教における楽の思想─』（風響社、二〇一四年）
・陳可冉『林家の漢詩文と近世前期の俳諧』（総合研究大学院大学文化科学研究科日本文学研究専攻博士論文、二〇一一年）
・陳貞竹『荻生徂徠の詩書礼楽論─その理論の成立と実践をめぐって─』（広島大学総合科学研究科博士論文、二〇一一年）
・田世民『近世日本における儒礼受容の研究』（ぺりかん社、二〇一二年）
・尾藤正英『日本文化の歴史』（岩波書店、二〇〇〇年）
・矢島玄亮『徳川時代出版社・出版物集覧』（万葉堂書店、一九七六年）
・横田庄一郎・印藤和寛『富永仲基の「楽律考」─儒教と音楽について─』（朔北社、二〇〇六年）
・渡辺信一郎『中国古代の楽制と国家─日本雅楽の源流─』（文理閣、二〇一三年）
・渡辺浩『近世日本社会と宋学』（東京大学出版会、一九八五年）

〈論文〉

・吾妻重二「江戸時代における儒教儀礼研究─書誌を中心に─」（『アジア文化交流研究』第二号、関西大学アジア文化研究センター、二〇〇七年）
・吾妻重二「日本における『家礼』の受容─林鵞峰『泣血余滴』、『祭奠私儀』を中心に─」（『東アジア文化交渉研究』第三号、関西大学文化交渉学教育研究拠点（ＩＣＩＳ）、二〇一〇年）
・揖斐高「林家の危機─林鵞峰と息子梅洞─」（『成蹊国文』第四八号、成蹊大学文学部日本文学科、二〇一五年）
・遠藤徹「中根元圭著『律原発揮』の音律論に関する覚え書き」（『東京学芸大学紀要（芸術・スポーツ科学系）』第六六集、東京学芸大学、二〇一四年）
・遠藤徹「中村惕斎と近世日本の楽律学をめぐる試論」（『国立歴史民俗博物館研究報告』第一八三集、国立歴史民俗博物館、二〇一四年）
・大川俊隆「『九章算術』訳注稿」（三）（『大阪産業大学論集（人文・社会科学編）』四、大阪産業大学学会、二〇〇八年）
・川原秀城「中国声律小史」（山田慶児編『新発見中国科学史資料の研究 論考編』所収、京都大学人文科学研究所、一九八五年）

・神田邦彦「春日大社蔵『舞楽手記』検証―『舞楽手記』諸本考―」(『日本漢文学研究』第五号、二松学舎大学日本漢文教育研究プログラム、二〇一〇年)
・岸辺成雄等「共同調査報告　田安徳川家蔵楽書目録―その資料的意義―」(『東洋音楽研究』第四一・四二合併号、一九七七年)
・小島毅「宋代の楽律論」(『東洋文化研究所紀要』第一〇九冊、東京大学東洋文化研究所、一九八九年)
・小島康敬「荻生徂徠一門の音楽嗜好とその礼楽観」(小島康敬編『礼楽、文化―東アジアの教養―』所収、ぺりかん社、二〇一三年)
・児玉憲明「律呂新書研究序説―朱熹の書簡を資料に成立の経緯を概観する―」(『人文科学研究』第八〇輯、新潟大学人文学部、一九九二年)
・児玉憲明「候気術に見える気の諸観念」(『人文科学研究』第八二輯、新潟大学人文学部、一九九二年)
・児玉憲明「『律呂新書』研究―「声気之元」と「数」―」(『人文科学研究』第九五輯、新潟大学人文学部、一九九八年)
・児玉憲明「経学における「楽」の位置」(『人文科学研究』第一〇六巻、新潟大学人文学部、二〇〇一年)
・児玉憲明「蔡元定律呂新書本原詳解」(『人文科学研究』第一二五輯、新潟大学人文学部、二〇〇九年)
・児玉憲明「蔡元定律呂証弁詳解(一)」(『人文科学研究』第一三〇巻、新潟大学人文学部、二〇一二年)
・小林龍彦「中根元圭の研究(I)」(『数理解析研究所講究録』第一七八七巻、京都大学数理解析研究所、二〇一二年)
・白井順「蟹養斎の講学―九州大学碩水文庫を主たる資料に仰いで―」(『哲学年報』七〇輯、九州大学大学院人文科学研究院、二〇一一年)
・高木靖文「蟹養斎教授法の一考察」(『新潟大学教育学部紀要(人文・社会科学編)』第二六巻第二号、新潟大学教育学部、一九八五年)
・高橋章則「弘文院学士号の成立と林鵞峰」(『東北大学文学部日本語学科論集』第一号、東北大学文学部日本語学科、一九九一年)
・高橋恭寛「蟹養斎における『小学』理解から見た初学教育への視線」(『道徳と教育』第五九巻、日本道徳教育学会、二〇一五年)
・武内恵美子「紅葉山楽所をめぐる一考察―幕府の法会と礼楽思想の関連性を中心として―」(笠谷和比古編『公家と武家III―王権と儀礼の比較文明史的考察―』所収、思文閣出版、二〇〇六年)
・田中尚子「林鵞峰の書籍収集と学問―『国史館日録』再考―」(『国語国文』八二巻三号、京都大学文学部国語学国文学研究室、

二〇一三年）
・田中有紀「朱載堉の黄鐘論「同律度量衡」—累黍の法と九進法、十進法の並存」（『中国哲学研究』第二五号、東京大学中国哲学研究会、二〇一一年）
・田中有紀「明代楽論に見る「朱子学的楽律論」の変容」（『日本中国学会 第一回若手シンポジウム論文集 中国学の新局面』、日本中国学会、二〇一二年）
・田中有紀「何瑭の陰陽論と楽律論—明代後期楽論及び朱載堉との比較を通して—」（『中国哲学研究』第二七号、東京大学中国哲学研究会、二〇一四年）
・田辺尚雄「中根璋氏の本邦楽律論に就いて」（『東洋学芸雑誌』第三四七号、興学会、一九一〇年）
・中純子「北宋期における唐代音楽像—『新唐書』「礼楽志」を中心にして—」（『天理大学学報』第二一四巻、天理大学、二〇〇七年）
・表野和江「宰相の受験参考書—李廷機と挙業書出版—」（『芸文研究』第八七号、慶応義塾大学藝文学会、二〇〇四年）
・堀池信夫「京房の六十律—両漢経学の展開と律暦学—」（『日本中国学会報』第六六集、日本中国学会、一九七九年）
・堀池信夫「何承天の新律—音楽音響学における古代の終焉と中世の開幕—」（『筑波中国文化論叢』第一号、筑波大学、一九八一年）
・堀池信夫「中国音律学の展開と儒教」（『中国—社会と文化—』第六号、東大中国学会、一九九一年）
・松川雅信「蟹養斎における儒礼論—「家礼」の喪祭儀礼をめぐって—」（『日本思想史学』第四七号、日本思想史学会、二〇一五年）
・水原寿里「文化言語学から見た中国語学教育における数詞の用語用例に関する一研究」（『アジア文化研究』第一六号、国際アジア文化学会、二〇〇九年）
・山寺美紀子「荻生徂徠の楽律研究—主に『楽律考』『楽制篇』『琴学大意抄』をめぐって—」（『東洋音楽研究』第八〇号、東洋音楽学会、二〇一五年）
・山寺三知「校点『筆記律呂新書説』（附訓読）」（一）（『国学院大学北海道短期大学部紀要』第三〇巻、国学院大学北海道短期大学部、二〇一三年）

・山寺三知「校点『筆記律呂新書説』（附訓読）」（二）（『国学院大学北海道短期大学部紀要』第三一巻、国学院大学北海道短期大学部、二〇一四年）
・山寺三知「校点『筆記律呂新書説』（附訓読）」（三）（『国学院大学北海道短期大学部紀要』第三二巻、国学院大学北海道短期大学部、二〇一五年）
・山寺三知「校点『筆記律呂新書説』（附訓読）」（四）（『国学院大学北海道短期大学部紀要』第三三巻、国学院大学北海道短期大学部、二〇一六年）

〈データベース〉

・国文学研究資料館提供「日本古典籍総合目録データベース」（URL: http://base1.nijl.ac.jp/~tkoten/）

中国語

〈原典〉

・『四書章句集註』（中華書局、一九八三年）
・『尚書正義』（北京大学出版社、二〇〇〇年）
・『周礼注疏』（北京大学出版社、二〇〇〇年）
・『礼記正義』（北京大学出版社、二〇〇〇年）
・『春秋左伝正義』（北京大学出版社、二〇〇〇年）
・『国語　附校刊札記』（中華書局、一九八五年）
・『漢書』（中華書局、一九六二）
・『後漢書』（中華書局、一九六五年）
・『宋書』（中華書局、一九七四年）
・『隋書』（中華書局、一九七三年）
・『旧五代史』（中華書局、一九七六年）

・『宋史』（中華書局、一九七七年）
・『管子校注』（中華書局、二〇〇四年）
・『九章算術』（中華書局、一九八五年）
・『近思録』（『呂祖謙全集』所収、浙江古籍出版社、二〇〇八年）
・『郡斎読書志』（台湾商務印書館、一九六八年）
・『経学理窟』（『張載集』所収、中華書局、一九七八年）
・『慶元党禁』（中華書局、一九八五年）
・『蔡氏九儒書』（『四庫全書存目叢書』集部第三四六冊所収、荘厳文化事業有限公司、一九九七年）
・『四庫全書総目提要』（台湾商務印書館、一九六八年）
・『朱子語類』（中華書局、一九八六年）
・『新刊性理大全』（余氏双桂書堂刊本、市立米沢図書館蔵）
・『新刊性理大全』（進賢堂重刊本、東京大学東洋文化研究所図書室蔵）
・『性理大方書』（小樽商科大学附属図書館蔵）
・『宋元学案』（中華書局、一九八六年）
・『呂氏春秋集釈』（中華書局、二〇〇九年）
・孔子文化大全編輯部編輯『孔子文化大全　性理大全』（山東友誼書社、一九八九年）
・朱傑人等編『朱子全書』（修訂本）（上海古籍出版社・安徽教育出版社、二〇一〇年）

〈書籍〉
・陳来『朱子書信編年考証』（増訂本）（生活・読書・新知三聯書店、二〇〇七年）
・陳其射『中国古代楽律学概論』（浙江大学出版社、二〇一一年）
・陳応時『中国楽律学探微―陳応時音楽文集』（上海音楽学院出版社、二〇〇四年）
・方彦寿『朱熹書院門人考』（華東師範大学出版社、二〇〇〇年）

・李玫『東西方楽律学—研究及発展歴程』（中央音楽院出版社、二〇〇七年）
・繆天瑞『律学』（第三次修訂版）（人民音楽出版社、一九九六年）
・王光祈『王光祈音楽論著選集』（人民音楽出版社、二〇〇九年）
・楊蔭瀏『中国古代音楽史稿』（人民音楽出版社、一九八一年）
・兪冰編『中国芸術研究院図書館抄稿本総目提要』（国家図書館出版社、二〇一四年）

〈論文〉
・蔡銘沢「南宋理学家蔡元定生平考異」（『暨南学報（哲学社会科学版）』第五期、暨南大学、二〇〇六年）
・黄一農・張志誠「中国伝統候気説的演進与衰頽」（『清華学報』新二三巻第二期、台湾・国立清華大学、一九八三年）
・呂暢・陳応時「蔡元定十八律四題」（『音楽芸術』第四期、上海音楽学院、二〇一四年）
・山寺三知「『律呂新書』校点札記（之一）」（陳応時・権五聖編『黄鐘大呂—東亜楽律学会第一—六届学術研討会論文集（二〇〇五—二〇一一）』所収、文化芸術出版社、二〇一五年）
・沈冬「蔡元定十八律理論新探（上）」（『文化芸術』第一期、上海音楽学院、二〇〇三年）
・鄭俊暉「『律呂新書』編撰始末考」（『音楽研究』第一期、人民音楽出版社、二〇一二年）

韓国語

〈原典〉
・『校勘・標点　定本与猶堂全書』一三（財団法人茶山学術文化財団、二〇一二年）

〈論文〉
・남상숙「『律呂新書』의 ６０調와 ６変律연구」（『韓国音楽史学報』第四〇集、韓国音楽史学会、二〇〇八年）
・정윤희「世宗朝『律呂新書』의 受容問題 考察」（『韓国音楽学論集』第三輯、韓国音楽史学会、一九九九年）
・정윤희「朝鮮前期『律呂新書』의 受容問題 考察」（『韓国音楽史学報』第二三輯、韓国音楽史学会、一九九九年）

初出一覧

本書に収録した諸編の初出は、次のとおりである。なお、本書への収録にあたって、加筆・修正を行なっている。

第一章　蔡元定『律呂新書』―成立と展開―
　書き下ろし

第二章　林家における『律呂新書』研究―林鵞峰『律呂新書諺解』を中心として―
・「林家における『律呂新書』研究―林鵞峰『律呂新書諺解』を中心として―」（『関西大学東西学術研究所紀要』第四九輯、関西大学東西学術研究所、二〇一六年）

第三章　中村惕斎の『律呂新書』研究―日本における『律呂新書』研究の開祖―
・「中村惕斎と『律呂新書』―『修正律呂新書』および『筆記律呂新書説』の文献学的考察―」（『「文化交渉」東アジア文化研究科院生論集』創刊号、関西大学東アジア文化研究科、二〇一三年）
・「中村惕斎『筆記律呂新書説』とその日本雅楽研究について」（『関西大学中国文学会紀要』第三四号、関西大学中国文学会、二〇一三年）

第四章　斎藤信斎の『律呂新書』研究―中村惕斎『律呂新書』研究の継承と『楽律要覧』―
・「斎藤信斎『楽律要覧』について」（『「文化交渉」東アジア文化研究科院生論集』第二号、関西大学東アジア文化研究科、二〇一三年）

第五章　蟹養斎による楽研究―『道学資講』所収の資料を中心として―

・「『道学資講』における『律呂新書』研究」（『関西大学中国文学会紀要』第三五号、関西大学中国文学会、二〇一四年）

第六章　内堀英長の『律呂新書』研究―『律呂新書』研究の象数学的展開―

・「内堀英長の『律呂新書』研究」（『「文化交渉」東アジア文化研究科院生論集』第三号、関西大学東アジア文化研究科、二〇一四年）

掲載画像所蔵先一覧

第二章

写真　：国立公文書館内閣文庫蔵

『律呂新書諺解』（請求番号：一八二―九一）

※同館デジタルアーカイブの画像データを使用

第三章

写真1：関西大学図書館内藤文庫蔵

『修正律呂新書』（請求番号：L二一／一／五六四―一）

写真2：関西大学図書館長沢文庫蔵

『修正律呂新書』（請求番号：L二三／A／一五三〇）

写真3：国立国会図書館蔵

『筆記律呂新書説』（請求番号：一〇二―一五九）

写真4：国文学研究資料館高乗文庫蔵

『筆記律呂新書説』（請求番号：八九―四五九）

※同館より提供された画像データを使用

第四章

写真　：名古屋市蓬左文庫蔵

『楽律要覧』（請求番号：中―三九九）

『本朝通鑑』 72-74, 80, 81, 98, 100

マ行

増田立軒　105, 106, 112, 128, 129, 160, 170
松平定信　7, 12
源元寛　→曽我部容所を見よ
三宅尚斎　161, 191, 195, 196, 234, 242
『孟子』 184
『孟子諺解』 72
紅葉山楽人　80, 86, 87, 100, 193, 268
紅葉山文庫　83-85

ヤ行

山崎闇斎　195, 196, 242
山本彦中　194, 195, 234, 235　→養蘭堂主人も見よ
往きて返らず　27-29, 31-35, 37, 40, 41, 46, 66, 154, 155, 227, 231　→「往而不返」も見よ
『養斎先生文集』 233, 234
養蘭堂主人　10, 194, 195, 229, 230, 233-235, 269　→山本彦中
米川操軒　105, 109, 110, 153, 160, 161

ラ行

『礼記』 ii, iv, 1, 28, 192
『律原発揮』 11, 12, 259, 260, 265
『律尺考験』 148, 165, 166, 172
『律呂新書解』 10, 241-260, 264
『律呂新書句解』 112
『律呂新書諺解』 vii, 9, 71, 72, 87-97, 99, 101, 102
『律呂新書私考』 241-248
『律呂新書箋義』 20
『律呂新書弁解』 264, 265
「律呂証弁」 16-18, 58, 127, 238, 243, 245
『律呂精義』 143
『律呂弁説』 264
「律呂本原」 16-18, 58, 89, 127, 155, 172, 173, 222, 238, 243, 245
『呂氏春秋』 i, ii, 27
『類経附翼』 142
礼楽　ii-iv, vi, vii, 1, 4, 5, 8, 97, 192, 201-204, 206, 213, 224, 232, 268, 271
礼楽思想　8, 12, 100
伶州鳩　252
伶倫　2, 11, 26, 64, 177
『論語』 iv
『論語諺解』 72

ワ行

若林強斎　242

253, 256, 257
中声　57, 59, 140, 142, 218, 219, 252, 253, 256
『中庸諺解』 98
辻近元　80, 86
『通典』 22
『惕斎先生文集』 112, 161, 168-170
『惕斎先生行状』 105-113, 149, 150, 152, 154, 160, 161, 166, 170, 189
『道学資講』 10, 130, 131, 189, 191, 192, 194-198, 208, 212, 220, 221, 223, 229, 233-236, 238, 269, 270
徳川家光　86, 98, 193
徳川綱誠　193
徳川光友　193
徳川（松平）宗勝　192
徳川義直　86, 193, 194
『読律呂新書記』 116, 161, 169, 189, 220-223, 227-229, 235-238, 269
度量（権）衡　iv, 2, 3, 17, 24, 25, 53-55, 57-60, 112, 113, 117, 124-126, 129, 132, 145, 146, 148, 153, 159, 165, 172, 173, 176, 178, 188, 190, 196, 224, 246, 267-270

ナ行

永井尚庸　81-84
中村習斎　10, 116, 130, 161, 169, 171, 189, 194, 196, 220, 229, 235, 269
中村得斎　130, 191, 196
中村祐晴　76, 78, 79, 99
中根元圭　11, 129, 262
那波活所　71
『二十二冊楽書』 83-85　→『楽書部類』も見よ
西依成斎　242
『二程語録』 14
日本雅楽　7, 9, 103, 108, 127, 149, 150, 152, 155, 158, 164, 178-180, 184-190, 193, 208, 211, 212, 268-271　→雅楽も見よ
『日本楽説』 208-212, 236-238

ハ行

林鳳岡　72, 87
林羅山　vi, 4, 9, 71, 86
『頖宮礼楽疏』 146, 165
『筆記律呂新書説』 10, 12, 103, 112, 113, 127-129, 131-135, 138-147, 150, 153, 154, 158, 161, 164, 165, 168, 169, 172, 174, 183, 189-191, 220, 264, 268, 270,
人見竹洞　83, 85
舞楽　148, 150, 193
舞楽会　108, 109, 161
藤井懶斎　105, 160
藤原惺窩　4, 71
『文集』18, 22, 63, 69　→『晦庵先生朱文公文集』も見よ

『資治通鑑綱目』 15
『詩集伝』 15
『四書章句集註』 15, 263
『周易本義』 15
修己治人 200
修身 201, 235, 269
『修正律呂新書』 9, 19, 102, 103, 105, 112-116, 119, 120, 122, 123, 127, 158, 161, 163, 164, 167, 169, 246, 268, 269, 270
十分一寸の法 40, 45, 94, 95, 136, 250, 258 →十進法も見よ
朱熹 iv, v, 3, 13-16, 18, 20-22, 24-26, 58-61, 63, 114, 206, 207, 211, 212, 223, 237, 248, 249, 267, 273
朱載堉 28, 68, 143
『朱子語類』 20, 237
『朱子成書』 19, 20, 267
十進法 40, 136, 250 →十分一寸の法も見よ
『周礼』 iv, 1, 165, 238
『荀子』 ii
『小運考』 242, 243
『尚書』 53, 175, 205
象数学 10, 241, 242, 261, 262, 270
『事林広記』 180
『新刊性理大全』 117, 162
『新刻性理大全』 98, 116-118, 122, 161
『新書』 249, 263
人声 140-142, 175, 176, 187, 188, 251-254, 261, 268, 269
『仁智要録』 179, 190
『隋書』 57, 65, 66, 146, 238
数の自然 35, 140, 175, 241, 252-254, 261, 272, 273
鈴木蘭園 160, 233, 238, 264
『西銘』 14
『正蒙』 14
『性理大全』 vi, 3, 4, 9, 13, 18-20, 62, 73-76, 78, 79, 96, 97, 99, 107, 114-116, 127, 162, 246, 267, 268
『性理大方書』 117, 162
『制律捷法』 212-220, 228, 238
釈菜 80, 86, 97, 100, 101, 268
旋宮 3, 28, 46, 60, 95, 96, 176, 267
『先哲叢談』 104, 115, 159, 191
銭楽之 28, 30
箏 7, 108, 149, 153, 154, 166
『増益書籍目録』 119, 162
『宋元学案』 14, 15, 61
『宋史』 15, 20, 21, 46, 61-63, 67
『宋書』 31, 65, 66
曽我部容所 128
俗楽 8, 209, 210, 212, 238
『俗楽問答』 7, 8, 12

タ行

『大学諺解』 72
高井安成 88
中気 57, 59, 68, 142, 144, 145, 218, 219, 227, 230, 231, 232,

『家礼』 5, 72, 77, 192, 201, 202, 237
川井東村　105, 110, 160
『管子』 27
『漢書』 53, 54, 57, 65, 68
『漢籍国字解』 104, 159
起調畢曲　46, 52, 93, 95, 96, 179
崎門学派　10, 191, 194-197, 234, 236, 238, 242, 269, 270
『泣血余滴』 72,
『旧五代史』 32, 66
『九章算術』 90, 102,
九分一寸の法　39, 46, 66, 95, 136, 250, 258　→九進法も見よ
九進法　39, 95, 136, 250　→九分一寸の法
『居家大事記』 237
秬黍法　54, 55, 59, 60, 142, 267
『御鎮座次第記抄』 242, 243, 263
『儀礼』 iv, 1, 192, 238
『儀礼経伝通解』 v, 202
『郡斎読書志』 18, 62
『経学理窟』 55, 68
京房　28-30, 33-36, 45, 46, 60, 65, 66
『元本律呂新書』 19
小出侗斎　229
小出永菴　116-118, 122, 162,
候気術　2, 53, 56-60, 68, 69, 141-145, 148, 158, 159, 173, 174, 188, 218, 219, 227, 228, 230, 231, 251, 256, 257, 269-271
『孝経刊誤集解』 119
『孝経示蒙句解』 119
『皇極経世書』 14, 18, 77
『皇明世法録』 143
古楽　i, v, 10, 103, 108, 127, 145, 148-150, 152, 155, 157-159, 178, 187, 197, 199, 200, 202, 203, 206-209, 211, 212, 232, 268-270, 271
『後漢書』 22, 57, 65, 66, 238
『国語』 2, 11, 252
『国史館日録』 9, 72, 76, 79, 81-87, 98-101,
小嶋道慶　vii, 88, 97, 268
古尺　113, 145-148, 153, 159, 165, 166, 173, 176-178, 190, 196, 197
狛高庸　76, 78-81, 83-87, 96, 97, 99, 100, 268
古律　113-115, 127, 128, 140, 156, 157, 161, 225, 248, 249

サ行

『蔡氏九儒書』 14, 61
蔡沈　15, 16
蔡発　14, 61
三分損益法　ii, 2, 9, 26-36, 40, 42, 45, 46, 48, 50, 59, 60, 66, 94-96, 135-138, 155, 176, 231, 238, 250, 252, 253, 258, 264, 267
『史記』 iii, 26
『史記索隠』 26
『四庫全書総目提要』 21, 60, 63

索　引

人名・書名を中心に、重要と思われる語彙を合わせて掲載した。日本語読みの50音順に並べてある。読みは、慣習に従った。

ア行

浅見絅斎　242
安倍季尚　106, 152, 153, 155-158, 166, 186, 187, 271
天木時中　116, 161
伊藤仁斎　vi, 4, 104
稲葉正則　83, 101
宇保淡庵　105
嬰音　151, 155, 178, 180-183, 188
易学　29, 36, 61, 240,
『易学啓蒙』 15, 61, 77, 90, 99
『易経』 144
燕楽　46, 67, 109, 146, 150, 173, 184, 185, 187, 209-212, 271
『燕楽原弁』 46,
円田術　89-92, 102
『王氏家蔵集』 143
往而不返　27, 28, 34, 154　→「往きて返らず」も見よ
王朴　28, 32, 66, 124
『近江人物志』 241, 242, 262, 263,
小倉実起　105, 110, 111, 147, 152-155, 161, 166

カ行

『晦庵先生朱文公文集』 18, 62 →『文集』も見よ
『改訂増補近世書林板元総覧』 120, 121, 163,
雅楽　3, 6-9, 12, 46, 47, 52, 53, 60, 67, 80, 86, 89, 93, 95-97, 107-109, 149, 150, 155, 157, 158, 173, 184, 185, 187, 193, 194, 206-212, 235, 236, 238, 271, 272　→日本雅楽も見よ
楽学　3, 109, 194, 195, 198-200, 202-204, 206-208, 212, 232, 235, 237, 269
『楽経』 1
『楽経元義』 143
『楽書部類』 83-86　→『二十二冊楽書』も見よ
『楽説紀聞』 112
楽律学　10, 65, 71, 140, 158, 194, 195, 225, 235, 261, 269
『楽律要覧』 10, 164, 167, 169-191, 227, 269, 270
何承天　28, 31-33, 35, 36, 65, 66
『楽家録』 106, 155-158, 166, 186, 271
『河南程氏遺書』 54
『鵞峰先生林学士文集』 9, 74, 98　→『鵞峰文集』も見よ
『鵞峰文集』74-76, 79, 98, 99, 102　→『鵞峰先生林学士文集』
上近康　80, 100

著者略歴

榧木亨（かやき　とおる）

1987年、奈良県生まれ。関西大学文学部総合人文学科（中国語中国学専修）卒、同大学院東アジア文化研究科（文化交渉学専攻）博士課程後期課程修了。博士（文化交渉学）。現在、関西大学東西学術研究所非常勤研究員。

日本近世期《にほんきんせいき》における楽律研究《がくりつけんきゅう》
――『律呂新書《りつりょしんしょ》』を中心《ちゅうしん》として

二〇一七年三月三一日　初版第一刷発行

著　者●榧木亨
発行者●山田真史
発行所●株式会社東方書店
東京都千代田区神田神保町一―三　〒一〇一―〇〇五一
電話〇三―三二九四―一〇〇一
営業電話〇三―三九三七―〇三〇〇
編集協力●株式会社伴想社（坂本良輔）
組　版●株式会社三協美術
装　幀●クリエイティブ・コンセプト（江森恵子）
印刷・製本●モリモト印刷株式会社

定価はカバーに表示してあります

ISBN978-4-497-21703-5　C3010